ENZYKLOPÄDIE
DEUTSCHER
GESCHICHTE
BAND 85

ENZYKLOPÄDIE
DEUTSCHER
GESCHICHTE
BAND 85

HERAUSGEGEBEN VON
LOTHAR GALL

IN VERBINDUNG MIT
PETER BLICKLE
ELISABETH FEHRENBACH
JOHANNES FRIED
KLAUS HILDEBRAND
KARL HEINRICH KAUFHOLD
HORST MÖLLER
OTTO GERHARD OEXLE
KLAUS TENFELDE

MEDIEN IN DER FRÜHEN NEUZEIT

VON
ANDREAS WÜRGLER

2., durchgesehene Auflage

OLDENBOURG VERLAG
MÜNCHEN 2013

Umschlagabbildung:
Matthäus Merian d. Ä. (1593–1650), Kunst des Buchdruckens, Kupferstich, H 104 × B 139 mm, in: J. P. ABELIN/J. L. GOTTFRIED, Historischer Chroniken Sechster / vnd Roemischer Monarchey dritter Theil ... Frankfurt am Main 1632, 330.
Im Tiefdruckverfahren hergestellter Kupferstich, der das Hochdruckverfahren zur Reproduktion von Texten mit beweglichen Lettern nach Johannes Gutenberg zeigt. In der Fensternische hinten werden Texte gelesen, berechnet und korrigiert, rechts davon fügen drei Setzer die metallenen Lettern aus dem Setzkasten zu Zeilen und Seiten zusammen, die an der Druckerpresse vorne rechts vom Ballenmeister mit Druckerschwärze eingefärbt werden, während der Pressmeister einen bedruckten Papierbogen aus dem aufgeklappten Rahmen nimmt, der von einem senkrecht gespannten Seil (Him Ham) gehalten wird. Links schaut der Ballenmeister der zweiten Presse dem Drucker beim Pressvorgang zu, der durch die Drehung des Bengels ausgelöst wird. Beide Pressen sind durch ein Gesperre an der Decke verstrebt.
akg-images

Bibliografische Information der Deutschen Nationalbibliothek

Die Deutsche Nationalbibliothek verzeichnet diese Publikation in der Deutschen Nationalbibliografie; detaillierte bibliografische Daten sind im Internet über <http://dnb.d-nb.de> abrufbar.

© 2013 Oldenbourg Wissenschaftsverlag GmbH, München
Rosenheimer Straße 143, D-81671 München
Internet: oldenbourg-verlag.de

Das Werk einschließlich aller Abbildungen ist urheberrechtlich geschützt. Jede Verwertung außerhalb der Grenzen des Urheberrechtsgesetzes ist ohne Zustimmung des Verlages unzulässig und strafbar. Das gilt insbesondere für Vervielfältigungen, Übersetzungen, Mikroverfilmungen und die Einspeicherung und Bearbeitung in elektronischen Systemen.

Umschlaggestaltung: Dieter Vollendorf
Gedruckt auf säurefreiem, alterungsbeständigem Papier (chlorfrei gebleicht)
Satz: Schmucker-digital, Feldkirchen b. München
Druck und Bindung: Grafik + Druck GmbH, München

ISBN 978-3-486-75521-3
eISBN 978-3-486-75599-2

Vorwort

Die „Enzyklopädie deutscher Geschichte" soll für die Benutzer – Fachhistoriker, Studenten, Geschichtslehrer, Vertreter benachbarter Disziplinen und interessierte Laien – ein Arbeitsinstrument sein, mit dessen Hilfe sie sich rasch und zuverlässig über den gegenwärtigen Stand unserer Kenntnisse und der Forschung in den verschiedenen Bereichen der deutschen Geschichte informieren können.

Geschichte wird dabei in einem umfassenden Sinne verstanden: Der Geschichte der Gesellschaft, der Wirtschaft, des Staates in seinen inneren und äußeren Verhältnissen wird ebenso ein großes Gewicht beigemessen wie der Geschichte der Religion und der Kirche, der Kultur, der Lebenswelten und der Mentalitäten.

Dieses umfassende Verständnis von Geschichte muss immer wieder Prozesse und Tendenzen einbeziehen, die säkularer Natur sind, nationale und einzelstaatliche Grenzen übergreifen. Ihm entspricht eine eher pragmatische Bestimmung des Begriffs „deutsche Geschichte". Sie orientiert sich sehr bewusst an der jeweiligen zeitgenössischen Auffassung und Definition des Begriffs und sucht ihn von daher zugleich von programmatischen Rückprojektionen zu entlasten, die seine Verwendung in den letzten anderthalb Jahrhunderten immer wieder begleiteten. Was damit an Unschärfen und Problemen, vor allem hinsichtlich des diachronen Vergleichs, verbunden ist, steht in keinem Verhältnis zu den Schwierigkeiten, die sich bei dem Versuch einer zeitübergreifenden Festlegung ergäben, die stets nur mehr oder weniger willkürlicher Art sein könnte. Das heißt freilich nicht, dass der Begriff „deutsche Geschichte" unreflektiert gebraucht werden kann. Eine der Aufgaben der einzelnen Bände ist es vielmehr, den Bereich der Darstellung auch geographisch jeweils genau zu bestimmen.

Das Gesamtwerk wird am Ende rund hundert Bände umfassen. Sie folgen alle einem gleichen Gliederungsschema und sind mit Blick auf die Konzeption der Reihe und die Bedürfnisse des Benutzers in ihrem Umfang jeweils streng begrenzt. Das zwingt vor allem im darstellenden Teil, der den heutigen Stand unserer Kenntnisse auf knappstem Raum zusammenfasst – ihm schließen sich die Darlegung und Erörterung der Forschungssituation und eine entsprechend gegliederte Auswahlbibliographie an –, zu starker Konzentration und zur Beschränkung auf die zentralen Vorgänge und Entwicklungen. Besonderes Gewicht ist daneben, unter Betonung des systematischen Zusammenhangs, auf die Abstimmung der einzelnen Bände untereinander, in sachlicher Hinsicht, aber auch im Hinblick auf die übergreifenden Fragestellungen, gelegt worden. Aus dem Gesamtwerk lassen sich so auch immer einzelne, den jeweiligen Benutzer besonders interessierende Serien zusammenstellen. Ungeachtet dessen aber bildet jeder Band eine in sich abgeschlossene Einheit – unter der persönlichen Verantwortung des Autors und in völliger Eigenständigkeit gegenüber den benachbarten und verwandten Bänden, auch was den Zeitpunkt des Erscheinens angeht.

Lothar Gall

Inhalt

Vorwort des Verfassers XI

I. Enzyklopädischer Überblick 1

   A. Einleitung. 1

   B. Das Zeitalter der Druckmedien. 7
      1. Medienrevolutionen des 15. Jahrhunderts 7
         1.1 Druckgraphik: Die Bilder. 7
         1.2 Buchdruck mit beweglichen Lettern: Gutenberg . 9
      2. Ausbreitung der Druckmedien im 16. Jahrhundert . . 16
         2.1 Medien und Reformation. 16
         2.2 Entwicklung der Buchproduktion 21
         2.3 Karten und Druckgraphik. 25
      3. Aufstieg der periodischen Presse im
        17. Jahrhundert 32
         3.1 Erste Periodika: Messrelationen und Monats-
            schriften. 33
         3.2 Die Zeitung 35
         3.3 Nichtperiodische Druckerzeugnisse 40
      4. Vernetzung und Verbund im 18. Jahrhundert 43
         4.1 Das Jahrhundert der Zeitschriften 43
         4.2 Diversifizierung und Systematisierung. 50
         4.3 Markt und Publikum im Zeitalter der
            Aufklärung 56

II. Grundprobleme und Tendenzen der Forschung 65
    1. Medienbegriffe, Mediengeschichten, Medien-
       diskussionen 65
    2. Erfindung oder Transfer? Technikgeschichte der
       Medien 74
    3. Bedarf und Wirkung: Kulturgeschichte der Medien . . . 80

4. Produktion, Distribution, Rezeption: Wirtschafts- und
      Sozialgeschichte der Medien 87
      4.1 Produktion 87
      4.2 Distribution. 90
      4.3 Alphabetisierung und Lesepraktiken. 93
   5. Text, Bild, Karte: Gattungsgeschichte einzelner
      Druckmedien 99
      5.1 Nichtperiodische Druckerzeugnisse: Blatt,
          Flugschrift, Buch. 99
      5.2 Periodische Druckerzeugnisse: Kalender, Zeitung,
          Zeitschrift 102
      5.3 Druckgraphik und Bilder. 110
      5.4 Karten 117
   6. Zensur, Propaganda, Öffentlichkeit: Politische
      Geschichte der Medien 122
      6.1 Kommunikationskontrolle und Zensur. 122
      6.2 Information und Propaganda. 127
      6.3 Politische Öffentlichkeit 131

III. Quellen und Literatur 133

   A. Quellen. 133
      1. Lexika, Mediendiskussion 133
      2. Buch. 134
      3. Blatt und Flugschrift 134
      4. Zeitung 135
      5. Zeitschrift 135
      6. Druckgraphik 136
      7. Karten 136

   B. Literatur 137
      0. Bibliographien. 137
      1. Allgemeine und übergreifende Darstellungen,
         Lexika, Theorien 139
      2. Technikgeschichte der Medien 142
      3. Kulturgeschichte der Medien 143
      4. Wirtschafts- und Sozialgeschichte der Medien . . . 145
      5. „Mediumgeschichten": Einzelne Druckmedien. . . 146
         5.1 Buch 146
         5.2 Neue Zeitung, Flugblatt und Flugschrift 147

    5.3 Zeitung, Intelligenzblatt und Presse   148
    5.4 Zeitschrift, Messrelation, Kalender, Almanach. .   150
    5.5 Bilder und Druckgraphik   152
    5.6 Karten.   153
    5.7 Andere Medien   154
 6. Politische Geschichte der Medien.   155
    6.1 Zensur.   155
    6.2 Propaganda   156
    6.3 Öffentlichkeit   157

Register.   159

Themen und Autoren.   171

Abbildungsverzeichnis

Umschlag	Druckerpresse (Hochdruck), Kupferstich von M. Merian, 1632	
Abb. 1	Bild des heiligen Christophorus, Holzschnitt von A. Dürer, 1511	8
Abb. 2	Titelblatt Lutherbibel 1545, Holzschnitt von L. Cranach d.J., 1541	19
Abb. 3	Walzenpresse (Tiefdruck), Radierung von A. Bosse, 1642	79
Abb. 4	Karte, Typometrie von W. Haas Vater und Sohn, 1795	121

Vorwort des Verfassers

Der vorliegende Band „Medien in der Frühen Neuzeit" ist der einzige der Reihe Enzyklopädie deutscher Geschichte, der ausdrücklich den Medien gewidmet ist. Daraus zu folgern, es habe vor dem 15. Jahrhundert und nach dem 18. Jahrhundert keine Medien gegeben, ist aber genauso abwegig, wie die Vorstellung, das beginnende 21. Jahrhundert sei das erste „Medienzeitalter". Keine Gesellschaft käme ohne Medien aus, denn alle Kommunikation läuft über Medien. Und Kommunikation ist nach dem bekannten Diktum „Man kann nicht *nicht* kommunizieren" [133: P. WATZLAWICK u. a., Kommunikation, 53] unausweichlich. Hier sollen mit den Druckmedien primär jene Medientechniken (Buchdruck, Holzschnitt, Kupferstich) und ihre Produkte behandelt werden, welche für die Frühe Neuzeit spezifisch neu sind und die Geschichte nicht nur im deutschen Sprachraum wesentlich mitgeformt haben.

Von anderen Mediengeschichten unterscheidet sich diese nicht nur durch die von der Reihe vorgegebene Dreiteilung in den enzyklopädischen Überblick, Forschungstendenzen und Bibliographie, sondern auch durch den fachhistorischen (statt literaturwissenschaftlichen oder publizistikwissenschaftlichen oder medienwissenschaftlichen) Zugang. Zudem wird versucht, die Mediengeschichte nicht auf die Geschichte des Buchdrucks mit beweglichen Lettern zu begrenzen, sondern auch die Bilddruckverfahren und deren Produkte einzuschließen, wozu neben den Bildern insbesondere auch die Karten gehören.

Doch auch diese Mediengeschichte weist Lücken (z. B. die nicht gedruckten Medien) und Verkürzungen (z. B. der medientheoretischen Debatten) auf, die beim Versuch, ein so weites und interdisziplinäres Feld auf so knappem Raum darzustellen, wohl kaum zu vermeiden sind.

Mein Dank gilt dem Mitherausgeber Peter Blickle, der mich Ende des Jahres 2005 einlud, diesen Band zu schreiben und der auch das Manuskript konstruktiv kommentiert hat. Mein erster Kontakt mit der EdG liegt jedoch viel weiter zurück. Als studentische Hilfskraft habe ich 1987 bei Korrekturdurchgängen für den ersten Band der Reihe mitgeholfen. Es ist lange her, nicht nur medientechnisch – es gab für das breite Publikum weder Mobiltelefon noch E-Mail oder Internet, ja für das studentische Budget noch nicht einmal den PC –, sondern auch politisch – es herrschte der Kalte Krieg und ein Ende war nicht abzusehen. Während sich die politischen Veränderungen im vorliegenden Text kaum widerspiegeln, fallen die medientechnischen umso mehr ins Auge: die Bibliographie umfasst neben Gedrucktem auch CD-ROM-Ausgaben, DVDs, Online-Journals und -datenbanken, Digitalisate und Websites.

Für kritische Kommentare und Rückfragen zu den ersten, allerdings auf ganz Europa bezogenen Versionen dieses Versuchs einer Geschichte der Printmedien, die ich im Wintersemester 2005/2006 an der Universität Luzern, im Sommersemester 2006 an der Universität Basel und im Herbstsemester 2007 wieder in Luzern vorgetragen habe, danke ich jenen Studierenden herzlich, welche das Dargebotene kritisch kommentiert haben. Bedanken möchte ich mich auch bei Frau Gabriele Jaroschka vom Oldenbourg Verlag, die nicht nur den Text sorgfältig lektoriert hat, sondern auch flexibel auf meine Abbildungswünsche eingegangen ist.

Widmen möchte ich diesen Band der Erinnerung an meinen Vater Walter Würgler (2. 12. 1925–14. 11. 2005).

Bern, den 23. Februar 2009 AW

I. Enzyklopädischer Überblick

A. Einleitung

Die Medienrevolution des Drucks markiert den Anfang der Frühen Neuzeit in Europa. Sogar die Allgemeine Geschichte diskutiert die Erfindung des Buchdrucks als Argument für die Epochenzäsur Mittelalter/ Frühe Neuzeit. Vor allem die typographische Textproduktion, aber auch die graphischen Bildreproduktionsverfahren Holzschnitt und Kupferstich, die im 15. Jahrhundert in Europa bekannt wurden, setzten neue Maßstäbe. Sie wurden erst im 19. Jahrhundert entscheidend weiterentwickelt durch die Schnellpresse und den Rotationsdruck oder ergänzt und abgelöst durch die Lithographie und die Photographie. Daher gehörten vor allem die Druckmedien seit jeher zu den genuinen Themen der Frühneuzeitforschung. Nicht nur, weil sie natürlicherweise eine der Hauptquellen dieser Forschung darstellen, sondern auch, weil sich in der Frühen Neuzeit ein einschneidender Medienwandel beobachten lässt, der gerade auf dem Hintergrund der elektronischen Medienrevolution an der Wende vom 20. zum 21. Jahrhundert besonderes Interesse weckt. Denn die elektronische Produktion und Speicherung von Bild und Text scheint langsam die papierenen Medien abzulösen, nicht nur in der Sparte der Enzyklopädien. Von den 400 482 auf der Frankfurter Buchmesse 2008 präsentierten Exponaten waren 30% Digitalia. Die von Google und anderen digitalisierte Belletristik liest sich auf dem Bildschirm des E-Book-Lesegerätes, die Zeitungsarchive werden virtuell, die Zeitschriften online zugänglich. Das Internet etabliert sich als Universalarchiv sowohl der neuen Bilder und Texte als auch der (digitalisierten) alten Druckerzeugnisse – jedenfalls bis zum großen Stromausfall. Wie beim Übergang von der Handschrift zum Druck dürfte auch bei der Digitalisierung von 550 Jahren gedruckter Buchproduktion, die nicht einmal vollständig bibliographisch erfasst ist, nur ein sehr kleiner Bruchteil der vorhandenen Titel ins neue Medium transformiert werden.

Das lateinische Wort *medium* – pl. *media*, der deutsche Plural lautet „Medien" – heißt „die Mitte", „Mittel" und „Vermittelndes". Zwar

Druckverfahren

Digitalisierung

Medium

ist der deutsche Begriff Medien in dieser Bedeutung erstmals beim Zeitungswissenschaftler Emil Dovifat 1928 nachweisbar, doch wurde er in Deutschland nicht aufgenommen. Vielmehr erfolgte ein Reimport erst nach dem Zweiten Weltkrieg aus den Diskussionen der 1940er Jahre in den USA. Der Plural Medien meint dann in der Regel „die Gesamtheit der Kommunikationsmittel" [127: H. SCHANZE, Lexikon, 199f.].

Das Medium als Kommunikationsmittel dient der Speicherung und Übertragung von Informationen zwischen Sender und Empfänger. Medien und Medienbegriffe existieren viele: Im spiritistischen Sinn kann die Glaskugel oder ein Mensch mit Jenseitskontakten, im physikalischen Sinn die Luft ein Medium sein. Diese Bedeutungen implizierten eigentlich, dass eine Mediengeschichte der Frühen Neuzeit alle Kommunikationsmittel, alle Träger und Speicher von Information und das bedeutet letztlich: alle sichtbaren und unsichtbaren Dinge einbeziehen müsste. Dann wären nicht nur alle technischen Hilfsmittel, die als „Ausweitungen des Menschen" [113: M. MCLUHAN, Kanäle, 9] beziehungsweise des defizitären menschlichen Körpers dienen, als Medien zu untersuchen, sondern auch die Menschen selbst – „Menschmedien" wie „Prediger, Lehrer, Sänger, Herold, Erzähler/in" usw. [93: W. FAULSTICH, Mediengeschichte bis 1700, 14]. Die systemtheoretisch inspirierte Forschung spricht von „Erfolgsmedien wie Geld, Recht oder Macht" [128: R. SCHLÖGL, Kommunikation, 170].

Weil also so unterschiedliche Phänomene wie Sprache, Geld, Macht, Kleider, Wände, Sachen und menschliche Körper(teile) Medien sein können, müsste eine Geschichte der so definierten Medien in eine Geschichte der Kommunikation münden. Denn auch ohne dass mit ihm gewinkt würde, mutierte jeder Zaunpfahl zu einem Medium, sobald er zwischen andern im Boden steckte und stumm verkündete: hier ist die Grenze (des Gartens, der Weide, des besetzten Gebietes, des Staates). Für eine derart umfassende Mediengeschichte der Frühen Neuzeit existiert aber noch kein hinreichender Forschungsstand, obwohl sich die Literaturproduktion zum Phänomen Medien mittlerweile ebenso inter- und transdisziplinär wie unübersichtlich präsentiert.

Es gilt also, das Thema pragmatisch einzugrenzen. Die vorliegende Darstellung konzentriert sich auf die Druckmedien aufgrund der Tatsache, dass sie es sind, die der Frühen Neuzeit ihren spezifischen Charakter verleihen. Natürlich waren auch andere Medien von Bedeutung, etwa handschriftliche wie der Brief oder die Akte, oder orale wie die Predigt oder die Rede, und ihre Kombinationen untereinander und mit Printmedien. Doch im Unterschied zu mündlichen und handschriftlichen Medien ist die räumliche und zeitliche Reichweite der Druck-

A. Einleitung

medien um ein Vielfaches größer. Sie schufen erst das disperse Massenpublikum, waren mithin die ersten „Massenmedien", denen historisch eine besondere Relevanz zukommt. Mit Printmedien sind allerdings nicht nur gedruckte Texte gemeint, sondern explizit auch die Bild- und Kartendrucke, denn erfunden bzw. breit angewandt wurde im 15. Jahrhundert nicht nur der Buchdruck mit beweglichen Lettern, sondern auch der Holzschnitt und der Metallstich als Verfahren zur Reproduktion von Bildern, Karten (und Texten). Selbst bei der Eingrenzung des Medienbegriffs auf gedruckte Texte, Bilder und Karten bleiben noch viele mögliche Zugänge offen. Textmedien bestehen ausschließlich aus Schriftzeichen – im europäischen Rahmen meist Buchstaben –, Bilder aus ikonischen Elementen und Karten in der Regel sowohl aus Buchstaben (Beschriftungen), Ikonen (abbildenden Formen) und Symbolen (bildhafte Zeichen wie etwa ein Fähnchen über einem Kreis für „Schloss"); Karten stellen daher ein „hybrides Medium" dar, doch auch Text und Bild erscheinen meist in kombinierter Form („illustrierte" Texte, „beschriftete" Bilder). Texte, Bilder, Karten

Die Gemeinsamkeit dieser hier behandelten Text-, Bild- und Kartenmedien ist ihre Herstellung in Druckverfahren und ihre Speicherung auf Papier (nur selten auf andere Trägermaterialien wie Pergament oder Stoff). Damit werden nicht nur andere Trägermaterialen ausgegrenzt, etwa Inschriften auf Metall (Münzen, Medaillen, Gedenktafeln usf.), Stein (Grabsteine, Denkmäler) oder Bilder auf Leinwand (Tafelbilder), Holz oder Mauern (Fresken), sondern auch andere Verfahren der Übertragung (Prägung bei Münzen, Gravur bei Inschriften). Denn diese Medien sind nicht spezifisch für die Frühe Neuzeit. Und so fallen auch die entsprechenden Disziplinen (Archäologie, Epigraphik, Numismatik, Malerei) aus dem Rahmen dieser Mediengeschichte. Papier

Je nach Standpunkt interessiert sich eine Disziplin für Fragen der technischen und ökonomischen Produktion, der logistischen und sozialen Distribution, der kognitionspsychologischen und mentalen Rezeption, des sozialen und kulturellen Gebrauchs, der kommunikativen und semiotischen Funktion oder der pädagogischen und wissenschaftlichen Wirkung der Medien und ihrer vielfältigen Inhalte, die ihrerseits nach sprachlichen, formalen, ästhetischen, funktionalen und anderen Kriterien betrachtet werden können. Disziplinen

Entsprechend viele Disziplinen beschäftigen sich daher mit frühneuzeitlichen Druckmedien: Von der Sprach- und Literaturwissenschaft über die Theologie, Religions- und Kirchengeschichte zur Volkskunde oder Ethnologie; von der Kunstgeschichte, Bildwissenschaft und Kartographie über die Publizistik, Soziologie, Psychologie bis zu den historischen Teildisziplinen Technik-, Wirtschafts-, Sozial-, Wissenschafts-, Bildungs- und Kulturgeschichte sowie eine sich erst entwickelnde Mediengeschichte und historische Medientheorie. In einem Band der Reihe „Enzyklopädie deutscher Geschichte" dominiert naheliegenderweise die fachhistorische Perspektive.

Die (technisch orientierte) Medientheorie unterscheidet vier grundsätzliche Medientypen. Die Primärmedien oder „Menschmedien" wie Sprache, Mimik, Gestik, Körper kommen ohne Technikeinsatz aus und sind daher so alt wie die Menschheit. Als Sekundärmedien gelten die Schreib- und Druckmedien, die den Einsatz von Technik für die Produktion (Schreibgerät, Beschreibstoff, Druckerpresse) voraussetzen, nicht aber für die Rezeption. Zu den Sekundärmedien gehören somit handschriftliche und gedruckte Bücher, Zettel, Blätter usw. Für die „vorelektrische" Frühe Neuzeit außer Betracht fallen die elektronischen Tertiärmedien, die technische Hilfsmittel für die Produktion (z. B. Aufnahmestudio, Sender) und die Rezeption (Radio-, TV-Gerät oder Telefon) sowie die digitalen Quartärmedien, die durch „die Auflösung der traditionellen Sender-Empfänger-Beziehung bei den Online-Medien" charakterisiert werden [92: W. FAULSTICH, Grundwissen, 13].

Primärmedien
Sekundärmedien
Tertiärmedien
Quartärmedien

Für die in der Frühen Neuzeit (1400–1800) benutzten Medientypen kommen nur die primären und sekundären in Frage. Der Fokus liegt aber auf den sekundären, da diese für die Frühe Neuzeit spezifisch neu sind. Innerhalb der sekundären Medien wiederum sind die Druckmedien spezifisch neu, da sie im 15. Jahrhundert eingeführt wurden und von 1500 bis 1800 ihre durchschlagende Wirkung entfalteten.

Die medienspezifischen Leistungen oder Funktionen der Druckmedien und ihre epochenspezifische Bedeutung liegen in ihrer enormen Speicherkapazität und in der schier unbegrenzten Reproduktion. Die massenhafte Reproduktion bildet die Basis zum Massenmedium und zum anonymen und dispersen Massenpublikum. Die Art der Speicherung von Informationen lässt sich entlang fundamentaler Medienumbrüche periodisieren: das Körpergedächtnis („brain memory") wurde durch die Erfindung der Schrift zwischen 5000 und 3000 vor Christus abgelöst vom Schriftgedächtnis („script memory"), das dann im 15. Jahrhundert vom Buchdruck („print memory") sowie im 20. Jahrhundert vom Computer („electronic memory") ergänzt und, was die Quantität der speicherbaren Daten sowie den schnellen Zugriff auf sie betrifft, übertroffen wurde [134: H. WENZEL, Mediengeschichte, 18–21]. Was hingegen die langfristige Speicherfähigkeit und Lesbarkeit der elektronischen Medien angeht, mehren sich skeptische Stimmen. Zur Zeit sieht es ganz so aus, als wäre das Speichermedium (bedruck-

Reproduktion
Speicherung

A. Einleitung

tes) Papier den elektronischen (vorläufig?) überlegen, weil die Lagerkosten geringer, die Haltbarkeit länger und die Daten stabiler sind. Schon nach wenigen Jahren nämlich ist der Zugriff auf digitale Daten aufgrund der Hard- und Softwareentwicklung ohne aufwändige Transkription („Migration, Emulation") nicht mehr gesichert. [130: P. STEIN, Schriftkultur, 312]. Insofern dienen die zur Zeit viel beachteten großen Digitalisierungsprojekte zwar der aktuellen Benutzung, lösen aber nicht auch schon die Speicherungsproblematik.

Die genannte Epochenbildung, die sich auch in M. GIESECKES Einteilung in „orale, skriptographische, typographische und elektronische Systeme" wiederfindet [141: Buchdruck, 58 f.], betont die Zäsur im 15. Jahrhundert, nicht aber jene um 1800, mit der dieser Band endet. Die Schwelle um 1800 ist aber – jenseits der vom Reihenkonzept der „Enzyklopädie deutscher Geschichte" getroffenen Vorentscheidungen – vertretbar aufgrund der zahlreichen technischen Innovationen, die sich um 1800 häuften: einerseits das neue Bilddruckverfahren der Lithographie, die Ablösung der Gutenbergpresse durch die Schnellpresse und den Rotationsdruck, die industrielle Papierherstellung sowie die schnellere Nachrichtenübertragung mittels der Telegraphie, andererseits die entscheidende politische Weichenstellung in Form der verfassungsrechtlich garantierten Pressefreiheit, die im Rahmen der Französischen Revolution – unter anderem auch ein herausragendes Medienereignis – erstmals garantiert worden war. *Zäsur 15. Jahrhundert* *Zäsur um 1800*

Während die zeitliche Abgrenzung des Themas relativ klar benennbar ist, bleibt die räumliche unscharf. Denn „Deutschland" erstreckte sich zwischen 1400 und 1800 über sehr unterschiedliche Gebiete. Es dürfte am meisten Sinn machen, sich weniger an flüchtige herrschaftliche und politische, als vielmehr an konstantere sprachliche Grenzen zu halten, zumal die Typographie und damit die Sprache im Zentrum der Mediengeschichte dieses Zeitraums steht. Damit kommen also Orte und Regionen zur Sprache, die heute in Belgien, Dänemark, Frankreich, Luxemburg, den Niederlanden, Österreich, Polen, der Schweiz, Tschechien und weiteren Staaten liegen. Mitunter reichte die Welt der deutschsprachigen Medienproduktion und -rezeption auch über die Sprachgrenzen hinaus. *„Deutschland"*

Die Begrenzung auf „Deutschland" folgt dem Konzept der Reihe. Ein im beschriebenen Sinn erweitertes oder aufgeweichtes Deutschland berücksichtigt die frühneuzeitlichen Realitäten. Medienhistorisch ist diese räumliche Beschränkung allerdings alles andere als zwingend, denn die Geschichte der Medien der Frühen Neuzeit ist primär eine europäische: Zwar wurde der Buchdruck mit beweglichen Lettern in *Europäische Mediengeschichte*

Europa zuerst in Deutschland (Mainz 1440er Jahre) angewandt, aber er erlebte seinen ersten Höhepunkt in Italien. Zwar erschien die erste Zeitung in Deutschland (Straßburg 1605), aber die innovativste Presselandschaft entwickelte sich im 18. Jahrhundert in England. Auch stammten bedeutende frühe Kartendrucke aus Nürnberg, doch waren zu Beginn des 16. Jahrhunderts Italien, dann die Niederlande und im 18. Jahrhundert schließlich Frankreich in diesem Feld tonangebend.

Bedeutung der Mediengeschichte

Die Bedeutung der Mediengeschichte erwächst nicht allein aus ihren kommunikativen, ökonomischen oder aktuellen Bezügen. Denn Bild- wie Textmedien strukturieren die menschliche Wahrnehmung und Erfahrung der Wirklichkeit, wie unter anderen Michael Baxandall aus kunsthistorischer und Marshall McLuhan aus medienwissenschaftlicher Sicht deutlich gemacht haben. Sie präjudizieren damit auch menschliche Handlungen. Geschichte und Geschichtsschreibung sind ohne mediale Kommunikation nicht denkbar. Medien bilden Ereignisse und Prozesse nicht nur ab, vielmehr prägen sie diese auch, was von F. CRIVELLARI, K. KIRCHMANN, M. SANDL und R. SCHLÖGL als „Medialität des Historischen" bezeichnet wurde [83: F. CRIVELLARI u. a., Medialität, 31]. In diesem Sinne wurden Medien nicht nur zum Archiv der Geschichte, sondern waren auch schon Bestandteil des Geschehens: „Historians generally treat the printed word as a record of what happened instead of as an ingredient in the happening" [84: R. DARNTON, Introduction, XIII].

B. Das Zeitalter der Druckmedien

Die Geschichte der Druckmedien begann in Deutschland mit Bilddruckverfahren und wurde dann vor allem geprägt durch die Typographie. Die Darstellung der Medienentwicklung erfolgt in einem chronologischen Durchlauf in Jahrhundertschritten, wobei jeweils die Leitmedien, seien sie neu erfunden, seien sie soziokulturell tonangebend, hervorgehoben werden.

1. Medienrevolutionen des 15. Jahrhunderts

Die epochale Medienrevolution vom skriptographischen zum typographischen Zeitalter, vom *script memory* zum *print memory* vollzog sich im 15. Jahrhundert. Entgegen der landläufigen Meinung begann das Zeitalter der Printmedien nicht mit Gutenberg und der Bibel, sondern mit Bilddrucken. Um 1400/1420 datieren die ältesten in Deutschland hergestellten Holzschnitte (Xylographien). Die Xylographie war in Asien (China, Korea) seit dem 8. Jahrhundert im Einsatz für die Reproduktion religiöser Texte oder das Bedrucken kostbarer Stoffe (Seide). Ob dieses Hochdruckverfahren in Europa neu erfunden wurde oder ob es wie die Technik der Papierherstellung in einem mehrere Jahrhunderte dauernden Wanderungsprozess aus China über die Seidenstraße durch den arabisch-muslimischen Raum nach Europa gelangte, ist bislang nicht geklärt. Auch in Europa fanden sich Zeugdruckmodel zum Bedrucken von Stoffen, die etwas älter sind als die ältesten auf Papier gedruckten Bilder.

1.1 Druckgraphik: Die Bilder

Die ältesten bekannten Holzschnitte aus dem deutschsprachigen Raum bilden Heilige ab. Sie waren von Anfang an mit Textelementen – Bildlegenden und -erklärungen – versehen und kombinierten also Bild und Schrift. Die Heiligenbilder waren nicht nur Schmuckelement, sondern auch „magisches Schutzmittel" [305: M. MELOT, Druckgraphik, 23–25]. Im Rahmen der Volksfrömmigkeit galt beispielsweise die Überzeugung, wer ein Bild des heiligen Christophorus (ältester erhaltener Holzschnitt von 1423) sehe, werde an diesem Tag keines plötzlichen Todes sterben. Die *mors mala* war besonders gefürchtet, weil dem Gläubigen keine Zeit zur Reue, Buße und Umkehr blieb. Ähnlich hoher

Holzschnitt

Abb. 1: Albrecht Dürer (1471–1528), Der heilige Christophorus, 1511, Holzschnitt, H 213 × B 214 mm.
Künstlerisch hochstehender Holzschnitt mit dem sehr verbreiteten Christophorus-Motiv, dessen Anblick gemäß Volksglauben vor dem jähen Tod (mala mors) schützte. Dürer, der wesentlich zur Aufwertung des Holzschnittes zu einer eigenständigen Kunstgattung beitrug und der seinen Ruhm als bedeutendster deutscher Künstler der Druckgraphik verdankte, schuf dieses Blatt wahrscheinlich zum Vertrieb auf dem Devotionalienmarkt, auf dem die oft kolorierten Holzschnitte mit Heiligendarstellungen seit dem frühen 15. Jahrhundert stark nachgefragt waren.

Beliebtheit erfreuten sich auch die Heiligen Georg, Barbara, Katharina, Michael, Franziskus und natürlich die Muttergottes Maria (1418). Die ersten Zentren der Holzschnitttechnik lagen in Süddeutschland. In Augsburg, Ulm und Nürnberg, wo auch Ulman Stromers (1329–1407) erste Papiermühle stand, wurden nebst den Andachtsbildern auch Spielkarten in großem Ausmaß produziert.

Blockbuch   Aus den 1430er Jahren stammen die ältesten xylographischen Blockbücher. Sie konnten – wie aus Asien bekannt – mit der Technik des Holzschnittes hergestellt werden, was aber ein sehr aufwändiges Prozedere war, da jede Textseite als Ganzform wie ein „Bild" in die Holzplatte gekerbt werden musste. Blockbücher bestanden aus ganzen Serien von Andachtsbildern, die zusammengebunden als Bücher vertrieben wurden. Charakteristisch ist dabei, dass je zwei der aus technischen Gründen (Reibedruck) nur einseitig bedruckbaren Holzschnitte aufeinander geklebt wurden, was die typisch „dicken" Seiten ergab.

Das Tiefdruckverfahren des Kupferstichs (und seiner Varianten) war seit etwa 1400 im süddeutschen Raum bekannt und wurde zu den nämlichen Zwecken eingesetzt wie der Holzschnitt. Beide Drucktechniken sind primär als Bildreproduktionsverfahren geeignet, konnten aber auch zur Vervielfältigung (kürzerer) Texte eingesetzt werden. Kupferstiche wie Holzschnitte wurden meist nicht signiert, so dass über die ersten druckgraphischen Künstler wenig bekannt ist. Einer der ersten großen und oft nachgeahmten Künstler war Martin Schongauer (1450–1491). Von den rund 5200 bekannten Holzschnittdrucken des 15. Jahrhunderts sind nur 7% in mehreren Exemplaren überliefert. Bei einer angenommenen durchschnittlichen Auflagenhöhe von 100 Abzügen pro Druckstock (je nach Qualität und Größe des Stockes waren bis zu 1000 Drucke möglich) wären rund ein halbe Million Abzüge verloren gegangen.

Tiefdruck

Mit diesen Reproduktionstechniken setzte die Invasion der Bilder ins tägliche Leben der breiten Bevölkerung ein, waren Bilder davor doch weitgehend an bestimmte öffentliche Orte (Kirche, evtl. Rathaus) oder sozial exklusive Milieus (Hof, Adel, reiches Bürgertum) gebunden. Es entstanden neue Bildfunktionen und Bildgattungen, eine „zweite Sprache der Bilder" [317: C.-P. WARNCKE, Symbol, 8]. Mit der Zunahme der Bildermenge ging die Säkularisierung der Bildthemen einher – ein Phänomen, das sich auch bei den Texten feststellen lässt.

Bilderflut

Obwohl die Medienrevolution des 15. Jahrhunderts Bild- und Textreproduktion umfasste und der massenhafte Druck von Bildern demjenigen der Texte voraus ging, ist meist nur von der Typographie die Rede. Und so wurde Gutenberg 1999 zum „Mann des Jahrtausends" gekürt [209: S. FÜSSEL, Gutenberg, 1].

1.2 Buchdruck mit beweglichen Lettern: Gutenberg

Weil beide Bilddruckverfahren auch zur Illustration von Büchern genutzt wurden, stieg ihre Bedeutung im Zuge der wohl folgenreichsten drucktechnischen Innovation, dem Buchdruck mit beweglichen Lettern. Diese in Europa gemeinhin Johannes Gutenberg zugeschriebene

Erfindung zur Reproduktion von Texten war schon vor 1400 und damit

Korea über fünfzig Jahre früher in Korea praktiziert worden, ohne allerdings eine Europa vergleichbare soziale und kulturelle Wirkung zu zeitigen. Die Grundidee war: Anstatt jede Textseite in Holz oder Metall zu schneiden, wurde der Text in seine kleinsten Einheiten, die Buchstaben zerlegt. Diese wurden als Metallettern gegossen und konnten, da beweglich, beliebig oft zu beliebigen Wörtern und Texten zusammengesetzt und wieder verwendet werden. Weitere Innovationen wie die Spindelpresse, die Druckerschwärze und gewisse Elemente des Metallgusses gehörten zum System der Verfahren, Geräte und Materialien, das gemeinhin als „Buchdruck mit beweglichen Lettern" bezeichnet wird. Dieses typographische Verfahren kann allerdings keine Bilder reproduzieren.

Gutenberg Während die „Erfinder" der Bilddruckverfahren nicht namentlich bekannt sind, wird der Buchdruck mit beweglichen Lettern mit Johannes Gutenberg (ca. 1400–1468) verbunden. Der Mainzer Patriziersohn erhielt wohl eine gute Bildung in den Klosterschulen in Mainz und Eltville, wo die Familie Gensfleisch genannt Gutenberg zeitweilig vor Mainzer Bürgerkämpfen Zuflucht suchen musste. Für ein Studium in Erfurt liegen nur unsichere Hinweise vor. In den 1430er Jahren lebte er als Kaufmann und Münz- oder Goldschmied in Straßburg. Unter anderem produzierte er mit weiteren Gesellschaftern Wallfahrtsspiegel aus einer Blei-Zinnlegierung. Diese Spiegel sollten, so der Volksglaube, fähig sein, etwas vom Segensschein der selten ausgestellten Reliquien einzufangen und zu konservieren. Auch scheint er mit (Glocken-)guss und Prägedruck (für Stempel) experimentiert zu haben. Erst 1448 ist er dann wieder in Mainz nachweisbar. Hier entstand nun der moderne Buchdruck, wobei im Unterschied zur asiatischen Tradition des Reibedrucks die aus der Weinpresse entwickelte Druckerpresse zum Einsatz kam.

Gutenberg war in seiner Mainzer Werkstatt seit etwa 1450 mit der Herstellung von zweierlei Druckerzeugnissen beschäftigt. Einerseits mit der prachtvollen Ausgabe der Bibel, andererseits mit einer ganzen

Kleindrucke Bandbreite sogenannter Kleindrucke. Darunter fallen so unterschiedliche Erzeugnisse wie Einblattdrucke mit Text und Bild, Ablassbriefe und Kalender oder kleinere Broschüren. Bei der Bibel handelt es sich um die damals am weitesten verbreitete lateinische Vulgata, die er in einer teuren, 1282 Seiten starken Prachtausgabe druckte, die getreu den damaligen handschriftlichen Vorbildern nach dem Druck von Buchmalern mit Initialen verziert und mit ornamentalem Rankenschmuck aus-

Gutenberg-Bibel gemalt wurden. Wie das große Format (Folio) und das Layout (zweispaltig) so orientierte sich auch die Schrift (Textura) am Vorbild der

B.1. Medienrevolutionen des 15. Jahrhunderts

handgeschriebenen Bibeln. Der mit vielen Experimenten gesäumte Weg von der Idee zum fertigen Produkt dauerte mehrere Jahre, die Satz- und Druckzeit alleine mehr als zwei Jahre. Während aber ein Schreiber für die Abschrift einer Vollbibel drei Jahre benötigte, konnten nun rund 20 Personen im stark arbeitsteiligen Verfahren in zweieinhalb Jahren 180 Exemplare drucken. Die Exemplare scheinen schon 1454, vor der Fertigstellung aufgrund von Musterseiten verkauft worden zu sein. Dennoch verschuldete sich Gutenberg mit diesem Großprojekt, das auf rein privatwirtschaftlich-kommerzieller Basis, ohne Subventionen etwa von kirchlicher Seite, finanziert worden war. Sein Haus, die Werkstatt und die Restbestände der ersten Gutenberg-Bibel, der aufgrund der 42 Zeilen pro Seite sogenannten B 42, fielen an seinen Gläubiger Johann Fust (ca. 1400–1466), der die Gutenbergsche Druckerei zusammen mit einem Gesellen Gutenbergs, Peter Schöffer (um 1425–1503), weiterführte. Gutenberg lebte weiter in Mainz, arbeitete zum Teil mit aus Geldnot bloß geliehenem Gerät, konnte aber seine Schulden bis zu seinem Tod nicht mehr begleichen. Konkurs

Zu den lukrativsten Aufträgen dürften die von der Kirche bestellten Ablassbriefe gezählt haben. Mit dem später von den Reformatoren heftig kritisierten Ablasshandel finanzierte die katholische Kirche unter anderem den Bau und die Ausstattung von St. Peter zu Rom. Gegen die Bezahlung einer bestimmten Summe konnten sich die Gläubigen mit der Beichte von zeitlichen Sündenstrafen loskaufen. Der formelhafte Text passte gut auf eine Seite und in die im Text belassenen Lücken ließen sich der Name des Spenders, die Höhe der Summe sowie Ort und Datum des Handels einsetzen. Diese Ablassbriefe wurden im Rahmen von Massenpredigten zum Erwerb angeboten und in hohen Auflagen von mehreren Tausend – in einem bekannten Einzelfall sogar von 190 000 – Exemplaren gedruckt. Der älteste erhaltene gedruckte Ablassbrief aus der Gutenbergschen Werkstatt stammt aus dem Jahr 1454 und erlebte mindestens vier Auflagen. Ablassbriefe

Andere Kleindrucke Gutenbergs umfassten Flugschriften wie jene Propagandaschrift, die zur Verteidigung der Christenheit gegen die Osmanen („Eine Mahnung der Christenheit wider die Türken" 1455) aufrief, ein „Aderlass- und Laxierkalender" 1457, ein Verzeichnis der Erzbistümer und Bistümer („Provinciale Romanum" 1457) und ein Festkalender („Cisio-Janus" 1457). Einen Longseller der Werkstatt stellte die lateinische Grammatik des Aelius Donatus (ca. 320–380) dar, die in mindestens 24 Auflagen mit einem speziellen Typensatz produziert wurde, der sogenannten Donat-Kalender-Type, die auch für andere Kleindrucke Verwendung fand. Produktepalette

Inkunabel	Für die Gesamtheit der frühen typographischen Drucke bis 1500 – Bücher, Flugblätter, Formulare – hat sich der Begriff Inkunabeln (Wiegendrucke) eingebürgert. Die Frühzeit der Druckkunst ist zugleich die Phase ihrer Emanzipation von der handschriftlichen Schreibkultur.
Verbreitung der Druckereien in Europa	Wie sehr die Erfindung des Buchdrucks mit beweglichen Typen einen akuten Bedarf der Zeit erfüllte, zeigt sich an der rasanten Ausbreitung dieser Kunst in Europa. Hatte die Technik der Papierherstellung Jahrhunderte gebraucht, um sich von Italien (Palermo 1109) nach Deutschland (Nürnberg 1390) auszubreiten, gelangte die Buchdruckkunst schon rund 10 Jahre nach ihrer Erfindung in Deutschland nach Italien (Subiaco bei Rom 1465, Rom 1467, Venedig 1469), wo um 1500 bereits mehr Druckereien (80) arbeiteten als in Deutschland (52) oder Frankreich (43). Deutsche Drucker, die teilweise bei Gutenberg selbst ihr Handwerk erlernt hatten, brachten die neue Technologie nach der Eroberung der Stadt Mainz 1462 durch Adolf von Nassau außer nach Rom und Venedig auch nach Paris (1470), Neapel und Mailand (1471) sowie nach Ungarn, Spanien und in die Niederlande (1473). Um 1500 gab es in rund 250 Städten Europas geschätzte 1000 Druckereien. Allein im deutschen Sprachraum etablierten sich innerhalb von zwanzig Jahren nach der Mainzschen Gründung um 1450 Druckereien in Straßburg und Bamberg 1459, Köln 1465, Eltville bei Mainz und Basel 1467, Augsburg 1468, Nürnberg 1470 und Ulm 1472. Doch auch in Portugal, Spanien, den Niederlanden, England, Dänemark und Schweden fanden sich Druckereien, so dass von Lissabon bis Danzig, von Kopenhagen bis Krakau, von Budapest bis Stockholm, von Oxford bis Messina Druckerpressen über 27 000 Druckwerke in etwa 20 Millionen Exemplaren herstellten, wovon 12 000 im Katalog der Wiegendrucke beschrieben sind. Davon waren rund 77% in lateinischer, 7% in italienischer, 6% in deutscher, 4,6% in französischer und je rund 1% in spanischer und niederländischer Sprache verfasst, während Englisch, Griechisch, Hebräisch und Kirchenslawisch nur geringe Verbreitung fanden. Knapp ein Drittel der europäischen Produktion entstand im deutschen Sprachraum, wobei die Städte Augsburg, Basel, Köln, Nürnberg und Straßburg je über 1000 Titel aufwiesen [207: R. WITTMANN, Geschichte, 26 f., 36–40].
Koberger	Der Nürnberger Großverleger Antonius Koberger (um 1443–1513), Albrecht Dürers Taufpate, beschäftigte in seiner seit 1480 größten deutschen Druckerei 100 Gesellen an 24 Pressen. Er produzierte 278 Titel, meist großformatige und vielbändige Ausgaben der Kirchenväter und Scholastiker, daneben Predigtsammlungen, Bibelkommentare und eine Bibel in deutscher Übersetzung. Auch das mit rund 1800

Holzschnitten am reichhaltigsten illustrierte Werk des 15. Jahrhunderts, die Weltchronik von Hartmann Schedel (1440–1514), erschien 1493 in einer lateinischen und einer deutschen Ausgabe bei Koberger und gilt als einer der Prototypen des modernen Buchlayouts. Koberger ließ nicht nur in Nürnberg, sondern auch in Basel, Straßburg und Lyon für sich drucken und unterhielt Vertreter in Antwerpen, Paris, Lyon, Toulouse, Mailand, Venedig, Wien, Budapest und Krakau. Die Buchproduktion erfolgte nun nicht mehr, wie in der Zeit der Handschriften, in Klöstern und Universitäten auf Bestellung, sondern in städtischen, kommerziell operierenden Werkstätten für einen anonymen Markt.

Unter den vielen Illustrationen der Schedelschen Weltchronik befand sich auch eine einfache Weltkarte. Sie war insofern modern, als sie nicht mehr auf dem im Mittelalter verbreiteten und schon 1472 erstmals gedruckten Schema der T-O-Weltkarte beruhte, welches die damals bekannten Kontinente und Meere in eine übersichtliche Ordnung brachte. Der Name T-O-Schema beschreibt das Konstruktionsprinzip dieser mittelalterlichen *Mappa mundi*, die innerhalb des Kreisformats „O" die drei bekannten Kontinente Europa, Asien und Afrika in T-Form anordnete. Typisch mittelalterlich war dabei erstens, dass die Karte nach Osten „orientiert" war (Osten ist oben) wie die Kirchen, zweitens, dass Jerusalem den Mittelpunkt der Welt bildete, drittens, dass die Kontinente (Europa, Asien, Afrika) mit den Söhnen Noahs bezeichnet wurden (Japhet, Sem, Cham), und viertens, dass die Erde als flache Scheibe dargestellt wurde. Diese *Mappae mundi* zeichneten die Welt nach christlichen Parametern im Raum, gaben „aber keine Anleitung für eine Bewegung in diesem Raum" [331: R. STOCKHAMMER, Kartierung, 15].

Die Schedelsche Karte stellte eine vereinfachte Variante der Weltkarte dar, die 1482 in Ulm gedruckt worden war. Sie orientierte sich als erste in Deutschland gedruckte Karte an den Prinzipien des antiken griechischen Kartographen Klaudios Ptolemaios (ca. 100–180). Seine die Erdkrümmung berücksichtigende sogenannte zweite ptolemäische Projektion wurde in der Renaissance wiederentdeckt und erstmals mit Karten in Bologna (1477) und Rom (1478) gedruckt. Sie identifizierte Fixpunkte im Raum (Küsten, Flüsse, Städte) in präzisen räumlichen Relationen, indem sie sie in ein Koordinatensystem – Längen- und Breitengrade – eintrug. Drucktechnisch handelte es sich wie bei der *Mappa mundi* um Holzschnitte, die in der Regel von Hand koloriert wurden.

Ein Blick auf Afrika lehrt, dass offensichtlich kein Wissenstransfer von den nur in Manuskriptform existierenden und geheim gehaltenen portugiesischen und spanischen Portolanen (Seekarten), die über

Karten

Ptolemaios

Portolane

die afrikanische Küstenlinie viel mehr wussten, zum deutschen Kartenmacher stattgefunden hatte. Die Karte bildete demnach keineswegs den erreichten Stand des Wissens ab, ging aber weit über die mittelalterlichen *Mappae mundi* hinaus. Das Weltbild und das Wissen über die Welt wurden dank dem Buchdruck neu arrangiert.

Nachfrage   Die schnelle Ausbreitung der neuen Technologie wird auf die gleichzeitig in verschiedenen Bereichen gestiegene Nachfrage nach Texten zurückgeführt. Die zunehmende Schriftkultur hatte bereits im 15. Jahrhundert zu arbeitsteilig operierenden Schreibstuben geführt, die den Bedarf an Texten verschiedenster Ausrichtungen zu befriedigen suchte. So etwa jene von Diebold Lauber in Hagenau (Elsass), der von 1427 bis 1467 mit bis zu 16 Schreibern, die gleichzeitig ein Diktat zu Papier brachten, volkssprachliche Manuskripte für ein adeliges und patrizisches Publikum herstellte.

Neben der Laienfrömmigkeit und dem Boom der Andachtsbücher verlangten vor allem die Universitäten nach zahlreichen Exemplaren, welche die Studenten selber kopieren oder abschreiben lassen mussten. Der Ausbau der Verwaltung in den entstehenden Territorial- oder Zentralstaaten steigerte den Bedarf an schriftlicher Kommunikation, wobei gerade die typographische Herstellung großer Stückzahlen völlig identischer Texte interessant war. Schließlich führte die Wiederentdeckung antiker Autoren zu einer enormen Erweiterung der Texte, die als lesenswert galten und daher kopiert werden mussten. Dem wachsenden Bedarf diente der neue Beschreibstoff Papier, der seit 1390 in Deutschland selbst hergestellt wurde und das teurere Pergament ablöste.

Wirkungen   Der Buchdruck ist die entscheidende Voraussetzung für die Entstehung der Massenkommunikation. Seine Bedeutung geht über die Vorteile der Vervielfältigung (Reproduktion) weit hinaus. Denn die Multiplikation fördert die Chance für Rückkoppelungseffekte der Art, dass Texte bzw. das in ihnen enthaltene Wissen dank ihrer Verbreitung miteinander in Beziehung gesetzt werden können. Dies führt unter anderem zu einer Standardisierung von Texten, zur Diskussion über verbindliche Originale und abweichende Varianten. Bücher erhalten in ihrer gedruckten Fassung nun die für moderne Leser bekannte Form mit Titelblatt, Nennung des Autors, Inhaltsverzeichnisse und Register. Denn handschriftliche Chroniken des 15. Jahrhunderts hatten meist ebenso wenig einen selbstgesetzten Titel wie die Inkunabeln ein Titelblatt. Wenn überhaupt, dann nannten Drucker, Verleger und Autor sich im sogenannten *Kolophon* (griech. für Ziel- oder Endpunkt) am Ende des Buches. Das Titelblatt verstanden als separates Blatt mit gedruckten Angaben zur Autorschaft und/oder zum Inhalt des Buches (Titel) wurde abgesehen von einzelnen Vorläufern in deutschen Drucken seit den 1480er Jahren üblich (1483 auf 12% der Drucke, 1484: 26%, 1485: 43%). 1486 wiesen erstmals mehr als die Hälfte der Inkunabeln ein Titelblatt auf, seit 1492 waren es um 90%. Die Angaben zu Druckort und Verlag wurden dagegen, nach venezianischen Vorläufern in den 1490er Jahren, erst in den 1520er Jahren vom Kolophon auf das Titelblatt verschoben, zuerst und stilbildend von Johann Froben (ca. 1460–1527), dem aus Nürnberg nach Basel gekommenen Drucker der Texte von Erasmus von Rotterdam (1466–1536).

Die Vervielfältigung der Bücher förderte zudem nicht nur die Überlieferungschancen von Wissen, das in gedruckter Form konserviert wurde, sondern auch die Entstehung eines Lesepublikums, das über die engen Kreise weniger Gelehrter hinausreichte. Dieses neue Publikum war nicht mehr an bestimmte Orte der Textproduktion und -rezeption gebunden (Kloster, Universität, Verwaltung), sondern dispers, atomistisch, individuell und international. *Lesepublikum*

Am Ende des 15. Jahrhunderts hatte sich die neue Kunst europaweit etabliert. Rund 1000 Druckereien konkurrierten mit Schwergewicht zwischen Nürnberg, Venedig, Rom und Lyon auf einem bereits nach Volks- oder Nationalsprachen und antiken gelehrten Sprachen (Latein, Griechisch, Hebräisch) ausdifferenzierten Markt, für den neben billigen Büchern für das Massenpublikum und teuren, reich illustrierten Editionen für gelehrte und repräsentative Zwecke auch Spielkarten, illustrierte Flugblätter, Formulare, obrigkeitliche Mandate, päpstliche Bullen, Kleinschriften sowie einfache Himmels-, Erd- und Landkarten produziert wurden.

Diese explosionsartige Zunahme und unkontrollierbare Verbreitung von Geschriebenem löste auch Ängste und Irritationen aus. War die Schriftproduktion zuvor bescheiden und einfach zu kontrollieren, so wurde sie nun unübersichtlich. Zu den frühen Reaktionen auf die Typographie gehörte daher auch die Zensur. Zensur als Prinzip des *Zensur* Verbots der Herstellung, Präsentation und Distribution von Bildern, Texten oder auch Gesten musste zwar nicht neu erfunden werden, sah sich aber vor eine völlig neue Situation gestellt. Erste Zensurmaßnahmen, die explizit auf die Druckerpresse reagierten, sind aus Köln bekannt, wo 1475 erstmals ein (von der Kirche oder der Universität?) „approbiertes" Buch erschien und die Universität 1479 vom Papst die sanktionsbewehrte Befugnis erhielt, Bücher zu zensurieren. Die Vorzensur richteten 1482 der Bischof von Würzburg und 1486 der Erzbischof von Mainz für ihre weltlichen Territorien ein. Sie wurden bald schon von Papst und Kaiser sekundiert, die ihre Varianten der Kommunikationskontrolle jedoch erst im 16. Jahrhundert entscheidend ausbauen sollten.

2. Ausbreitung der Druckmedien im 16. Jahrhundert

Die Entwicklung der Printmedien prägten im 16. Jahrhundert vier Elemente: erstens die illustrierten Flugblätter und Flugschriften, die aus der Reformation das erste veritable Medienereignis machten; zweitens die Ausdifferenzierung des Büchermarktes und vor allem die Luther-Bibel als ein für die Konfessionalisierung und die Herausbildung der hochdeutschen Schriftsprache einmalig einflussreiches Buch; und drittens – weit weniger bekannt – die grundlegende Entwicklung der gedruckten Land-, See- und Himmelskarten sowie die ausgreifende Rolle der Bildpublizistik sowohl als Illustration von Büchern, als auch als selbständige Publikationssparte im Bereich der Kunst. Schließlich wären die Messrelationen und Annualschriften als erste Formen einer periodischen Nachrichtenpublikation zu nennen, die als Vorläufer der modernen Zeitung behandelt werden.

2.1 Medien und Reformation

Reformation Die Reformation gilt als erstes welthistorisches Ereignis, das ohne die Printmedien so nicht denkbar ist. In der Tat besteht eine Kongenialität der reformatorischen Theologie mit den Möglichkeiten der neuen Drucktechniken. Ein Grund für die Bedeutung der Sprache für den Protestantismus liegt darin, dass diese neue Lehre die Schrift in das Zentrum des Glaubens stellte. Während im Katholizismus der kirchliche Apparat mit Papst, Bischöfen und Priestern den Zugang zu Gott bzw. in den Himmel verwaltete durch die Spendung von Sakramenten und um 1500 auch zentral mit dem Ablassgeschäft, konnte gemäß (dem frühen) Luther der einzelne Gläubige nur durch drei Dinge zu Christus und zum Heil gelangen: *sola scriptura*, *sola fide*, *sola gratia* (allein durch die Schrift, eben die Bibel, allein durch Glaube, allein durch Gnade). Die Gnade konnte nur Gott spenden, zum Glauben musste der Gläubige finden und zwar über die Schrift, über die Lektüre der Bibel. Weil der Protestantismus eine stark wortorientierte Konfession darstellte, wurde die Authentizität der Schrift so wichtig. Durch den Druck der Luther-Bibel war die Textgrundlage klar. Wer sich mit Luther nicht einigen konnte, gründete seine eigene Konfession oder Kirche, wie etwa Zwingli oder Calvin, verschiedene andere radikale Reformatoren wurden zu Widertäufern und als solche verfolgt – von den neugläubigen Zwinglianern in Zürich und Bern seit 1525 ebenso rigoros wie von bischöflichen und reichsständischen Truppen in Münster 1534/1535. Die Übersetzung der Bibel ins Deutsche und ihre massenhafte Verbreitung durch den Druck wurde zu einem Markenzeichen des neuen Glaubens. Und in der Tat scheint die Reformation ohne den Buchdruck nicht möglich gewesen zu sein. Umgekehrt förderte die Reformation auch wieder die Etablierung des neuen Druckmediums.

Die Betonung des Buchdrucks stützt sich auf eine der Langzeitwirkungen der Reformation, nämlich die deutsche Übersetzung der Bibel (Neues Testament 1522) durch den Reformator Martin Luther (1483–1546). Denn diese Luther-Bibel wurde nicht nur zum klassischen Text einer neuen Konfession, des Luthertums, sondern auch zum sprachnormierenden Text: Das Hochdeutsche entwickelte sich stark aus der Lutherschen Bibel. Sicherlich konnte Luther auf der vorhandenen mitteldeutschen sächsischen Kanzleisprache aufbauen. Doch aufgrund der Sprachgewalt der Übersetzung und aufgrund des hohen Stellenwertes der Bibel in der Gesellschaft wirkte die Luther-Bibel sprachprägend. Die Qualität der Übertragung zeigt sich auch darin, dass es vor Luther schon etliche deutsche Bibelübersetzungen gab, die aber alle relativ holprig, das heißt Wort für Wort übersetzt worden waren, während Luther freier übertrug und Sprachbilder analog (sinngemäß) statt wörtlich verdeutschte. Zudem nutzte er als Vorlage nicht nur die Vulgata, sondern auch die erst 1519 von Erasmus von Rotterdam in Basel publizierte erste gedruckte Fassung in griechischer Sprache.   *Hochdeutsch*

Der Erfolg dieser Übersetzung des Neuen Testaments misst sich in den 42 Neuauflagen innerhalb von nur drei Jahren (1522–1525). Bemerkenswert ist dabei auch der deutliche Trend zur preiswerten Ausgabe. Waren die ersten drei Auflagen 1522 allesamt im Folioformat (ein halber Bogen, ca. 21×33 cm) gedruckt, so übertrafen in den Jahren 1523–1525 die 17 Quart- (ca. 16×21 cm) und 8 Oktavausgaben (ca. 10×16 cm) die 14 Folioeditionen. Kostete eine handgeschriebene und -gemalte Prachtbibel im 15. Jahrhundert 500 fl., so war das Neue Testament von Luther ungebunden für ½ Gulden zu haben. Dieser Erfolg ist umso bemerkenswerter als 1522 bereits 18 deutsche Bibelausgaben vorlagen und – mit den lateinischen und anderssprachigen zusammen – bereits 133 Bibeldrucke.   *Luther-Bibel*

Dennoch beruht die Durchschlagskraft der Reformation wohl weniger auf der Bibel selbst, als auf den zahlreichen Flugblättern und Flugschriften, mit denen die reformatorische Botschaft – vermittelt durch (städtische) Prediger, (jüngere) Humanisten und andere – unter ein breites Publikum gebracht wurde.

Flugblatt   Unter Flugblatt versteht man ein Druckerzeugnis von nur einer Seite Umfang, das in der Regel aus einer Kombination von Bild und Text besteht und meist informativen oder propagandistischen Charakter hat. Es gehört zu der Gruppe der „Einblattdrucke" wie etwa auch die Andachtsbilder, Kalender, Porträts, Kunstblätter, Städtebilder oder Bekanntmachungen. Mit den schnell hergestellten Flugblättern wird erstmals eine große ideologische Auseinandersetzung im Medium des Drucks ausgetragen. Dies geschah mit teilweise drastischer Propaganda in Text und Bild. Dass die Autoren der Flugblätter nur zu 20% bekannt sind, verweist auf deren Angst vor der Zensur.

Flugschrift   Auch die mehrblättrige gedruckte (illustrierte) Flugschrift zeichnet sich aus „als ein frühes Massenkommunikationsmittel mit propagandistisch-agitatorischer Zielsetzung, das in der Phase der geistig-religiösen und politisch-sozialen Auseinandersetzungen an der Schwelle zur Neuzeit zum ersten Mal in so großem Umfang zur gezielten Massenbeeinflussung eingesetzt wurde" [221: H.-J. KÖHLER, Flugschriften, X], selbst wenn es schon seit den 1460er Jahren Beispiele für mit Flugschriften ausgetragene politische Kontroversen gegeben hatte.

Die vergleichsweise rasch und billig herstellbaren Flugblätter und Flugschriften wurden zu den Hauptmedien für die Vermittlung des reformatorischen Gedankengutes an den gemeinen Mann. Das zeigt sich auch an der räumlichen und zeitlichen Koinzidenz von Flugschriftenproduktion und Gemeindereformation in Oberdeutschland: Die Flugschriften waren „das neue Propagandamedium der Reformationszeit" [365: P. BLICKLE, Gemeindreformation, 128]. Dasselbe lässt sich auch für die Flugblätter sagen, die hauptsächlich in den wichtigsten süddeutschen und dem neuen Glauben offenstehenden Reichsstädten produziert wurden: Allein auf die beiden führenden Städte Nürnberg (32%) und Augsburg (27%) entfielen 59% aller Flugblätter. Zusammen mit Straßburg und Frankfurt am Main stellten sie vom 15. bis 17. Jahrhundert 72% aller bekannten Flugblätter her. Dass die Reformation in den Städten Fuß fasste, war wohl insbesondere in Augsburg und Nürnberg wichtig, waren dies doch die wichtigsten Verlagsorte überhaupt.

Im Gegensatz zu den bildfeindlichen bis ikonoklastischen Tendenzen des reformierten Flügels des Protestantismus (Zwingli, Calvin),
Bilderfrage   vertrat Luther eine differenziert-positive Haltung in der Bilderfrage. Er hielt an der Unterscheidung fest, dass Bilder oder Statuen im Dienste der didaktischen Vermittlung von Glaubensinhalten, „als Lehr- und Merkbilder der Wortverkündigung" zu bejahen [151: H. BELTING, Bild,

B.2. Ausbreitung der Druckmedien im 16. Jahrhundert

Abb. 2: Titelblatt der Lutherbibel von 1545, gedruckt im Medianformat von Hans Lufft, Wittenberg (1. Aufl. 1541), Holzschnitt mit Schrifttypen, H 309 × B 204 mm. Die 1541 geschaffene Titelbordüre von Lucas Cranach d. J. (1515–1586) kombiniert Bild und Text bzw. Holzschnitt und Typographie, wobei das Bild mit schwarzer, die Lettern manchmal auch mit roter Farbe gedruckt wurden. Das Bild zeigt links vom Buchtitel auf der verdorrten Seite des Baumes Szenen aus dem Alten (Fortsetzung Bildtext nächste Seite unten)

Kultbild? 510f.], aber als Gegenstände der Verehrung, als „Kultbilder" oder „Götzen" zu verneinen seien [165: O. KEEL, Kultbildverbot, 77]. Luther setzte auf die Macht der Bilder, publizierte er doch nicht nur viele illustrierte Flugblätter, sondern ließ sowohl die Septemberbibel von Lucas Cranach d. Ä. (1472–1553), als auch die vollständigen Übersetzungen beider Testamente (seit 1534) bis zur Ausgabe letzter Hand 1545 von Lucas Cranach d. J. (1515–1586) reichhaltig bebildern. Diese bilderfreundliche Haltung Luthers könnte auch erklären, warum die Bildpropaganda in der deutschen Reformation eine so prominente Rolle spielte, in Frankreich dagegen nicht. Dort setzte die vom bilderfeindlichen Calvinismus getragene Reformation an Stelle der Bilder Lieder (Psalmen) als populäres Medium ein. Die Druckgraphik stand kaum in der Bilderkritik, da es sich nicht um verehrungswürdige Einzelstücke handelte. Auch diente die Druckgraphik mit ihren vielen profanen Sujets eher privaten als öffentlichen repräsentativen Zwecken.

Flugschrift und Reformation Die Verschränkung von Druck und Reformation bleibt beeindruckend: Rund 98% der Flugschriften behandelten auch theologische Fragen, und zwar fast alle aus protestantischer Perspektive. Die Gegenseite tat sich offensichtlich schwer mit dem neuen Medium. Vielleicht gerade weil dieses neue Medium im Ruch des Reformatorischen, des Ketzerischen stand. Allerdings gab es auch auf altgläubiger Seite durchaus Autoren, die sich sehr geschickt an die neuen Formate gewohnt hatten wie etwa der Elsässer Priester und Humanist Thomas Murner (1475–1537), der vom Luzerner Exil aus wirkte.

Luther als Autor Gerade im Bereich der Flugschriften ist Luther der mit Abstand erfolgreichste Autor. Allein von 1518 bis 1525 erschienen von seinen deutschsprachigen Flugschriften 1465 (Nach)drucke. Das waren mehr als doppelt so viele, wie die nächsten zwanzig Plätze auf der Bestsellerliste gemeinsam aufweisen konnten, darunter Namen wie Andreas Karlstadt, Philipp Melanchthon, Huldrych Zwingli und Hans Sachs.

(Fortsetzung der Bildunterschrift von Seite 19)
Testament: Unter dem in den Wolken thronenden Gott führt der Sündenfall zur Vertreibung aus dem Paradies. Darunter stoßen der Tod und der Teufel (mit Kardinalshut) einen Menschen in die Hölle, in der unter anderem der Papst (mit Tiara) und ein Mönch schmoren. Rechts, auf der grünenden Seite des Baumes sind Szenen aus dem Neuen Testament dargestellt: die Verkündigung Mariä, Christus während der Höllenfahrt und Christus am Kreuz. Die Luther-Bibel, die wegen ihres übergroßen Formats 3 Gulden kostete, nutzte Illustrationen mit zum Teil polemischen Bildinhalten (Papst in der Hölle) für das Titelblatt und im Text, um die evangelische Botschaft an die Gläubigen zu vermitteln.

Das Innovatorische der Reformation sei, so argumentiert J. BURK-
HARDT, nicht die neue Auffassung von Religion und Glaube, sondern
das Medium ihrer Verbreitung: „Was Luther sagte, war wichtig, aber
wie er es sagte und unter die Leute brachte, war das eigentlich Moderne
an der Reformation. Nicht in ihren Inhalten, sondern in den Druckmedien [...] gründet der innovatorische Impuls der Zeit." [378: Reformationsjahrhundert, 15].

Reformation als Buchdruck

Eine andere Variante, die Bedeutung des Buchdrucks für die Reformation auf den Begriff zu bringen, hatte der Historiker R. WOHLFEIL
1982 ins Spiel gebracht, als er von der „reformatorischen Öffentlichkeit" [392: Reformatorische Öffentlichkeit, 41–54] sprach. In Ahnleh-
nung an die berühmte Arbeit des Philosophen J. HABERMAS über den
„Strukturwandel der Öffentlichkeit" von 1962, der allerdings die Entstehung der Öffentlichkeit ins 18. Jahrhundert legte, betonte WOHLFEIL,
dass die Reformation erstmals eine mit gedruckten Medien vor einem
Massenpublikum geführte und kontroverse Diskussion darstellte. Die
Präzisierung „reformatorisch" sollte zwei Besonderheiten benennen:
Diese frühe Öffentlichkeit war einerseits monothematisch auf die Reformation bzw. den Glauben limitiert, und sie war andererseits auf eine
kurze Phase (1517 bis 1525, ev. etwas länger) begrenzt.

Reformatorische Öffentlichkeit

Die Druckmedien prägten die reformatorische Propaganda nicht
nur über die Bücher, Flugblätter und Flugschriften, sondern auch über
die Bilder, Lieder (Texte und Noten) und Theaterstücke. Das Ereignis
„Reformation" war ein eminent multimediales.

Reformation multimedial

2.2 Entwicklung der Buchproduktion

Dass die neue Technik des Buchdrucks auch ohne die Reformation
nicht vergessen ging, zeigt die Entwicklung in europäischen Ländern
ohne Glaubenserneuerung wie etwa Italien. Gerade in diesem ausschließlich katholischen Sprachraum, in dem um 1500 die meisten
Druckereien standen, blieb die Buchproduktion hoch, wie eine von
A. PETTEGREE und M. HALL ermittelte Stichprobe von 10 000 Titeln aus
dem Index Aureliensis (Buchstaben A–G), einer europaweiten Bibliographie des 16. Jahrhunderts, ergab [120: Reformation, 792]. Auf
Deutschland entfiel – wie schon im 15. Jahrhundert – der Löwenanteil
von 32 % der gesamten europäischen Druckproduktion, auf Frankreich
rund 22 %, auf Italien 19 %. Dann folgten mit deutlichem Abstand die
Niederlande (7 %), England (7 %), die Eidgenossenschaft (6 %), während Iberien, Nord und Osteuropa vernachlässigbar wenig zur europäischen Buchproduktion beisteuerten (Spanien mit 3 %, Polen 2 %, Böh-

Buchproduktion in Europa

men 2%, Portugal, Dänemark, Schweden, Irland, Schottland und Ungarn zusammen 2%). Nach Sprachen aufgeschlüsselt präsentieren sich die Anteile wie folgt: Latein dominiert die Szene mit 56%, gefolgt von Deutsch mit 13%, Italienisch und Französisch mit 10%, Englisch mit 5%, Spanisch mit 3% und Niederländisch mit 2%.

Vielfalt der Genres — Die Drucker und Verleger stellten aber nicht nur die Bibel, Kirchenväter und Klassiker der Antike her, sondern sehr bald schon eine breite Palette von Fachliteratur und Ratgebern: Zum Beispiel Kochbücher, Schulbücher, Schreibanleitungen, Benimmbücher, Jagdfibeln, Pflanzenbücher, Hausbücher, Rechenbücher, Kaufmannshandbücher, astronomische, medizinische und andere Ratgeber. Gerade in diesem Segment betonten die Bücher typischerweise schon in ihren Titeln ihre Nützlichkeit, diese werden für einen Markt von anonymen Käufern hergestellt, während die traditionellen, handschriftlich hergestellten Bücher fast immer für einen bestimmten Auftraggeber geschrieben worden waren.

Illustrierte Bücher — Darüber hinaus wurden auch die schöne Literatur und alle möglichen Wissenschaftszweige von der Druckwut erfasst. Die Kombination des Buchdrucks mit beweglichen Lettern und des Holzschnitts oder Kupferstichs ermöglichte inhaltsspezifische Angebote zur Steigerung der Attraktivität von Büchern. So etwa, wenn Euklids Geometrie mit entsprechenden geometrischen Figuren ausgestattet wurde, ein Herbarium mit Zeichnungen der Pflanzen, eine Hebammenkunst mit der Abbildungen besonderer Kindslagen bei der Geburt oder ein Liederbuch mit Noten.

Zunahme — Im Vergleich zum 15. Jahrhundert vervielfachte sich die Zahl der produzierten Titel im 16. Jahrhundert um den Faktor 5, aber die Menge der verbrauchten Bogen Papier um den Faktor 50, was auf eine deutliche Steigerung der Auflage pro Titel hindeutet. Zentren des Handels mit der neuen Ware wurden die traditionellen Messen. Vor allem in Frankfurt am Main wurden seit 1462 auch Bücher feilboten, die mit Werbezetteln in Form von Bücherlisten als Einblattdrucken (Plakaten) beworben wurden.

Die Vielzahl der Drucke und die Vielfalt der Druckerzeugnisse riefen nach einem neuen Ordnungssystem. Erste Bücherverzeichnisse *Bibliographie* oder Bibliographien des gelehrten Schrifttums entstanden im 16. Jahrhundert: der Zürcher Universalgelehrte Konrad Gesner oder Gessner (1516–1565) versuchte 1545 mit seiner „Bibliotheca universalis sive Catalogus omnium scriptorum locupletissimus" alle bisher erschienenen gelehrten Bücher in lateinischer, griechischer und hebräischer Sprache – insgesamt rund 15 000 Titel – zu erfassen. In den Bibliotheken lösten alphabetisch oder systematisch angelegte Kataloge die bisherigen Inventare ab, welche die Bücher bloß nach Standort oder Eingangsdatum aufgelistet hatten.

Doch trotz großer Anstrengungen wurden wohl beachtliche Teile der Produktion – und das gilt insbesondere für die Einblattdrucke (Flugblätter, Werbezettel usw.) sowie die Kleindrucke (Flugschriften, Broschüren und Gelegenheitsschriften) – damals nicht erfasst. Gerade Einblatt- und Kleindrucke hatten auch weniger Chancen, in einer fürstlichen, städtischen, klösterlichen, universitären oder privaten Bibliothek aufbewahrt zu werden.

Aus kommerziellem Interesse ließ der Augsburger Großverleger Georg Willer 1564 einen Katalog aller Neuerscheinungen drucken, die er an der Frankfurter Buchmesse eingekauft hatte. Solche sogenannten Messkataloge, wie sie fortan hießen, produzierte Willer seit 1567 zweimal jährlich, unterteilt in lateinische, griechische und orientalische Titel einerseits, deutschsprachige andererseits (seit 1568 auch andere lebende Fremdsprachen). Willers Katalog erschien regelmäßig bis 1627. Verdrängt wurde er vom offiziellen Frankfurter Messkatalog, der seit 1598 publiziert wurde und sich bis 1750 halten konnte. Der Leipziger Messkatalog, der seit 1594 erschien, blieb als einziger übrig bis 1860. Diese Messkataloge dienten ebenso der Werbung wie der Orientierung und ein Stück weit substituierten sie eine fehlende Allgemeinbibliographie. *Messkatalog*

Die Bestseller und Lieblingsautoren des 16. Jahrhunderts waren Martin Luther und Hans Sachs (1494–1576), der protestantische Meistersinger aus Nürnberg. Große Erfolge erzielten auch die billig hergestellten Volksbücher. Diese Prosabearbeitungen mittelalterlicher Epen wie etwa Fortunatus (Augsburg 1509), Till Eulenspiegel (Straßburg 1515), Dr. Faustus (Frankfurt 1587), die Lalenburger oder Schildbürger (Straßburg 1597 und Frankfurt 1598) oder französische und italienische Vorbilder wie etwa Reineke Fuchs (Rostock 1539) und andere mehr eroberten vor allem das städtische Publikum. *Bestseller*

So unvollständig die Messkataloge die Produktion abbilden, so sehr sind alle quantitativen Aussagen über das Geschehen auf dem Buchmarkt von dieser Quelle abhängig. Geht man davon aus, dass die Erfassungskriterien in etwa konstant sind, so lassen sich wenigstens Entwicklungen für bestimmte Segmente der Produktion rekonstruieren, was immerhin interessante Einblicke ermöglicht. So erreichte – gemäß den Frankfurter und Leipziger Messkatalogen – die stetig ansteigende Produktion im Jahrzehnt 1610–1619 mit durchschnittlich 1587 Neuerscheinungen pro Jahr einen ersten Höhepunkt. Die gesamte Buchproduktion (also nicht nur die Neuerscheinungen) wuchs dabei von 1500 *Zahlen zur Buchproduktion* bis 1600 um das Zwanzigfache, während sich die Bevölkerung im Reich nur knapp verdoppelte auf 20 Millionen. Ob allerdings gleich viele Leute mehr Bücher kauften oder mehr Leute gleich viele Bücher, bleibt offen.

Sprachen — Andere langfristige Entwicklungen des Buchmarktes betreffen dessen Nationalisierung und das Gewicht der Sprachen. Der Anteil der ausländischen Bücher in den Messkatalogen betrug um 1570 rund 38% und halbierte sich bis um 1615 auf 20%. Das lag vor allem am ungeheuren Zuwachs der deutschen Produktion, denn in absoluten Zahlen legten auch die französischen und niederländischen, die englischen und italienischen Titel noch deutlich zu. Der Umstand, dass 79% der nichtdeutschen Produktion Titel in lateinischer Sprache waren, zeigt, dass ins-

Frankfurter Messe — besondere Frankfurt am Main das europäische Zentrum des gelehrten lateinischen Buchmarktes war. Die wichtigsten Messeplätze der Frühen Neuzeit waren aber keineswegs identisch mit den Zentren des Buchdrucks. Während bei den Messen bis zum Dreißigjährigen Krieg Frankfurt dominierte, blieben Straßburg, Augsburg, Nürnberg, Basel und als Zentrum des katholischen Reiches Köln wichtige Druckerstädte.

Je nach Gattung der Druckerzeugnisse war die Art ihrer Distribution gestaltet. Gerade weil die Distributionskanäle so vielfältig und die Produktion so groß waren, verstärkten sich im 16. Jahrhundert die obrigkeitlichen wie kirchlichen Bestrebungen der Kommunikations-

Zensur — kontrolle. Das erste kaiserliche Bücherverbot traf eine Schrift des Humanisten Johannes Reuchlin (1455–1522), 1521 wurde die Vorzensur eingeführt und Luthers Schriften verboten. Der Reichstag zu Nürnberg beauftragte die Territorien mit der Aufsicht über die Druckereien, jener

... im Reich — zu Augsburg 1530 sprach die Oberaufsicht dem Kaiser zu. Die verstreuten und unter anderem auch in der „Constitutio Criminalis Carolina" (1532) festgelegten Regelungen fanden seit 1548 Eingang in die „Reichspolicey-Ordnung", die 1577 noch verschärft wurde um das Verbot der Winkeldruckereien: Gedruckt werden durfte nur noch in Residenz-, Reichs- und Universitätsstädten. Neben den Territorien setzte der Kaiser auf Drängen des Frankfurter Rates, dem die Aufgabe über den Kopf wuchs, 1567 zunächst temporär für die Dauer der Messen, ab 1596 dann permanent den kaiserlichen Bücherkommissar ein. Dieser bildete mit seinen Mitarbeitern die kaiserliche Bücherkommission. Von Wien aus befasste sich zudem seit 1559 der Reichshofrat vermehrt mit Zensurfragen.

... durch die katholische Kirche — Bevor der Papst selber aktiv wurde, übertrug er 1487 den Bischöfen die Pflicht zur Präventivzensur, womit jegliches Drucken, Binden und Lesen von Büchern, die vom Bischof nicht approbiert worden wa-

ren, bei Strafe der Exkommunikation (Ausschluss aus der Kirche) verboten waren. 1515 setzte das V. Laterankonzil als Strafe gegen Verstöße der Zensurordnung die Beschlagnahmung und Verbrennung der Bücher sowie Geldbußen, Druckverbote und Exkommunikation für Drucker fest. 1542 richtete die päpstliche Kurie als neue Instanz die „Sacra Congregatio Romanae et universalis Inquisitionis" kurz „Sanctum Officium" ein, die als Zensurbehörde für die gesamte Christenheit vorgesehen war. Es war dieses vom Papst zusammengestellte Gremium von Kardinälen, das 1559 den berühmten „Index librorum prohibitorum", den Index der verbotenen Bücher, publizierte. Das Sanctum Officium schuf mit der „Index-Congregation" 1571 eine Unterabteilung, die nun etwa alle 30 bis 50 Jahre einen neuen Index veröffentlichte – den letzten 1948. Offiziell abgeschafft wurde der Index der römisch-katholischen Kirche 1966. Mittlerweile sind nur noch Bücher aus dem Bereich des Katholizismus (Bibelausgaben, Katechismen, Liturgische Literatur, Erziehungsschriften) der Approbation, d. h. Genehmigung durch das Sanctum Officium, das seit 1966 Glaubenskongregation heißt, unterworfen.

Kaum weniger aktiv waren in Zensurfragen die protestantischen Kirchen, nur errichteten sie entsprechend ihrer Organisation keine universale Zensur, sondern lediglich territorialstaatliche. Denn protestantische Theologen waren nicht nur in den kirchlichen, sondern auch in den weltlichen Zensurgremien gut vertreten. Auch war es durchaus nicht so, dass protestantische Theologen, die oft Opfer der römisch-katholischen Zensur wurden, ihrerseits etwa auf Zensur und Verfolgung verzichtet hätten. Der spanische Antitrinitarier Michel Servet (1511–1553), der vor der Verfolgung der katholischen Kirche in Frankreich nach Genf geflohen war, wurde dort auf Anregung Calvins gefangen, verhört und – weil er nicht widerrufen wollte – am 27. Oktober 1553 öffentlich verbrannt.

... durch die protestantischen Kirchen

Die Vielfalt der Instanzen war nicht immer effizient. Denn was die eine verbot, erlaubte die andere. Gerade die im 16. Jahrhundert primär theologisch motivierte Zensur reichte höchstens bis an die Grenzen der eigenen Konfession.

Effizienz?

2.3 Karten und Druckgraphik

Die Auswirkungen der neuen Drucktechniken auf die Kartographie waren vielfältig. Sie führten zur Beschleunigung und weitreichenden räumlichen und thematischen Vernetzung des Wissenstransfers im Laufe des 16. Jahrhunderts.

26 I. Enzyklopädischer Überblick

Pilgerkarte Pünktlich zum päpstlichen Jubeljahr 1500 publizierte Albrecht Glockendon in Nürnberg die erste europäische Straßenkarte, die von Erhard Etzlaub (ca. 1460–1532) entworfen worden war. Wie viele frühe Karten war sie gesüdet, d. h. Rom als Ziel war somit oben, Nürnberg im Zentrum. Sie stellte die Hauptpilgerwege mit simplen Entfernungsindikatoren und Sprach-, aber keine Landesgrenzen dar. Der (meist kolorierte) Holzschnitt wurde zum Verkaufserfolg, der dutzende Male in hohen Auflagen nachgedruckt wurde.

Entdeckungen Die Entdeckungen des späten 15. und frühen 16. Jahrhunderts stellten die Kartographie vor enorme neue Aufgaben. Es galt unter anderem den neuen (Doppel)kontinent Amerika in das europäische Weltbild zu integrieren. Es war eine deutsche Karte, die erstmals den Vornamen des italienischen Seefahrers Amerigo Vespucci (1451–1512) für den neuen Kontinent verwendete. Ihr Schöpfer, der Freiburger Martin Waldseemüller (ca. 1470–ca. 1518), wählte für seinen Holzschnitt auf zwölf Blättern die Herzprojektion, die zuvor schon von Johannes Stabius (ca. 1460–1522) für eine Ptolemaios-Ausgabe verwendet worden war. Dadurch erschien Amerika zwar stark verzerrt, aber es ließ sich die ganze Welt in einer Art darstellen, die ihre Kugelform berücksichtigt. Eine andere Weltkarte Waldseemüllers war so konzipiert, dass man sie auf einen Globus aufkleben konnte. Im Jahr 1513 erschien in Straßburg die von Waldseemüller redigierte Ausgabe der „Geographia" des Ptolemäus, die erstmals zwischen Karten mit alten (antiken) und neuen (die Entdeckungen einbeziehenden) Blättern unterschied. Trotz dieser Pionierleistungen der deutschen Kartographie waren international bald Italien (Venedig) und dann die Niederlande (Antwerpen) die Zentren der Kartenherstellung im 16. Jahrhundert.

Die mechanische Vervielfältigung von Karten durch den Hochdruck (Holzschnitt) oder Tiefdruck (Kupferstich) machte es möglich, das verstreute Wissen über die Gestalt der Erdoberfläche zu kompilie-
Kompilation ren. Die vorher nur lokal und streng geheim überlieferten Kartentypen z. B. der portugiesischen, spanischen und italienischen Portolane (Seekarten) oder der ptolemäischen und arabischen Karten des östlichen Mittelmeeres und des indischen Ozeans oder der Karten der Alpenpässe konnten, sobald sie gedruckt waren, gesammelt und zusammengefügt werden.

Der erste, der dies in großem Stil unternahm, war der Flame Abraham Ortelius (1527–1598). 1570 veröffentliche er in Antwerpen unter dem Titel „Theatrum Orbis Terrarum" ein Buch mit 70 Karten, die er von anderen Vorlagen abgezeichnet und, das war seine Hauptleistung, auf ein einheitliches Format gebracht hatte. Entstanden war nicht nur

B.2. Ausbreitung der Druckmedien im 16. Jahrhundert

das bis dahin teuerste Buch der Druckgeschichte, sondern auch der erste Atlas, wie wohl der Begriff Atlas erst später auftauchte. Atlanten waren eine neue Buchgattung, die durch den Inhalt bestimmt war und durch ihr meist sehr großes Format auffiel.

Atlas

Wissenschafts- und mediengeschichtlich von Bedeutung war Ortelius weniger als Kartograph – er zeichnete nur wenige Karten selbst –, denn als Wissenschaftsmanager. Er initiierte den systematischen Austausch geografischer Kenntnisse, den er im Vorwort seines Theatrum begründete. Als Ziel seiner Kartensammlung gab er an, er wolle den Lesern die Gelegenheit geben, auf bequeme Weise die Orte der Weltgeschichte und aktueller Reiseberichte kennen zu lernen und sich einzuprägen. Auch entschuldigte er sich dafür, dass nicht alle Regionen der Welt abgebildet waren, was aber nicht aus Kostengründen, sondern aus Mangel an zuverlässigen Karten geschehen sei. Schließlich bat er seine Leser, ihm entsprechende Karten zuzusenden oder ihn auf Fehler in den vorhandenen aufmerksam zu machen. Die Kartographen waren nicht faul und schickten so viele zusätzliche Karten, Korrektur-, Änderungs- und Ergänzungsvorschläge nach Antwerpen, dass Ortelius selbst bis zu seinem Tode 1598 mindestens 28 weitere Auflagen in lateinischer, niederländischer, deutscher, französischer und spanischer Sprache veröffentlichte. Bis 1612 folgten dann nochmals 14 Auflagen in sieben Sprachen (zusätzlich englisch und italienisch). Die letzte umfasste anstelle der ursprünglich 70 bereits 167 Karten. Seit 1577 gab es auch kleinformatigere Ausgaben für das kleine Budget, und so wurde die Zeit von 1570 bis 1618 zum „Zeitalter der Atlanten" [329: K. SCHLÖGEL, Im Raume, 162–165].

Ortelius initiiert Austausch geographischer Kenntnisse

Ortelius gilt als frühes Beispiel für das durch den Buchdruck ausgelöste „feed-back" System, das vorher isoliert überlieferte Wissensbestände miteinander in Kontakt und Beziehung brachte [88: E. L. EISENSTEIN, Printing Press, 111, 268f., 481–488]. Die Aufklärung im 18. Jahrhundert sollte genau auf diesem kommunikativen Prinzip aufbauen und es noch besser publizistisch institutionalisieren.

Feed-back System

Die zahlreichen Neuauflagen entstanden nicht zuletzt aufgrund der Entdeckungsreisen. Die Küstenlinien beider Amerika, aber auch Chinas und Japans konnten nach jeder Expedition – falls diese ihre Ergebnisse publik machte – korrigiert und verbessert werden. Doch trotz dieses vertrauensvollen Ansatzes wurde auch Ortelius' Atlas vielfach unautorisiert nachgedruckt, wie etwa vom Nürnberger Johann Koler 1572, der denn auch das Vorwort, in dem Ortelius zum Austausch von Ergebnissen aufrief, unterdrückte. Die aufgrund der sich beschleunigenden Zirkulation der Information mögliche Verwissenschaftlichung führte zu einer Profanisierung des Weltbildes, das sich aus christlichen Verankerungen zu lösen begann.

So bahnbrechend Ortelius' Atlas war und so groß sein Erfolg, der sich in den Neuauflagen spiegelt, kartographisch wurde er fast gleichzeitig überholt durch den Flamen Gerhard Mercator (1512–1594), der 1569 in Duisburg erstmals seine Weltkarte auf der Basis der Mercator-Projektion publizierte. Er erfand ein neues Verfahren für das als „kartographisches Paradox" bekannte Problem, wie man die dreidimensionale Erdkugel so auf eine Ebene projiziert, dass sie übersichtlich wirkt und trotzdem noch genau ist, was insbesondere für die Schifffahrt wichtig war. Diese Mercator-Projektion ist bis heute gerade in der Schifffahrt und zum Teil für die Luftfahrt weit verbreitet.

Mercator-Projektion

Hatten Etzlaub und Waldseemüller für den Druck ihrer Karten noch den Holzschnitt verwendet, so stiegen die Kartographen um die Mitte des 16. Jahrhunderts auf den Kupferstich um, mit der seit dem späten 15. Jahrhundert experimentiert worden war. Größere Detailauflösung und leichtere Korrigierbarkeit scheinen die Gründe gewesen zu sein.

Holzschnitt – Kupferstich

Neben Land-, Welt- und Himmelskarten entwickelten sich auch andere Genres der Kartographie. Etwa detailgetreuere Abbildungen lokaler Verhältnisse (was in der ptolemäischen Tradition *Chorographie* genannt wurde), bestimmter topographischer Phänomene oder historischer Zustände (etwa zur Illustration der Bibel).

Eine Grenzform der Kartographie stellen die sogenannten Topographien dar, unter denen die Städte-Topographien am bekanntesten sind. Städtebilder waren sehr beliebt und als Ansicht in der Fußgänger-, oder in der Kavaliersperspektive (vom Pferd aus), aus der Vogelschau oder gar senkrecht von oben als Grundriss oder Stadtplan erhältlich. Schon die handgeschriebenen Chroniken des Spätmittelalters wurden mit Städtebildern geschmückt. Diese Städtebilder waren jedoch nicht realistische Ansichten, sondern idealisierte Symbole für das Phänomen Stadt, deren Merkmale etwa die Kirchtürme und die Stadtmauer, oft auch eine Brücke oder eine Burg waren. Im „Fasciculus temporum" des Kölner Kartäusers Werner Rolevinck musste seit 1474 ein einziger, völlig fiktiver Phantasieholzschnitt, der eher ein Stadtsymbol darstellte, zur Illustration sämtlicher Städte dienen. Im Laufe der ersten Hälfte des 16. Jahrhunderts emanzipierten sich die Bilder und traten gleichberechtigt neben den Text, ja dominierten sogar das ganze Buch, es entstanden eigentliche „Städtebücher". In gleichem Maße wurden nun die Phantasiedarstellungen durch realistische, identifizierbare Abbildungen ersetzt, bei Rolevinck in einer zweiten Auflage 1474 machte Köln den

Topographie

Städtebilder

Anfang. In Hartmann Schedels Weltchronik (1493), deren Erfolg auf den reichen Illustrationen beruhte, waren von den 68 Holzschnitten mit Städteansichten nur 32 wieder erkennbare Stadtbilder, zum Teil aus italienischen Städtebüchern übernommen. Für Paris zum Beispiel wurden, weil es so groß war, einfach zwei andere Städtebilder zusammengesetzt: Deshalb steht die Magdeburger Rolandssäule im Schedel in Paris. Stadtansichten in der Art der „Contrafaktur", also der perspektivischen naturgetreuen Abbildung setzten sich durch und bewirkten eine „Revolution des Sehens".

Weitere wichtige Werke dieses Genres waren Sebastian Münsters (1488–1552) „Cosmographia" (Basel 1544) oder Johannes Stumpfs (1500–1574) zweibändige Eidgenössische Chronik (Zürich 1547–1548). Während Münster 1544 nur 6 naturgetreue Ansichten bot und von Stumpf vier Jahre später übertroffen wurde, ergänzte er die zweite Auflage 1550 mit über 60 großformatigen, zum Teil ausklappbaren und eigens vor Ort angefertigten Holzschnitten. Jetzt stellte sich der Erfolg ein: das Werk erschien in über 20 Auflagen in sechs Sprachen (lateinisch, deutsch, französisch, italienisch, englisch, tschechisch) mit geschätzten 50 000 Exemplaren und gilt als eigentlicher Startschuss für die Gattung der Städtebücher.

Waren diese frühen Titel noch mit Holzschnitten illustriert, so machten Georg Braun (1541–1622) aus Köln und Frans Hogenberg (1535–1590) aus Mechlen den Schritt zum Kupferstich. Braun verstand das seit 1572 erscheinende Werk „Civitates Orbis Terrarum" als Pendant zu Ortelius' Atlas „Theatrum Orbis Terrarum" (1570). Enthielt die erste Ausgabe von 1572 schon 139 Städtebilder, so bot jene von 1618 nicht weniger als 546 Städteporträts aus ganz Europa. Dazu wurden vorhandene Städtebücher ausgeschlachtet und über den Weg der Zusendung – wie bei Ortelius im Falle der Karten – sowie durch gezielte Neuaufnahmen die Lücken gefüllt. Ähnliche Entwicklungen lassen sich auch für Italien und Frankreich verfolgen.

Holzschnitt – Kupferstich

Wie am Beispiel der Stadttopographien ersichtlich, konnten die Bilder sich gegenüber dem Text emanzipieren und aus der rein dekorativ-illustrativen Funktion zum Hauptgegenstand der Publikation werden. Sowohl der Holzschnitt als auch und vor allem der Kupferstich und die Radierung wurden im 16. Jahrhundert zu eigenen Kunstgattungen, denen berühmte Maler einen Teil ihrer Bekanntheit und auch einen wesentlichen Teil ihrer Einkünfte verdankten. Die illustrative Druckgraphik entwickelte sich zur Originalgraphik, die künstlerisch der Malerei ebenbürtig wurde. Dabei konnten alle Arbeitsgänge – Entwerfen *(pinxit, delineavit, invenit)* und Ausführen in Form von Stechen, Gra-

Druckgraphik

vieren und/oder Ätzen *(caelavit, incidit, sculpsit, exarat, fecit)* – auf verschiedene Professionen aufgeteilt oder von einer Hand ausgeführt werden. Das trifft auch auf die Radierung zu. Bei diesem Verfahren wurden die Linien nicht in die Metallplatte gestochen oder geritzt, sondern in die Wachsschicht auf der Metallplatte, die dann im Säurebad geätzt wurde. Das Verfahren scheint am Ende des 15. Jahrhunderts vom Plattner und Harnisch-Ätzer Daniel Hopfer (1470–1536) in Augsburg entwickelt worden zu sein. Die älteste datierte Radierung trägt die Jahrzahl 1513 und stammt vom Schweizer Söldner und Künstler Urs Graf (ca. 1485–1528).

<small>Radierung</small>

Die überragende Künstlerfigur in Deutschland an der Wende zum 16. Jahrhundert, Albrecht Dürer (1471–1528), schuf nicht nur exzellente Ölbilder, sondern eigenhändig auch hervorragende Holzschnitte, Kupferstiche und Radierungen. Ebenfalls in Nürnberg wirkten seine Schüler Hans Sebald (1500–1550) und Bartel Beham (1502–1540), während Hans Baldung genannt Grien (1484/85–1545) nach Straßburg zog. In Basel prägten Ambrosius (1494–1519) und Hans Holbein d. J. (1493/4–1543) den guten Ruf der Buchillustration – bevor Holbein dann die Karriere als Hofmaler beim englischen König der bilderstürmerischen Atmosphäre im Basel der Reformation vorzog.

<small>Künstler</small>

Lucas Cranach d. Ä. verknüpfte seine Karriere eng mit der Reformation und erlangte als Porträtist Luthers, als Illustrator der Luther-Bibel (1522) und als Schöpfer satirischer Flugblätter großen Ruhm. Trotzdem waren er und seine Werkstatt auch immer für katholische Auftraggeber tätig. Während der Maler Hans Burgkmair (1473–1531) auch als Zeichner für den Augsburger Drucker Erhard Ratdolt arbeitete, wurde zwei Generationen später ein Jost Ammann (1539–1591) primär als Zeichner und Formschneider für kulturhistorisch bedeutsame Illustrationen von Kartenspiel-, Kräuter-, Tier-, Koch-, Arznei- und Hebammenbüchern, von Schriften zu Jagd- und Forstrecht, zu Ackerbau, von Kriegs- und Turnierbüchern sowie dem berühmten „Ständebuch" (1568) mit Versen von Hans Sachs, und dem „Frauentrachtenbuch" (1586) berühmt. Viel investierten die Künstler und Produzenten auch in die Schmuckleisten, kunstvollen Initialen und Schriften. Schnell emanzipierte sich die Druckgraphik von religiösen Themen und eroberte sich profane Motive, bereicherte das bildnerische Repertoire.

Als Reproduktionsgraphik dienten die Drucktechniken dazu, die Kenntnis der Meisterwerke der europäischen Malerei, Skulptur und Architektur breit zu streuen. Einige Verlage spezialisierten sich auf die bis zum Aufkommen der Lithographie und Photographie im 19. Jahr-

<small>Reproduktionsgraphik</small>

hundert besten Kopiermöglichkeiten für Kunstwerke. Der Niederländer Hendrik Goltzius (1558–1617) schuf neben eigenen Werken auch perfekte Kopien älterer Stiche und Radierungen wie etwa von Dürer oder Lucas van der Leyden (1494–1533). Maler wie Tizian (ca. 1485–1576), Raffael (1483–1520) oder Peter Paul Rubens (1577–1640) beschäftigten daher selbst Stecher, die ihre Tafelbilder als Drucke verbreiteten. Insgesamt produzierten Original- wie Reproduktionsgraphik „preiswerte" Kunstwerke für ein städtisch-bürgerliches Publikum, während die teurere Ölmalerei eher der höfisch-adeligen Elite – und solchen, die gerne dazugehören wollten – vorbehalten blieb.   ... als preiswerte Kunst

Nicht zu unterschätzen ist die Rolle der Bilddruckverfahren beim visuellen Wissensaustausch. Die Meisterwerke der italienischen Renaissance wurden in Holzschnitt, Kupferstich oder Radierung kopiert und konnten so leicht und billig ein europäisches Publikum erreichen oder als „Musterbuch" und Vorlage für „originale" Freskenmalereien anderer Künstler dienen. Langfristig förderte die Druckgraphik „die Kodifizierung des überlieferten Bildfundus" [306: M. MELOT, Druckgraphik, 27–30]. Diesen Trend verkörpert auch das 1531 in Augsburg erschienene „Emblematum liber" des Mailänder Humanisten Andreas Alciatus (1492–1550), welches antike und moderne Bildmotive, ihre Bedeutung und Verwendung als Merkbilder – heute würde man sagen als Logo oder Batch – zusammenstellte. Der Alciat erlebte an die 150 Auflagen und inaugurierte eine für die Spätrenaissance und den Barock typische Gattung der Bild-Text-Kombination. Spätere Ausgaben des Alciat (Venedig 1546, Lyon 1550) und andere Emblembücher systematisierten dann die Embleme zu thematischen Gruppen und kanonisierten die typische Form mit Motto *(inscriptio)*, Bild *(pictura)* und Legende *(subscriptio)*. Ähnliche Sammlungen entstanden zu *Impresen* (mit Bildsymbolen kombinierte Wahlsprüche), Münzen, Porträts, römischen Ruinen oder dem Œuvre berühmter Künstler.   Emblematik

Der bildliche Wissensaustausch vollzog sich genauso virulent in verschiedenen Wissenschaften. Präzise Zeichnungen und Schemata etwa der menschlichen Anatomie, botanischer und zoologischer Sammlungen oder von Konstruktionen der Ingenieure erleichterten und präzisierten die Kommunikation der Fachleute wesentlich. Auch prägten die Holzschnitte und Stiche zu den Entdeckungsreisen das Bild zum Beispiel der „Indianer" aus der Neuen Welt nachhaltig. Sie boten Informationen und Imaginationen in Form von gedruckten Bilderwelten.   Visueller Wissenstransfer

3. Aufstieg der periodischen Presse im 17. Jahrhundert

Auch wenn sich die historische Entwicklung der Medien nicht an die Einteilung der Jahrhunderte hält, kann man doch vereinfachend sagen, dass die große Zeit der Flugblätter im 16. (und frühen 17.) lag, während das 17. Jahrhundert durch den Beginn und Aufschwung der periodischen Presse charakterisiert werden kann, deren erste Anfänge allerdings bereits ins späte 16. Jahrhundert fallen.

Die sehr oft zu Propagandazwecken genutzten Medien Flugblatt und Flugschrift erlebten zwar einen ersten Höhepunkt mit der Reformation im deutschen Sprachraum. Doch wurde das neue Medium europaweit genutzt. Typisch für diese Gattung sind die ereignisbezogenen großen Schwankungen in der Produktion, wie schon während der Reformation deutlich wurde. Auch in der ersten Hälfte des 17. Jahrhunderts bewegte sich die Zahl der pro Jahr nachgewiesenen Flugblätter zwischen etwa 10 und 250. Die Produktion war abhängig von medienträchtigen Ereignissen wie etwa der Inflation um 1621, dem Feldzug und Tod Gustav Adolfs (1594–1632) im Rahmen des Dreißigjährigen Krieges (um 1632) oder der lebhaften Rezeption der englischen Revolution 1649 und der Expansionskriege Ludwig XIV. (1638–1715).

Einblattdrucke, seien sie illustriert oder nicht, wurden aber nicht nur für die Agitation und Propaganda eingesetzt. Vielmehr gab es auch die verbreitete Nutzung als Nachrichtenmedium. Zahlreiche Einblattdrucke insbesondere des 15. und 16. Jahrhunderts gehören nämlich zu den sogenannten Neuen Zeitungen.

Neue Zeitungen

Zeitung bedeutete vom Wort her zunächst einmal „Nachricht" und stand noch nicht für eine Textgattung, wie wir sie heute kennen. Neue Zeitungen zeichneten sich dadurch aus, dass sie spektakuläre Ereignisse auswählten, die sich auch reißerisch illustrieren ließen. Daher war viel von Mordfällen, Missgeburten, Unglücken und Katastrophen die Rede. Der Ort des Geschehens konnte dabei relativ beliebig sein, auch mussten die Neuen Zeitungen nicht zwingend neu sein, selbst wenn sie sich selber so nannten: Sensationen ließen sich auch recyceln, Storys umdatieren.

Von ihrer quantitativen Entwicklung her – soweit die Stichproben von zwei wichtigen Bibliotheken aussagekräftig sind – erreichten die Neuen Zeitungen ihren Höhepunkt am Ende des 16. Jahrhunderts, um dann im 17. rapide abzunehmen. Das liegt vermutlich vor allem an der starken Konkurrenz, die den Neuen Zeitungen im 17. Jahrhundert durch die periodische Nachrichtenpresse erwachsen ist.

3.1 Erste Periodika: Messrelationen und Monatsschriften

Buchdruck, Holzschnitt und Kupferstich erlaubten die beliebig häufige Reproduktion von Informationen in kurzer Zeit. Relativ schnell, noch im 15. Jahrhundert entwickelten sich gedruckte Informationsmedien in Form des (meist illustrierten) Flugblattes, der Flugschrift und des Buches. Während das Buch längere Produktionszeiten bedingte und auf eher längerfristige Wirkung angelegt war, blieben die Flugblätter und Neuen Zeitungen durchaus anlassgebunden. Ihr limitierter Umfang und oft populärer Ton begrenzten die Informationskapazitäten zusätzlich. Auch waren sie – als meist anonyme und eben ereignisbezogene Schriften – für potentiell interessierte Käufer nicht rasch und einfach zu finden. Dieser Unsicherheit konnte abgeholfen werden durch die Verstetigung der Produktion und des Vertriebes, das heißt durch eine Entwicklung, die in Richtung Periodizität der Produktion und Nutzung der Post für die Distribution verlief.

Als erstes periodisch gedrucktes Informationsmedium gelten die Messrelationen, eine ausgestorbene Gattung der Presse. Erwähnenswert sind sie zum einen, weil sie die erste periodische Form eines Nachrichtenmediums darstellen und zum anderen, weil sie von 1583 bis 1806 erschienen, zuerst in Köln, dann vor allem in Frankfurt am Main (1591–1806) – der wichtigsten Stadt für Messrelationen –, aber auch in Leipzig (1602–1730), Straßburg, Magdeburg und einigen anderen Städten. In der Regel halbjährlich zur Messe boten diese rund 100 Seiten starken, ungebundenen Druckschriften in Heftform und Quartformat einen Überblick über die wichtigsten Ereignisse der sechs Monate seit der vergangenen Messe. Die Nachrichten wurden dabei meist nach Ländern geordnet und in einem fortlaufenden Text verarbeitet. Insofern ähneln die Messrelationen eher den historischen Chroniken oder Annalen und weniger den modernen Zeitungen. *Messrelation*

Ihre große Zeit erlebten die Messrelationen am Ende des 16. Jahrhunderts. Zwischen 1595 und 1629 erschienen jährlich mindestens zehn Ausgaben, dann wurden sie konkurriert durch aktuellere Nachrichtenmedien. Trotzdem konnten sie sich bis um 1800 halten. Das dürfte nicht zuletzt auf ihre ordnende Zusammenstellung der Nachrichten nach Ländern zurückzuführen sein, denn dadurch boten die Messrelationen einen Abriss der Zeitgeschichte. Sie wurden daher zu einer Hauptquelle der frühen Geschichtsschreibung. *Höhepunkt um 1600*

I. Enzyklopädischer Überblick

Monatsschrift

Einen weiteren Schritt in Richtung aktueller Berichterstattung machte die Rorschacher Monatsschrift mit dem Titel „Historische Erzählung" (auch bekannt als „Annus Christi"), die 1597 in zwölf Nummern in Rorschach am Bodensee erschien. Der Augsburger Verleger Samuel Dilbaum (1530–1618) stellte die Nachrichten zusammen und ließ sie vom St. Galler Drucker Leonhard Straub d. Ä. (1550–ca. 1607) in der Schweiz drucken, womöglich um die Augsburger Zensur zu umgehen. Es handelt sich um eine seltene Erscheinung, die nur ein Jahr überlebte, sich aber im Rückblick wie ein Bindeglied zwischen den halbjährlichen Messrelationen und den wöchentlichen Zeitungen ausnimmt. Ähnliche Unternehmen gab es auch später noch, etwa 1620 die „Fama Mundi Oder Welt Trommeter..." [286: J. WEBER, Götter-Both, 17 f.].

Die Nachrichten, die man in den Messrelationen oder auch in der Dilbaumschen Monatsschrift aus Rohrschach lesen konnte, stammten alle aus demselben System: nämlich aus den sogenannten geschriebenen Zeitungen, nach dem italienischen Herkunftsnamen auch „Avisi" genannt. Bei den geschriebenen Zeitungen handelt es sich im Prinzip um Briefe mit Nachrichten, die von allen Enden der damals bekannten Welt über die Postverbindungen verschickt wurden. In Augsburg, einem Knotenpunkt von Postlinien von Nord (Brüssel) nach Süd (Venedig–Rom–Neapel), von Ost (Wien/Prag) nach West (Paris/London), etablierten sich um die Mitte des 16. Jahrhunderts eine Art Nachrichtenagenturen. Diese organisierten ein Netz von Korrespondenten, die über ganz Europa entlang den Postrouten stationiert waren und die Aufgabe hatten, an jedem Posttag die Neuigkeiten, die sie erfahren hatten, mitzuteilen. Dabei ging es sowohl um Neuigkeiten am Korrespondenzort selbst, als auch um Nachrichten, die dort aus anderen Orten eingetroffen waren. Solche geschriebenen Zeitungen mussten bei den Nachrichtenhändlern, die oft zugleich Postmeister waren, abonniert werden und waren überaus teuer (30 Gulden pro Jahr für Prager Nachrichten, die allen zu diesem Preis zugänglich waren). Das lag vor allem daran, dass die Nachrichten handschriftlich kopiert werden mussten. Die Nachrichtenagenturen taten eigentlich nichts anderes, als sich ein kommerzielles Korrespondentennetz aufzubauen – parallel und in Konkurrenz zu den diplomatischen Nachrichtendiensten, wie sie die europäischen Mächte durch ihre residierenden Botschafter und Agenten im Laufe des 15. (in Italien) und 16. Jahrhunderts (im übrigen Europa) etabliert hatten.

Geschriebene Zeitungen oder Avisi

Nachrichtenagenturen

Die größte Sammlung solcher geschriebener Nachrichten hatte sich die Augsburger Kaufmannsfamilie der Fugger angelegt. Sie liegt heute in der Österreichischen Nationalbibliothek in Wien und umfasst rund 36 000 Seiten mit Nachrichten aus den Jahren 1568–1605. Weil sie im Fugger-Archiv gefunden wurden, sind diese geschriebenen Zeitungen als Fugger-Zeitungen bekannt. Doch anders, als früher angenommen, handelt es sich nicht um die Berichte aus den vielen Niederlassungen der Fugger, sondern um die Nachrichtenbriefe der kommerziellen Nachrichtenagenturen: sie basieren somit auf der Post, denn die Herkunftsorte der wöchentlichen Nachrichten – Antwerpen, Wien, Prag und Venedig – entsprachen genau den wichtigsten Postkursrouten, die sich in Augsburg kreuzten.

Fugger-Zeitungen

3.2 Die Zeitung

Es dauerte nun fast vierzig Jahre, bis jemand auf die Idee kam, diese wöchentlichen Nachrichtenbriefe zu drucken – und somit die moderne Zeitung zu erfinden, nämlich ein nach der Definition von Otto Groth periodisch erscheinendes aktuelles Nachrichtenmedium mit universaler Ausrichtung und potentiell unbegrenztem Leserkreis.

Die Periodizität übernehmen die gedruckten Zeitungen von den geschriebenen (bzw. von der Abhängigkeit von den Postkursen). Die Periodizität unterscheidet die Zeitung hingegen von den älteren Einblattdrucken, den Neuen Zeitungen, Flugblättern und Flugschriften. Sie bedeutet den Schritt von der zufälligen und ereignisabhängigen Einzelinformation zum kontinuierlichen und stetigen Nachrichtenfluss. Die Aktualität besteht im mindestens wöchentlichen Erscheinen der gedruckten Nachrichten. Damit heben sie sich von den monatlich, halbjährlich oder noch seltener publizierten Fortsetzungschroniken ab (Monatsheft, Messrelation). Das Kriterium der Universalität bezieht sich auf die Inhalte und Themen, die in den Zeitungen zur Sprache kommen. Die Zeitung bildete fast alle Wirklichkeitsbereiche ab, legte aber den Schwerpunkt auf politische und Kriegsnachrichten. Im Unterschied zu Neuen Zeitungen, die meist nur ein Ereignis behandelten, weist jede Zeitungsnummer mehrere Nachrichten auf. Dementsprechend wurden die eher sensationellen Boulevardinformationen (wie sie die Neuen Zeitungen kannten) deutlich marginalisiert. Den entscheidenden Unterschied der gedruckten Zeitung gegenüber der von Hand geschriebenen ist die durch den Druck hergestellte Publizität, d. h. die öffentliche Zugänglichkeit der Informationen zu einem im Vergleich zu den Avisi 15 bis 20 Mal geringeren Preis.

Periodizität

Aktualität

Universalität

Publizität

Die im Nachhinein naheliegende Idee, die geschriebenen Zeitungen zu drucken, hat als erster der Straßburger Drucker Johannes Carolus (1575–1634 in die Tat umgesetzt. Aufgrund einer Supplikation – einer Bittschrift –, die Carolus an den Rat der Stadt Straßburg richtete, um die Erlaubnis zum Druck der Nachrichten als Privileg zu erhalten, lässt sich das Erscheinen der ersten modernen Zeitung der Welt in das Jahr 1605 datieren. Der Straßburger Rat gewährte ihm das Druckprivileg. Carolus setzte und druckte nun die Avisi, die er vorher handschriftlich vervielfältigt hatte. Von den ersten vier Jahren seiner Produktion hat sich bisher kein einziges Exemplar finden lassen. Dafür ist der komplette Jahrgang 1609 überliefert (wohl weil ihn der damalige Besitzer zu einem Buch hat binden lassen). Carolus nannte seine „Erfindung" auf dem nachgelieferten Jahrestitelblatt ganz in der Tradition der Messrelationen „Relation: Aller Fürnemmen vnd gedenckwürdigen Historien / so sich hin vnnd wider in Hoch und Nieder Teutschland / Auch Franckreich / Italien / Schott vnd Engelland / Hisspanien / Hungarn / Polen Siebenbürgen / Wallachey / Moldaw / Türckey / ac Jnn diesem 1609. Jahr verlauffen vnd zugetragen möchte. Alles auf das trewlichst wie ich solche bekommen vnd zu wegen bringen mag / in Truck verfertigen will." [25: Relation 1609]. Die Nachrichten, die er „in Truck verfertigen" wollte, erhielt er per Post. Seit der Reorganisation der Reichspost am Ende des 16. Jahrhunderts war nämlich auch Straßburg in das Postroutennetz einbezogen – vorher stellte die alte Botenlinie der Stadt Straßburg den Anschluss beim Postamt Rheinhausen bei Speyer sicher. Carolus übertrug die Sitte der geschriebenen Nachrichten, zuerst die Herkunft der Meldungen mit Ort und Datum zu nennen, in die Welt der gedruckten Zeitungen, worin ihm fast alle anderen Zeitungsschreiber folgten. Dank dieser Sitte lässt sich genau rekonstruieren, wie der Informationsfluss organisiert war. Die insgesamt 352 Nachrichten in der Straßburger Relation des Jahrgangs 1609 stammten aus insgesamt 17 fremden Städten, doch über 90% davon aus lediglich 5 Städten, nämlich aus Prag 25%, Wien 22% sowie Köln, Venedig und Rom je 15%. Alle diese Städte und auch fast alle weiteren der 12 Herkunftsorte waren Knotenpunkte des Reichspostnetzes . Die wöchentlich verkehrenden „Ordinari-Posten" bestimmten den Rhythmus des Nachschubs an Informationen und somit die Erscheinungsfrequenz der Zeitung: Erst wenn die wöchentliche Sendung mit Nachrichtenbriefen eintraf, konnte wieder eine Zeitung gedruckt werden. Daher erschien die Relation einmal die Woche.

Auch wenn die Aussage der Zeitungsschreiber, sie würden die Nachrichten „unverändert" drucken, bestimmt nicht zutrifft, so verweist sie doch auf den nüchtern informierenden, sachlich-neutral berichtenden Stil der Zeitungen – dadurch unterscheiden sie sich funda-

B.3. Aufstieg der periodischen Presse im 17. Jahrhundert

mental von den älteren Einblattdrucken und Neuen Zeitungen. Mit diesem Stil sollte die Zuverlässigkeit der Information unterstrichen und vom Anteil des Zeitungsschreibers an den Kürzungen, Auslassungen, Umformulierungen, Anonymisierungen etc. abgelenkt werden.

Straßburg war kein zwingender Ort für die Erfindung der Zeitung. Augsburg oder Venedig wären naheliegender gewesen, denn dort befanden sich die wichtigsten Nachrichtenhändler bzw. Nachrichtenagenturen für die geschriebenen Zeitungen. Doch gerade in Augsburg und Venedig war das Drucken von Nachrichten lange explizit verboten. In Antwerpen, einem anderen internationalen Knotenpunkt der damaligen Weltwirtschaft, entwickelten sich ebenfalls ab 1605 zeitungsähnliche Produkte. Ihnen fehlte es allein an der Periodizität. Möglicherweise lag dies an der geringeren Pünktlichkeit der Schiffe. Dieses Argument wurde jedenfalls auch für die vorerst unregelmäßige, nämlich von der Ankunft der Schiffe mit den Nachrichten vom Kontinent abhängige Erscheinungsweise der frühen englischen Presse ins Feld geführt.

Nachrichten-Agenturen

Konkret kann man sich die Produktion einer Zeitung so vorstellen, dass der Redakteur die Nachrichtenbriefe, die per Post geliefert wurden, sprachlich überarbeitete und sofort setzen ließ. Da die Postlinien aus den verschiedenen Richtungen zu verschiedenen Zeiten eintrafen, wurde in der Regel die Nachricht, die zuerst kam, zuerst gesetzt und erschien als erste der Zeitung. Die zuletzt eintreffende Nachricht folgte dementsprechend als letzte Meldung. Bei diesen frühen Zeitungen darf nicht von der Reihenfolge der Meldungen auf die Wichtigkeit geschlossen werden. Denn eine Wahl, die Reihenfolge zu bestimmen, hatte der Redakteur nur bei Nachrichten, die mit demselben Postkurs eintrafen. Die Nachrichten aus einer Sendung wurden dann oft chronologisch geordnet, damit man sozusagen die Fortsetzungsgeschichte in der richtigen Abfolge lesen konnte.

Aufbau der Zeitung

Zeitungen des 17. Jahrhunderts waren dünn. Sie bestanden meist aus vier Quartseiten, später dann aus acht Quartseiten. Das für heutige Begriffe kleine Format erklärt sich dadurch, dass ein Bogen Papier vorne und hinten bedruckt und in der Mitte entzweigeschnitten wurde, so dass zwei Zeitungsexemplare à vier Seiten entstanden, ohne dass die Druckplatten gewechselt werden mussten. Also wurden für eine Auflage von 500 Exemplaren 250 Papierbogen einseitig mit den Seiten 1–4 bedruckt (das ist der sogenannte Schöndruck), anschließend wurden die Bogen gedreht und rückseitig genau gleich bedruckt (Widerdruck). Den beidseitig bedruckten Bogen musste man dann einmal falzen und einmal schneiden, um eine Zeitung mit vier Seiten zu erhalten. Die bei vielen Zeitungen übliche Form der „Beilagen" ermöglichte es, das Me-

Umfang

dium Flugschrift in Form von Memorialen, Verträgen, Schlachtbeschreibungen und dergleichen in das Verteilersystem der Zeitung zu integrieren.

Die „Medienrevolution" – als solche wird Erfindung der Zeitung bezeichnet [74: W. BEHRINGER, Reichspost, 24] – verlief überraschend unspektakulär. Es gab keine Zensurattacken, keine Jubelchöre, kein Weltuntergangsgeschrei. Auch dauerte es wohl vier Jahre, bis die Erfindung erstmals kopiert wurde, nämlich 1609 in Wolfenbüttel, einer kleinen Residenzstadt der Braunschweiger Herzöge. 1610 dürfte wohl eine kurzlebige Basler Zeitung erschienen sein, allerdings sind keine Exemplare überliefert. Erst nach 1615 kamen weitere langlebige Titel hinzu. Vielleicht hat gerade die betonte Orientierung auf Information statt auf Propaganda dazu beigetragen, dass die Erfindung der gedruckten Zeitung geräuschlos vor sich ging und auch von der Spezialforschung erst vor kurzem entdeckt und bekannt gemacht wurde.

Weitere Zeitungen

Schon seit 1630 dürften – die kurzlebigen „Fehlgründungen" nicht gezählt – 20 bis 30 deutschsprachige Zeitungen gleichzeitig produziert worden sein. Damit konnten in Europa höchstens die Niederlande mithalten (Amsterdam 1618, Antwerpen 1620). In England erschienen die ersten Zeitungen ab 1620 in London, in Frankreich dagegen gab es seit 1631 (Paris) genau eine Zeitung, in Italien die erste 1639, weitere in den 1640er Jahren.

… in Europa

Anders als beim Buchdruck, wo die Erfindung sich rasch in Europa verbreitete und die meisten Druckereien bald in Italien standen, blieb der deutsche Sprachraum in Sachen Zeitungen führend. Hier erschien die erste Zeitung in Straßburg 1605, die erste Tageszeitung in Leipzig 1650. Am Ende des 17. Jahrhunderts existierten Zeitungen in 50 verschiedenen Städten des deutschen Sprachraums; in größeren Städten wurden sogar mehrere Titel gleichzeitig produziert, so etwa Hamburg, Köln, Nürnberg, Frankfurt am Main, auch Berlin und Wien sowie Basel, Bern, Schaffhausen und Zürich. Doch auch ganz kleine Städtchen kannten teilweise eigene Zeitungen. Die regionale Streuung der Verlagsorte war im Reich und der Eidgenossenschaft aufgrund der fragmentierten bzw. föderalen politischen Strukturen enorm hoch – und spiegelt auch die dezentrale Verteilung der Druckereien seit dem 15. Jahrhundert. Wie in neuen Bereichen üblich, war die Lebensdauer vieler Unternehmensgründungen kurz. Seit den 1630er Jahren wurden pro Jahrzehnt nur noch wenig mehr Blätter gegründet, als im gleichen Zeitraum wieder eingestellt. Allerdings wurden die Unternehmen – wegen der Zensur oder zur Förderung des Verkaufs – häufig umbenannt, so dass die Fluktuation größer erscheinen mag, als sie tatsächlich war.

… in Deutschland

Am Ende des 17. Jahrhunderts suchten 60–80 deutschsprachige Zeitungen in einer durchschnittlichen Auflage von 350–400 Exemplaren (und Spitzenauflagen von 1500), was einer Gesamtauflage von 20000–25000 Stück entspricht, ihre Leser. Am meisten Titel wurden im 17. Jahrhundert in Hamburg (11) hergestellt, gefolgt von Danzig (9), Frankfurt und Leipzig (je 6), Kopenhagen, Prag und Zürich (je 5), München und Stettin (je 4), Altona, Augsburg und Köln (je 3). *Zeitungsstädte*

Ein Jahresabonnement kostete für den einmal pro Woche erscheinenden „Aviso" (Straßburg: Carolus) 1620 1 bis 2 Reichsthaler, für das zwei Mal die Woche gedruckte „Frankfurter Journal" 1665 2 Gulden (fl.) und die sechsmal die Woche publizierten „Einkommenden Nachrichten" (Leipzig: Ritzsch) 1665 5 fl. [255: R. STÖBER, Pressegeschichte, 72 f.]. Um 1700, so wurde errechnet, hätte ein durchschnittlich verdienender Kölner Handwerker für das Jahresabonnement einer Hamburger Zeitung rund 2% seines Jahreseinkommens aufwenden müssen – zu Beginn der 1990er Jahre lag dieser Wert bei 0,7%: „Die Zeitungspreise des frühen 18. Jahrhunderts waren keineswegs sozial prohibitiv" [380: A. GESTRICH, Absolutismus, 171 f.]. *Preise*

Die Produktionskosten der Zeitungen verteilten sich zu 15–25% auf die Korrespondentenhonorare und Porti, 30–50% für Druck und Papier, 35–45% für redaktionelle Kosten, Gebühren etc. Seit der Mitte des 17. Jahrhunderts verdoppelten etliche Blätter ihre Erscheinungsweise auf zwei Mal die Woche, wobei einige allerdings ihren Umfang von acht auf vier Seiten reduzierten und somit die Frequenz der Nachrichtenvermittlung steigerten, nicht aber die Quantität. *Kosten*

Inhaltlich dominierten Nachrichten über Politik und Krieg die Zeitungsspalten mit Werten zwischen 60% und 90% [391: J. WILKE, Nachrichtenauswahl, 124–131]. Mit schon fast ermüdender Ausführlichkeit wurden Nachrichten und Gerüchte über Kriegsvorbereitungen und -verläufe ausgebreitet, weil der Krieg nicht nur die direkt betroffenen Parteien und Regionen interessierte, sondern auch (fast) alle andern, denn die Konjunkturen der Söldnermärkte waren vom Kriegsgeschehen ebenso abhängig wie die Getreidepreise und Handelsströme. Gerade um drohende Kriege früh erkennen zu können, rapportierten die Gazetten der Frühen Neuzeit das Geschehen an den europäischen Höfen und die Bewegungen der Ambassadoren ausführlich, denn aus jeder Bewegung konnte eine Absicht, ein Plan, ein Vorgehen erkannt bzw. herausinterpretiert werden. Derartige Nachrichten funktionierten wie ein politischer Wetterbericht: Wohin zieht welches Heer wann und warum? *Inhalte*

3.3 Nichtperiodische Druckerzeugnisse

Rückgang der Produktion seit 1618

Der Dreißigjährige Krieg war eine Katastrophe auch für den deutschen Buchmarkt. Das lässt sich mit den wieder vor allem auf Messkatalogen und Schätzungen beruhenden, also höchstens approximativen Zahlen zeigen. Erschienen vor dem Krieg im Jahrzehnt 1610–1619 im Jahresdurchschnitt 1687 neue Titel, so fiel diese Zahl für die Jahre 1632 bis1641 auf gerade noch 660. Wie lange die Folgen des Krieges für den Buchmarkt anhielten, erhellt aus dem Hinweis, dass der Rekord an Novitäten aus den 1610er Jahren erst 1768 wieder egalisiert werden konnte. In der zweiten Hälfte des 17. Jahrhunderts hingegen pendelten sich die Marktneuheiten auf 826 pro Jahr ein. Auch wenn in diesen Zahlen – wie ja auch schon für das 16. Jahrhundert – die populäre und ein Teil der süddeutschen Produktion fehlen, so spiegeln sie doch den Quasikollaps des deutschen Buchdruckgewerbes.

Nationalisierung des Marktes

Dem Rückgang der Buchproduktion entspricht die Schrumpfung des Buchhandels. Die Internationalität der Frankfurter Buchmesse ging im Dreißigjährigen Krieg weitgehend verloren. Italien und England waren nach 1650 so gut wie gar nicht mehr an den deutschen Messen präsent. Allein die holländischen Verleger kamen weiterhin und brachten sogar mehr Titel mit als zuvor. Sie vertrieben viele Nachdrucke in französischer Sprache, auch erotische und Skandalliteratur mit – wegen der Zensur – fingierten Druckorten. Der Verlust der Internationalität hing aber nicht nur mit dem Krieg zusammen, sondern auch mit dem Trend zur Literatur in den Volks- oder Nationalsprachen. Waren noch im Jahrzehnt vor dem Dreißigjährigen Krieg 58% der Neuerscheinungen in Latein, so überwogen die deutschsprachigen Titel erstmals 1681 und dauerhaft seit 1692, 1714 standen zwei Drittel deutschsprachige einem Drittel lateinischen, 1735 drei Viertel deutsche einem Viertel lateinischen gegenüber.

Vergleich mit England

Der Vergleich der Buchproduktion in Deutschland und England, das nicht direkt unter den Kriegshandlungen litt, unterstreicht das Desaster. Um 1550 betrug die Gesamtzahl der hergestellten Exemplare (nicht: Titel) in England 100 000, im Reich jedoch bereits 1,5 Millionen, um bis 1600 in England auf knapp 500 000, im Reich auf knapp 3 Millionen anzusteigen. Brachten die Verleger in den deutschsprachigen Gebieten um 1600 mehr als doppelt so viele Titel (nicht: Exemplare) auf den Markt, so zog die englische Produktion in den 1630er Jahren mit der deutschen gleich, um danach bis 1700 immer mindestens ein Drittel mehr Bücher zu produzieren – in den 1640er und 1680er Jahren gar mehr als das Doppelte.

B.3. Aufstieg der periodischen Presse im 17. Jahrhundert

Der Krieg beeinträchtigte nicht nur Buchproduktion und -handel, sondern auch die Aufbewahrung der Bücher in Bibliotheken. Durch direkte und indirekte Kriegseinwirkungen gingen viele Bestände verloren. Der schwedische König Gustav II. Adolf (1594–1632) verschleppte die Wulfila-Bibel aus dem 4. Jahrhundert nach Uppsala. Und Herzog Maximilian von Bayern (1573–1651) schickte die „Bibliotheca Palatina" des reformierten Kurfürsten von der Pfalz 1623 nach Rom, von wo Teile erst 1816 und manche auf dem Umweg über Paris nach Heidelberg zurückkehrten.

Zerstörte Bibliotheken

Erst gegen Ende des Jahrhunderts setzte in Deutschland eine Welle von Neubauten prunkvoller Fürstenbibliotheken und Kupferstichkabinette ein, die freilich nicht primär der Ausleihe, sondern vielmehr dem repräsentativen Ausstellen von Bücherschätzen und zugleich als Museen und Kuriositätenkabinette dienten. Eine Pionierrolle jedoch nahm die 1644 in Wolfenbüttel nach klarem Plan eingerichtete und nach ihrem Stifter Herzog August d. J. (1579–1666) von Braunschweig benannte Bibliothek ein, die beim Tode ihres Gründers eine der größten Bibliotheken Deutschlands gewesen sein dürfte (135 000 Titel in 35 000 Bänden). Im Jahr 1691 wurde Gottfried Wilhelm Leibniz (1646–1716) ihr Bibliothekar, sammelte systematisch, ließ alphabetische Kataloge erstellen und sorgte für den Neubau, das erste selbständige profane Bibliotheksgebäude in Europa.

Neue Bibliotheken

Zusammenfassend gilt, dass der sich sehr gut entwickelnde deutsche Büchermarkt vom Dreißigjährigen Krieg massiv gebremst wurde und sich von Frankfurt, das den europäischen Umschlagplatz für lateinische Titel darstellte, in Richtung Leipzig verlagerte, wo deutsche Produktionen in deutscher Sprache dominierten.

Damit ging eine Verschiebung der wichtigen Druckorte in Richtung Nordost einher: allen voran Leipzig, aber auch Halle wurden zu führenden Druckerstädten in Sachsen, wo Wittenberg seine wichtige Rolle während der Reformation nicht zu halten vermochte. Ganz im Norden lief Hamburg Lübeck den Rang ab und etablierte sich als wichtige Druckerstadt, nicht zuletzt auch im Bereich der periodischen Presse. Im Süden behauptete sich Augsburg – im Gegensatz zu seiner Rolle während der Reformation – nun als Zentrum des katholischen Buchdrucks und -gewerbes, das insbesondere die Bildproduktion beinhaltete. Frankfurt am Main glänzte durch technisch anspruchsvolle und ästhetisch vorbildliche Produktionen des aus Lüttich über Straßburg zugewanderten Theodor de Bry (1528–1598), der den Anstoß zu mehreren Serien prachtvoll illustrierter Reiseberichte über ferne Kontinente gab, die nach seinem Tod vollendet und mit rund 1500 Kupferstichen

Regionale Schwerpunkte

geschmückt wurden – zuletzt von dem aus Basel in die de Bry Familie eingeheirateten Matthäus Merian (1593–1650). Dieser wurde zudem bekannt durch seine Stadtansichten und -pläne im Rahmen der „Topographia Germaniae" – zuletzt in 30 Bänden mit an die 1500 Kupferstichen – eines der größten Verlagswerke aller Zeiten. Im Gegensatz zu Landkarten, deren Projektionen eine mathematische (geometrische) Konstruktion des Raumes darstellten, basierten Topographien im Stile Merians auf einer malerischen Darstellung des Raumes, die auch geometrisch konstruiert war: Allerdings waren die Proportionen der Straßen und Häuser auf Stadtansichten mathematisch falsch, ergaben aber eine perspektivische Realitätsillusion. Nürnberg blieb – außerhalb der Messetermine – die wichtigste Drehscheibe des Buchhandels zwischen Nord(deutschland) und Süd(deutschland) und etablierte sich als eines der Zentren der Barockliteratur.

Um 1700 dürften im deutschen Sprachraum rund 3000 Drucker in 330 Druckorten Bücher produziert haben.

Druckgraphik

Vom Holzschnitt zur Radierung

Im Bereich der Druckgraphik überholte die Radierung den Holzschnitt spätestens um 1600, sowohl für Buchillustrationen, als auch für illustrierte Flugblätter und Karten. Allerdings hielt sich der Holzschnitt für billige Fabrikate. Die technische Entwicklung der Radierung führte zu einer Differenzierung und Verfeinerung der Gestaltungsmöglichkeiten. Dank besonderer, komplizierterer Ätzverfahren (Mezzotinto oder Schabkunst oder englische Manier) konnten seit der Mitte des 17. Jahrhunderts flächige Halbtöne erzeugt werden, was vor allem bei der Abbildung von Gemälden und für die künstlerische Originalgraphik vom wachsenden und sich in verschiedene Geschmacksrichtungen ausdifferenzierenden Sammlerpublikum sehr gefragt war. Die Emanzipation der Graveure und damit der Druckgraphik vom Handwerk zur Kunst setzte sich durch – in Frankreich wurden die Graveure 1660 von den Zunftrestriktionen entbunden und zum freien Beruf, in den Niederlanden arbeiteten Künstler wie Rembrandt (1606–1669) gleichzeitig als Maler und Druckgraphiker, als *peintre-graveur*, ja es gab auch berühmte Kupferstecher wie etwa Jacques Callot (1592–1635), die gar nicht mehr malten. Gleichzeitig entwickelten sich große Werkstätten, in denen viele Stecher an den Platten arbeiteten, die dann zum Beispiel von Rembrandt signiert und teuer verkauft wurden.

4. Vernetzung und Verbund im 18. Jahrhundert

Mediengeschichtlich ist das 18. Jahrhundert weniger durch Produktinnovationen geprägt (die es auch gab: Intelligenzblatt, Zeitungslexikon, Lithographie), als vielmehr durch spektakuläre Entwicklungen vorhandener Techniken und Produkte. Denn die quantitative und qualitative Zunahme der Druckerzeugnisse wie der Leserschaft, die Verdichtung der Kommunikation in immer ausdifferenzierteren und spezialisierteren, aber unter sich vernetzten Medien, bildeten die kommunikationstechnische Basis für zwei epochale und spezifisch europäische Phänomene: Aufklärung und politische Öffentlichkeit.

Die ideengeschichtliche Bewegung der europäischen Aufklärung steht in vielerlei Hinsicht in der Tradition humanistischer, gelehrter und wissenschaftlicher Freundschafts- und Korrespondenznetze, nur dass diese weitgespannte Kommunikation über den Brief und das gedruckte Buch hinaus auf ein neues Medium zurückgreifen konnte, das die Erfordernisse einer vernunftgeleiteten kontroversen Reformdiskussion ideal erfüllte: Die Zeitschrift. Zeitschriften, zumal die politischen, unterhielten symbiotische Beziehungen zur Zeitungslandschaft, die sich im 18. Jahrhundert hinsichtlich Inhalt und Qualität, Aktualität und Verbreitungsdichte stark entwickelte und mit dem neuen Typus des „Intelligenzblattes" auch bildungsferne Milieus erreichte. Die neuen Genres (Zeitungs-)Lexika und Enzyklopädien versuchten durch systematische Darstellung das angehäufte Wissen breit zugänglich zu machen und zu erklären. Druckmedien sammelten aber nicht nur Nachrichten und Wissensbestände, sie kommentierten sie auch und förderten den rigorosen Prozess der Kritik, der im Jahrhundert der Aufklärung alle Lebensbereiche erfasste.

Aufklärung

4.1 Das Jahrhundert der Zeitschriften

Zeitschriften sind bis heute der Ort der Kommunikation über aktuellste wissenschaftliche Forschung. Jede wissenschaftliche Disziplin konstituiert sich nicht zuletzt über eigene, d. h. thematisch spezialisierte Zeitschriften. Auch die Online-Versionen der Zeitschriften und die E-Journals funktionieren nach dem Organisationsprinzip der wissenschaftlichen Zeitschrift: Eine periodisch erscheinende Publikation mit thematischem Fokus, hohem Qualitätsanspruch und kritischer Diskussionskultur, die davon lebt, dass die Leser und Leserinnen auch potentielle

Zeitschrift

Autorinnen und Autoren sind. Wie die Zeitungen waren auch die Zeitschriften auf das Kommunikationssystem der Post angewiesen, für die Beschaffung der Beiträge wie für den Vertrieb.

Die Periodizität ist ein Merkmal der Zeitschriften, auch wenn sie nur selten wöchentlich und in der Regel eher monatlich, viertel-, halb- oder jährlich erscheinen. Daraus folgt eine im Vergleich zur Zeitung eingeschränkte Aktualität, doch ist die Zeitschrift wesentlich aktueller als das Buch.

Spezialisierung   Im Unterschied zur meist inhaltlich universalen und sozial breiten Zeitung ist – abgesehen von den ersten Anfängen – für die meisten Zeitschriften gerade die ausgeprägte Spezialisierung auf bestimmte (wissenschaftliche) Disziplinen, auf bestimmte Genres und Milieus und damit Leserkreise typisch. Aus der gezielten thematischen Ausrichtung leitet sich auch die geringere Publizität (Reichweite) der Zeitschrift im Vergleich zur Zeitung ab. Zudem subsumiert die Forschung unter „Zeitschrift" auch alle Periodika zwischen Zeitung und Kalender, Musenalmanach oder Neujahrsblatt. Die Vielfalt der konkret nachweisbaren Produkte ist so groß, dass sich einige nur mit Mühe in die Definition pressen lassen.

Der Terminus „Zeitschrift" ist 1751 erstmals belegt. Noch 1695 beschrieb der Zeitungstheoretiker Caspar Stieler das Phänomen „Zeitschrift" als „Reflexiones" oder „Rück-Gedanken", womit der den kommentierenden Gestus der Zeitschriften meinte. Das erste Periodikum, das den Begriff in seinen Namen aufnahm, war 1788 die „Bibliothek der besten deutschen Zeitschriften".

Entstehung   Es gab in den 1660er und 1670er Jahren in Europa drei Entstehungskontexte für drei verschiedene Typen von Zeitschriften: Wissenschaft, Politik, Gesellschaft. Im Bereich der Wissenschaften war das französische „Journal des Savants" („Le Journal des Sçavans") das Namen gebende und Modell prägende Produkt. Es erscheint (mit kurzen Unterbrechungen) seit 1665 in Paris. Das königliche Druckprivileg verschaffte dem zunächst wöchentlich, seit 1724 monatlich publizierten Journal ein Monopol. Inhaltlich brachte es Besprechungen der neuen wissenschaftlichen bzw. gelehrten Bücher, die in Frankreich oder in Europa erschienen waren, Berichte über Erfindungen, Experimente und Gerichtsurteile sowie Nachrufe auf berühmte Wissenschaftler und Literaten. Im Unterschied zur Zeitung, die einen Relationsjournalismus pflegte, inaugurierte das Journal den Kommentarjournalismus. Der Anteil der einzelnen Wissenschaften an den besprochenen Werken spiegelt den Aufstieg der Aufklärung.

Wissenschaftliche Zeitschriften

Ebenfalls 1665 starteten die „Philophical Transactions of the

Royal Society of London", das erste wissenschaftliche Journal in England (erscheint nach kleineren Unterbrechungen bis heute in London). Ähnlich in Aufbau, Form und Inhalt brachte diese privat betriebene Zeitschrift auch Zusammenfassungen aus dem „Journal des Savants". So entstand eine periodische schriftliche Diskussion mit Teilnehmenden aus der wissenschaftlichen Elite ganz Europas. Das französische Modell wurde danach in Italien aufgegriffen („Giornale de' Letterati", Rom 1668–1683) bevor die erste wissenschaftliche Zeitschrift Deutschlands erschien: Die „Acta Eruditorum" (Leipzig: Grosse & Gleditsch, 1682–1782), eine lateinische Gelehrtenzeitschrift für den europäischen Markt, die vor allem Rezensionen (in den ersten acht Jahren waren es 1300) und Aufsätze brachte. Das europaweite Korrespondentennetz hatte der Herausgeber, Otto Mencke (1644–1707), auf langen Reisen durch Deutschland, die Niederlande und England geknüpft. Entsprechend europäisch waren die Abonnenten (z. B. 50 Exemplare pro Ausgabe nach London). Trotzdem blieb die monatlich produzierte Zeitschrift von einer jährlichen Zuwendung des sächsischen Kurfürsten abhängig.

Als erste politische Zeitschrift wird der deutschsprachige „Götter-Both Mercurius" (Nürnberg: Felsecker, 1674–75) gehandelt, der die Mischung von Nachrichten und Kommentaren in eine fiktive Rahmenhandlung einbettete. Ein Götterbote reiste sekundenschnell an die Schauplätze und berichtete, was er erfahren hatte. Neu war, dass ein Kommentar die nackten Fakten kontextualisierte und bewertete, was den Erwartungen eines sozial breiter gewordenen Publikums entsprach, das sich die Nachrichten seiner wöchentliche Zeitungslektüre erklären lassen wollte. Zur erfolgreichsten politischen Zeitschrift im Europa des 18. Jahrhunderts wurde der „Mercure Historique et Politique" (Den Haag: Henry van Bulderen, 1686–1782). Gegründet von französischen Emigranten in den toleranten Niederlanden, bestand das Erfolgsrezept der Zeitschrift in der konzeptionellen Trennung von Nachricht und Kommentar, von „nouvelles historiques" und „réflexions politiques". Die jeweiligen „Chefredakteure" stützten sich auf ein weit verzweigtes Netz von Korrespondenten – und war damit dem Einmannbetrieb im Stil des „Götter-Bothen" überlegen. Diese schickten Nachrichten, Beiträge und Kommentare ein, die in der Regel nur leicht redigiert abgedruckt wurden. Der „MHP" wurde von einem Großteil der europäischen Elite konsumiert, angeblich auch von Ludwig XIV. Sein Erfolg lässt sich ablesen an der langen Lebensdauer (96 Jahre), an den verschiedenen Raubdrucken (u. a. Brüssel, Genf, Lüttich) und an den (angereicherten) Übersetzungen ins Deutsche als „Historischer und Politi-

Politische Zeitschriften

Vorbild: Mercure Historique et Politique

scher Mercurius" (Köln 1686/87; Zürich 1694–1723), ins Italienische als „Mercurio storico e politico" (Venedig 1718–1773, Pesaro 1734–1753) und ins Spanische als „Mercurio historico et politico" (Madrid? 1737–1782). Zudem kopierten viele den Titel unverhohlen, wie die französischen Ausgaben in Neuchâtel („Mercure Suisse" 1732–69), Stockholm (MHP 1738–39) und London (MHP 1750) verraten. Andere übernahmen das Konzept mehr oder weniger vollständig, wie etwa die „Europäische Fama" (Leipzig: Gleditsch, 1702–1765) oder der „Monatliche Staats-Spiegel" (Augsburg: Maschenbauer, 1698–1711).

Gesellschaftliche Zeitschriften

Als dritter Entstehungskontext sind die auf gesellschaftliche Themen ausgerichteten Journale zu nennen. Schon der „Mercure Galant" (Paris 1672–1778, seit 1724 „Mercure de France") des Theaterautoren Jean Donneau de Visé (1638–1710) veröffentlichte in der Fiktion von Briefen, die eine Dame aus Paris an eine Dame in der Provinz schrieb, das Neueste vom Hof (Ludwig XIV.) und aus der Stadt, die aktuellen Theateraufführungen und die neueste Mode, Kurzgeschichten und Einsendungen der Leser: Gedichte, Rätsel etc. Ähnliche Versuche gab es z. B. auch in Deutschland („Erbauliche Ruhstunden", Hamburg: Frisch, 1676–1680).

Englische Vorbilder

Zum eigentlichen Vorbild dieser sogenannten moralischen Wochenschriften wurden die von Joseph Addison und Richard Steele in London publizierten Titel „The Tatler" (1709–1711), „The Spectator" (1712, 1714) und „The Guardian" (1713). Unter dem Pseudonym Mr. Spectator behandelten die Redakteure in der ersten Person in lockerem Gesprächston mit viel moralischem und sozialkritischem Impetus Themen aus Literatur, Gesellschaft und Politik in ungezwungener, einer geselligen Unterhaltung nachempfundener Folge, die von popularisierter Moralphilosophie bis zur Handschuhmode reichten. Die „Addison-Steele-Formula" [80: P. BURKE, Media, 71] wurde vielfach nachgeahmt (u. a. „The female Spectator") und die Zeitschriften zudem oft noch nach Jahrzehnten nachgedruckt und imitiert: In Hamburg „Der Vernünftler" (1713–1714), „Der Patriot" (1724–26, 4. Aufl. 1765, übers. ins Französische und Niederländische) und über vierzig weitere bis 1750; in Zürich die „Discourse der Mahlern" (1721–23, ND 1746); in Leipzig „Die vernünftigen Tadlerinnen" (1735–26, ND 1738, 1748); in Paris „Le Spectateur français", Paris (1721–24). Als moralische Wochenschrift war auch die erste nachweisbare jüdische Zeitschrift in Deutschland konzipiert. Sie erschien 1755 in Berlin in hebräischer Sprache.

Expansion und Diversifikation

Die Zeitschrift erlebte im 18. Jahrhundert eine „Expansion und Diversifikation sondergleichen" [135: J. WILKE, Grundzüge, 94], auch weil sie von der Zensur weniger behelligt wurde, da man Zeitschriften (wegen ihres Umfangs, ihrer Thematik und Sprache) eher als Bücher denn als Zeitungen einstufte. Neben die anfänglich enzyklopädisch, universal gelehrt und polyhistorisch ausgerichteten Titel traten bald fachspezifische Zeitschriften für Theologie, Jurisprudenz, Medizin und Naturwissenschaften, Philosophie, Pädagogik, Geschichte und Geographie, auch Ökonomie und Kameralistik. Im Laufe des 18. Jahrhunderts erhielten auch alle Kultursparten ihre Zeitschriften: Literatur, Theater, Musik, Kunst. Andere widmeten sich der Technik, der Landwirtschaft, der Mode, dem Luxus usw.

Zählte man nach der – allerdings unvollständigen – Bibliographie von Joachim Kirchner um 1700 rund 70 Titel (in Deutschland), so waren es 1750 schon fünfmal mehr und in den 1780er bereits 1000. Die Zeitschrift war offensichtlich ein sehr flexibles Medium, das die wissenschaftliche, soziale und politische Ausdifferenzierung neuer Disziplinen, Milieus und Strömungen sensibel abbildete und zugleich förderte. *Zunahme der Titel*

Die Zeitschriften lassen sich verschiedenen thematisch definierten Typen zuordnen. Die „Moralischen Wochenschriften", die in erbaulichem Ton gute Sitten und kultivierten Umgang im bürgerlichen Sinne thematisierten, verbreiteten von 1720–1770 im protestantischen Gebiet die „Botschaft der Tugend" [277: W. MARTENS, Botschaft]. Etliche unter ihnen werden auch zu den insgesamt 115 Frauenzeitschriften gezählt, da sie nach dem Vorbild des französischen „Mercure Galant" für Frauen, allerdings meist von Männern, die sich weibliche Pseudonyme zulegten, geschrieben wurden und mitunter Briefe, Gedichte und Zuschriften von Leserinnen abdruckten. Der Boom der Frauenzeitschriften setzte in den 1770er Jahren ein, doch nur sechs Titel existierten länger als drei Jahre und nur einer brachte es auf zehn Jahre („Flora" 1793–1803). Seit den 1740er Jahren wurden französische und englische Frauenzeitschriften übersetzt, und seit 1779 erschienen die ersten der 14 bekannten, von Frauen geschriebenen und herausgegebenen Zeitschriften auf dem Markt, wobei sich die Herausgeberin der Wochenschrift „Für Hamburgs Töchter" als Mann ausgab. Die erfolgreichsten dürfte Sophie de La Roches „Pomona" (1783–1785), die dialogisch als öffentliches Gespräch mit ihren Leserinnen angelegt war, und Marianne Ehrmanns „Amaliens Erholungsstunden" (1790–1793) und „Die Einsiedlerinn aus den Alpen" (1793–1794) gewesen sein. Als Textsorte weniger riskant waren dank ihres praktischen Nutzens die zahlreichen Taschenkalender und Musenalmanache für Damen, die höhere Auflagen erzielten und schon erfolgreiche literarische Texte wieder abdruckten oder auch neue Texte junger Autoren. *Moralische Wochenschriften* *Frauenzeitschriften*

I. Enzyklopädischer Überblick

Jüdische Zeitschriften

An ein anderes spezifisches, nämlich jüdisches Publikum richtete sich die hebräische Zeitschrift „Kohelet Mussar" (Berlin ca. 1750–1758) von Moses Mendelssohn (1729–1786), der als Bekannter Aufklärer mit Lessing, Nicolai und anderen auch an zahlreichen deutschsprachigen und nichtjüdischen Periodika maßgeblich mitarbeitete („Briefe die Neueste Literatur betreffend", Berlin/Stettin 1759–1766; „Allgemeine Deutsche Bibliothek", 1765–1796; „Berlinische Monatsschrift", Berlin 1783–1796).

Historisch-politische Zeitschriften

Mit einem Anteil von rund 40% (nach Kirchner) ragte aber im 18. Jahrhundert die historisch-politische Zeitschrift hervor. Bei aller Problematik solcher allgemeiner Zuordnungen zeigt sich, dass die Geschichte (612 Titel) als erste Disziplin unter den Zeitschriften die Theologie (535) im Jahrhundert der Aufklärung überholte und vor der Literatur (465), Medizin (359) und Naturwissenschaften (337) stand. Zudem waren die Zeitschriften mit historisch-politischer Themensetzung (416) den geschichtlichen sehr nahe. Die vollständigere Bibliographie für Hamburg und Altona wies zwar wesentlich höhere Anzahlen von Titeln nach, bestätigte aber diese Verteilung.

Im Laufe des 18. Jahrhunderts verschob sich das innovative Interesse vom Hof auf das Land und die Bevölkerung. Vor allem in Form historisch-topographischer Beschreibungen und mit der neuen Methoden der Statistik arbeiteten die Journale an umfassenden Bestandsaufnahmen der Ressourcen. Dass harte Fakten zu politischen Strukturen und Vorgängen in öffentlich zugänglichen Zeitschriften präsentiert wurden, war durchaus nicht im Interesse der absolutistischen Arkanpolitik. Zu den berühmtesten dieser Sorte gehörten die vom Göttinger Aufklärer August Ludwig Schlözer veröffentlichten „Briefwechsel, meist statistischen Inhalts" (1774–75), „Briefwechsel meist historischen und politischen Inhalts" (1776–82), „StatsAnzeigen" (1782–95), in denen so viele statistische Daten und kritische Kommentare standen, dass unter den Fürsten die Angst umging, in den „Schlözer" zu kommen.

Statistik

Auflage

Zeitschriften zeichnen sich aus durch handliches Format (wie Bücher), wöchentliche, meist monatliche oder viertel-, halb- oder jährliche Erscheinungsweise und vielfach eher kurze Erscheinungsdauer. Die Auflagen betrugen im Durchschnitt 600 bis 700 Stück, konnten aber am Ende des 18. Jahrhunderts auch 4000 („StatsAnzeigen") oder gar 8000 („Politisches Journal", Hamburg 1781–1840) erreichen. Die Gesamtauflage der Zeitschriften wird (allerdings basierend auf der unvollständigen Bibliographie Kirchners) auf rund 10000 um 1730, rund 35000 um 1780 geschätzt. Die Herausgeber der Zeitschriften fungierten oft auch als Autoren und redigierten die vielen abgedruckten Zuschriften. Die Beiträge in der „Berlinischen Monatsschrift" der Jahre 1783–1796 zum Beispiel stammten von 272 Autoren.

Damit ist die Zeitschrift zweifellos das interaktivste Medium vor dem Internet. Sie zeichnet sich bei aller Vielfalt ihrer Typen und nationalen Varianten aus durch Dialog und Diskussion, durch Räsonnement und Kommentar, durch Kritik und Qualitätsanspruch. Es handelte sich um eine „Gesprächspresse" [255: R. STÖBER, Pressegeschichte, 83]. Vor allem der Kommentar, die stärkere Spezialisierung, die längere Halbwertszeit ihrer Inhalte und ihre Relaisfunktion im Mediensystem der Frühen Neuzeit unterscheiden die Zeitschriften von den Zeitungen, aus denen sie hervorgegangen sind. Die Zeitschrift gilt als „Schlüsselmedium der bürgerlichen Gesellschaft" [91: W. FAULSTICH, Mediengesellschaft, 225]. Sie scheint ein genuin typographisches Medium ohne handschriftliche Vorläufer zu sein. Durch die Buchrezensionen und Kommentare zum Zeitgeschehen bot sie die strategische Vernetzung der Medien Buch und Zeitung und fungierte als Zentralmedium der Aufklärung. Hier fanden die Diskussionen über Wissenschaft, Politik, Gesellschaft und Kulturbetrieb statt. *Interaktives Medium*

Auch die nach französischem Vorbild entstandene Gattung der Almanache (arabisch für Kalender) lebte von erstmals veröffentlichten literarischen Texten, die eine jährliche Blütenlese über laufende Produktionen ermöglichte. Diese literarischen Almanache nahmen auch Elemente des Kalenders (Kalendarium, Illustrationen) in sich auf, wie umgekehrt die (Taschen)Kalender literarische Kleinformen integrierten und so zu einer lebenswichtigen Einkommensquelle für (freie) Schriftsteller wie Jean Paul, E.T.A. Hoffmann oder Ludwig Tick wurden. Die seit dem 15. Jahrhundert bekannten, vom ursprünglichen astrologisch geprägten Einblattdruck meist zum heftförmigen Taschenkalender gewandelten Kalender gelten wegen ihrer traditionellen Beliebtheit – man schätzt ihre Zahl auf rund 200 mit durchschnittlichen Auflagen von rund 10 000 Stück – als bedeutende Multiplikatoren der Aufklärung wie auch als Sprachrohr des Policey-Staates. Sie verzeichneten Arbeitstage und Feiertage, Mondlauf und Sternkonstellationen, Heiligennamen und Aussaattermine, Wetterregeln und medizinische Ratschläge, Posttarife und Währungssorten, Messeverzeichnisse und „Historien" oder Kalendergeschichten und wurden als Nachschlagewerk genutzt. Vertrieben wurden Kalender über den Kolportagehandel, woher auch der berühmteste, mehrfach verwendete Kalendername stammt: „Der hinkende Bote" (Colmar 1646/1677–1879, Bern 1703 bis heute, Frankfurt am Main 1714, aber auch Nürnberg, Basel, Berlin). *Almanach* *Kalender*

4.2 Diversifizierung und Systematisierung

Der Aufstieg der Zeitschriften seit dem späten 17. Jahrhundert brachte eine neue Qualität in die wissenschaftliche, soziale und politische Kommunikation. Er vollzog sich nicht auf Kosten, sondern im Verbund mit der Zeitung. Die momentan verfügbaren Zahlen, die eine Untergrenze angeben dürften, deuten auf eine Verdrei- bis Vervierfachung der Zeitungsunternehmen von 1700 (rund 60–80) bis 1795 (rund 200–250). Nicht nur die Zahl der Unternehmen, sondern auch die durchschnittliche Auflage stieg von 350–400 auf 600–700 Exemplare und die geschätzte Gesamtauflage von gut 20 000 auf über 300 000. Auch die räumliche Streuung nahm zu. Gab es im 17. Jahrhundert rund 50 „Zeitungsstädte", so waren es im 18. Jahrhundert über 200. Stichproben deuten darauf hin, dass sich zudem die Nachrichtenmengen vergrößerten: Gegenüber dem Jahr 1674 brachten die untersuchten Zeitungen 1736 rund die doppelte und um 1796 die fünffache Menge an Information (gemessen in Anschlägen). Aufgrund der Zunahme der Nachrichten wurden die im 17. Jahrhundert üblichen Sammelartikel durch eine klarere Gliederung in Einzelmeldungen abgelöst.

Zunahme ... der Zeitungen

... der Nachrichtenmenge

... der Aktualität

Die Aktualität der Nachrichten erhöhte sich ebenfalls. Während 1623 noch 73% der Nachrichten (des untersuchten Samples) älter als zwei Wochen waren, so waren seit dem späten 17. Jahrhundert die meisten Nachrichten nur noch eine bis zwei Wochen (1674: 46%, 1736: 57%) und am Ende des 18. Jahrhunderts nur zwei bis sieben Tage alt (1796: 68%). Der eigentliche Quantensprung fand aber erst im 19. Jahrhundert statt: 1906 stammten 95% der Nachrichten vom gleichen Tag oder vom Vortag. Die Ursachen der Beschleunigung lagen im dichter geknüpften Postnetz der frühen Neuzeit bzw. in den technischen Innovationen (Telegraph, Eisenbahn, Telefon) des 19. Jahrhunderts.

Einige Zeitungsgründungen des 18. Jahrhunderts existieren bis heute, so etwa das „Wienerische Diarium" (seit 1703) als „Wiener Zeitung" oder die „Neue Zürcher Zeitung" (seit 1780).

Inhalte

Die thematische Struktur der Nachrichten war nicht ganz so universal, wie die moderne Definition der Zeitung suggeriert. Denn in der Frühen Neuzeit wurde in den Zeitungen primär über Krieg und Politik berichtet (1626: 90% der Nachrichten, 1674: 78% und 1796: 77%). Seit dem späten 17. Jahrhundert erhielten gesellschaftliche Themen etwas mehr Gewicht (1674: 12%, 1736: 24%, 1796: 13%), während die übrigen Bereiche (Wirtschaft, Recht, Kultur, Religion und Sensation) mit Werten von meist 1–4% marginal blieben.

B.4. Vernetzung und Verbund im 18. Jahrhundert

Zeitungsnachrichten lieferten überwiegend (rund 90%) Berichte über tatsächliches Geschehen, selten aber Meinungsäußerungen, Absichtserklärungen oder Vermutungen; sie waren zu 70% sachbezogen und nur zu 30% personalisiert. Aufgrund der – im deutschen Sprachraum vorwiegend lokal-regional wirkenden Zensur – widmeten sich die Zeitungen des 18. Jahrhunderts zu 70% der Auslandberichterstattung, zu knapp 30% den Nachrichten aus dem Reich und fast gar nicht dem Lokalgeschehen.

Zwar wurden im 18. Jahrhundert die meisten Blätter in Wien gegründet (40), doch überlebten viele aufgrund spezieller Zensurbedingungen nur für kurze Zeit. Die wichtigste Zeitungsstadt mit dem reichhaltigsten Angebot, was Genres und Sprachen betrifft, war Hamburg, wo auch die berühmteste deutsche Zeitung des Saeculums erschien, der sogenannte Hamburgische Correspondent („Stats- und gelehrte Zeitung des Hamburgischen unpartheyischen Correspondenten", Hamburg: Grund, 1721/1731–1934), der um 1800 die Spitzenauflage von 36 000 bis zu 50 000 Exemplaren erreichte. *Zeitungsstädte* *Hamburg*

Die großen Reichsstädte Köln, Nürnberg, Frankfurt am Main und Augsburg behaupteten sich als Pressestädte neben den kleineren neuen wie Esslingen oder Kempten. Dasselbe trifft zu für die Residenzen Berlin und München, zu denen nun etwa auch Hannover, Karlsruhe, Kassel, Mainz und Stuttgart dazukamen.

Während die Zeitungen von ihrer Erscheinungsform – Format, Layout, Umfang, Relationsstil – weitgehend gleich blieben, kam es doch zu etlichen Neuerungen. So führte der „Hamburgische Correspondent" den sogenannten gelehrten Artikel ein, eine Art Feuilleton mit eigenem Redaktor, das sich der „unpartheylichen" Literaturkritik verschrieb. Darin zeigt sich auch die soziale Einbettung dieser Zeitung in das gelehrt-literate Milieu der Hamburger Aufklärung.

In Hamburg erschienen während des 18. Jahrhunderts auch verschiedene fremdsprachige Zeitungen. Dazu gehörten lateinische, die in der Regel kurzlebig waren und Berichte der deutschsprachigen Blätter für die Kenner und Liebhaber des Lateins übersetzten, um dem gelehrten Publikum zur Übung zu dienen. Die französischen dagegen waren – soweit sich bei der miserablen Überlieferungslage sagen lässt – Gründungen von Emigranten, wie sie vor allem aus Holland bekannt sind. Bei der „Gazette d'Altona" (Altona: Heuss, 1758–1772) dagegen handelte es sich um die Übersetzung des renommierten „Reichs-Post-Reuters", die gedacht war für die französischen Armeeangehörigen, die sich im Rahmen des Siebenjährigen Krieges in Deutschland aufhielten, kein Deutsch verstanden und daher auf die französisch-holländischen *Fremdsprachige Zeitungen*

Zeitungen angewiesen waren, die aber über die Ereignisse im Reich nur mit Verspätung berichten konnten. Keine einzige Nummer ist von der 1799–1800 in Hamburg produzierten englischen Zeitung „The Mercury of Europe" erhalten geblieben.

<small>Französischsprachige Zeitungen in Deutschland</small>

Insgesamt erschienen im deutschen Sprachraum mit über 70 Titeln mehr französischsprachige politische Zeitungen als in Frankreich selbst (14 Titel), was der zentralistisch-absolutistischen politischen Struktur des Königreiches geschuldet ist. Abgesehen von vereinzelten Gründungen französischer Zeitungen im deutschen Sprachraum vor 1700, setzte der eigentliche Boom in den 1730er Jahren mit acht Gründungen ein, um mit einer kurzen Unterbrechung während des Siebenjährigen Krieges bis in die 1780er Jahre auf 20 anzuwachsen. Viele Unternehmen gingen schon nach wenigen Nummern wieder ein, weil sie offensichtlich die Marktlage falsch eingeschätzt hatten. Die räumliche Verteilung ist sehr dispers: Mindestens eine französische Zeitungsgründung erfolgte in Augsburg (1773), Bayreuth (1742), Braunschweig (1753), Breslau (1775), Erfurt (1752), Dresden, Düsseldorf (1771–1774), Hannover, Kleve (der bekannte „Courier du Bas Rhin" 1767–1810), Leipzig, Lemgo, Mannheim, Merseburg, München (1799), Saarbrücken und Straßburg; zwischen zwei und sechs Gründungen entfielen auf Bern (darunter der frühe und langlebige Titel „Nouvelles de divers Endroits", genannt „Gazette de Berne" 1689–1798), Gotha, Neuwied (je 2), Dessau, Zweibrücken und Hamburg (je 3) sowie Köln (6, darunter die erfolgreiche „Gazette de Cologne" 1743–1793). Eigentliche Zentren der frankophonen Presse lagen jedoch in Frankfurt am Main (11), Wien (12) und Berlin (19).

<small>Deutschsprachige Zeitungen außerhalb Deutschlands</small>

Umgekehrt erschienen auch deutschsprachige Zeitungen außerhalb des deutschen Sprachraums, allerdings nicht im französischen. Damit sind nicht nur zweisprachige Städte wie Prag oder Danzig gemeint, wo seit 1618 eine vielfältige deutschsprachige Zeitungs- und Zeitschriftenproduktion in Gang kam, sondern auch fremdsprachige Städte mit kleinen deutschen Kolonien wie Stockholm (erst deutsche Zeitung vor 1645), Kopenhagen (1662), Ofen (Budapest, 1730), Pressburg (Bratislava, 1764), St. Petersburg, Thorn, Reval (1674) oder Riga. Es fällt auf, dass die deutschsprachigen Organe in Nord- und vor allem Osteuropa entstanden, wo sie teilweise (Slowakei, Ungarn) sogar vor den nationalsprachlichen Periodika erschienen. In Frankreich oder Italien dagegen scheinen keine Zeitungen in deutscher Sprache produziert worden zu sein (aber immerhin eine vom Deutschen ins Französische übersetzte, die „Gazette de Schaffhouse" 1761 in Lyon). In dieser Verteilung spiegelt sich die Ausstrahlung der deutschsprachigen Kultur nach Skandinavien und Osteuropa ebenso, wie die zahlreichen, im deutschen Sprachraum herausgegebenen Periodika in französischer Sprache darauf hinweisen, dass Französisch seit dem späten 17. Jahrhundert nicht nur die Sprache der politisch und kulturell führenden europäischen Macht war, sondern auch die Sprache der hugenottischen Diaspora.

Unter dem Begriff „jüdische Zeitungen" werden unterschiedliche Konstellationen in der „jüdischen Presse" [247: S. MARTEN-FINNIS/M. WINKLER, Jüdische Presse] gefasst. Zunächst gehören dazu die in jiddischer Sprache – eine Mischsprache auf deutscher Basis mit vielen hebräischen und slawischen Anteilen – gedruckten Blätter, deren erstes, die „Dinstagishe un Fraitagishe Kurantn" 1686–1687 in Amsterdam erschien und im Wesentlichen ausgewählte Meldungen niederländischer Zeitungen für die aschkenasischen Juden ins Jiddische übersetzt hatte. Die „Dyhernfurter privilegierte Zeitung" (Dyhenfurt bei Breslau 1771–1772) erschien dagegen in deutscher Sprache, aber mit hebräischen Schriftzeichen. Sie stellte eine Nachrichtenauswahl aus deutschsprachigen Blättern, vor allem dem „Hamburgischen Correspondenten", und einer Anzeigenauswahl aus dem Breslauer Intelligenzblatt dar, die sich offensichtlich an jüdische Kaufleute richtete, die zwar die deutsche Sprache verstanden, nicht aber die lateinischen Schriftzeichen lesen konnten.

Jüdische Zeitungen

Die Entstehung der sogenannten Intelligenzblätter seit 1720 zeugt von der sozialen Ausweitung der Pressekommunikation. Intelligenzblätter waren nämlich nicht gehobene Zeitungen für die Intelligenz, sondern Anzeigenblätter für ein breiteres Publikum. Es handelt sich dabei um eine Art Auslagerung des Anzeigengeschäfts aus den politischen Zeitungen. Das erste Blatt dieser Art erschien – abgesehen von Wiener Vorformen 1715 – in Frankfurt am Main unter dem sprechenden Titel „Wochentliche Franckfurter Frag- und Anzeigungsnachrichten" (1722–1743). Darin waren aber nicht nur Verkaufsanzeigen, Stellenangebote und -gesuche, sondern auch Todesanzeigen und (erstmals im „Wienerschen Intelligenzblatt" 1762) Heiratsgesuche zu finden. Die Zahl der Intelligenzblätter nahm seit den 1720er Jahre kontinuierlich zu auf knapp 200 Titel am Ende des 18. Jahrhunderts – eine umfassende Bibliographie steht allerdings noch aus. Es handelte sich dabei meist um langlebige Unternehmen, die dank der Einnahmen aus dem Anzeige- und Werbegeschäft in der Regel gut florierten. Über den Bereich des Anzeigenmarktes, der Witterungsnachrichten, Vermietungen, Wechselkurse usw. hinaus gewannen die Intelligenzblätter in zweierlei Hinsicht größere Bedeutung.

Intelligenzblätter

Obrigkeitliche Nutzung

Erstens wurden sie von den Behörden als Informationsmedium genutzt, um neue Gesetze, Verordnungen und Anweisungen bekannt zu machen, die nun nicht mehr einfach auf dem Marktplatz und von der Kanzel vorgelesen und in Plakatform an die Rathaus- oder Kirchentür geheftet, sondern in größerer Auflage gedruckt wurden. Vor allem das preußische Intelligenzwesen, das 1727 in Berlin begann und sofort auf Duisburg, Königsberg und Minden ausgriff, zeigte dieses Muster, zu dem auch Anzeigenmonopol und Bezugszwang (für Magistrate, Beamte, Zünfte, Schulen, Klöster, Pfarrer, Gastwirte, Apotheker, Advokaten und Juden) oder die Angliederung an die (Landes)post gehören konnten. Insofern müssen „Polizeiwissenschaft und Intelligenzblatt in einem engen Zusammenhang gesehen werden" [242: T. KEMPF, Aufklärung, 17].

Praktische Aufklärung

Zweitens nahmen im Verlauf des 18. Jahrhunderts auch Themen der praktischen Aufklärung immer mehr Platz ein. Es ging um Hygiene, effizienten Landbau und medizinische Ratschläge, aber auch um Theaterbesprechungen, Erzählungen und Gedichte. Im Unterschied zu den politischen Zeitungen boten die Intelligenzblätter auch lokale Nachrichten. Doch gegen Ende des 18. Jahrhunderts begannen sich diese Unterschiede aufzuweichen, denn die politischen Zeitungen brachten auch mehr gesellschaftliche Themen und Anzeigen, die Intelligenzblätter öffneten sich politischen Nachrichten.

Intelligenzblätter traten in den großen Zeitungsstädten neben die Zeitungen (Frankfurt seit 1722), Berlin (1727), Zürich (1730), Stuttgart (1736), Hamburg (1737), Nürnberg (1748), München (1751), Regensburg (1761) und Köln (1766). In vielen kleineren Städten wie etwa Landsberg (1737), Langensalza (1759), Neu-Strelitz (1768), Frankenhausen und Hildburghausen (1766), Dillenburg (seit 1773) oder Schwäbisch Hall (1788) dagegen gingen sie der Zeitung voraus.

Erschienen die Intelligenzblätter zunächst wöchentlich, so steigerten sie sich bald auf zwei bis sechs Ausgaben, wobei auch der Umfang von üblicherweise vier Seiten durch Extra-Ausgaben oder den regelmäßigen Druck von acht Seiten (bei der Wiener Zeitung in den 1780er Jahren gar 24 Seiten) gesteigert werden konnte. Im „Wöchentlichen Duisburgischen Adresse- und Intelligenzzettel" stieg die Zahl der Anzeigen von 1430 im Jahr 1730 auf 2451 im Jahr 1780. Die Auflagen bewegten sich zwischen unter 100 und um 3000, im Durchschnitt aber etwa um 300, womit am Ende des 18. Jahrhunderts eine Gesamtauflage in den deutschen Territorien von rund 50 000 erreicht worden sein dürfte, die somit unterhalb jener der politischen Zeitungen lag.

Die Lektüre der Intelligenzblätter und vor allem der politischen Zeitungen war für die neuen Leserschichten nicht immer einfach. Es fehlte wohl vielen an politischem, historischem und geographischem Basiswissen. Auf den steigenden Bedarf nach beliebig abrufbaren Zusatzinformationen für die geographische und historische Situierung der Neuigkeiten und die Übersetzung unbekannter Fachtermini meist lateinischen Ursprungs antworteten die im frühen 18. Jahrhundert entstandenen Zeitungslexika. Sie unterstützten Wissbegierige ohne ausreichende Bildung bei der Erschließung der Welt. Eines der ersten spiegelt seinen Entstehungskontext im zeitüblichen langen Titel: „Christian Weisens Curieuse Gedancken von Nouvellen oder Zeitungen. Denen, außer der Einleitung, wie man Nouvellen mit Nutzen lesen solle, annoch beygefügt sind, Der Kern der Zeitungen vom Jahr 1660. bis 1702. Eine kurtzgefaste Geographie, Eine Compendieuse Genealogie aller in Europa regierenden hohen Häuser, und dann Ein sehr dienliches Zeitungs-Lexicon / also verfasset von M. C. J." [i.e. Christian Juncker], das vom Coburger Buchhändler Paul Günther Pfotenhauer 1703 in Frankfurt und Leipzig publiziert wurde. Nur ein Jahr später gab der Hamburger Pädagoge Johann Hübner (1668–1731) in Leipzig das „Reale Staats- und Zeitungslexikon ..." heraus. Es stellte nun alle Informationen in lexikalischer, das heißt alphabetisch nach Stichworten geordneter Form dar und wurde zum erfolgreichsten Vertreter seines Genres, das sich seit der Auflage von 1708 „Reales Staats-, Zeitungs- und Conversationslexicon" nannte. Dieser „Brockhaus" des 18. Jahrhunderts wurde bis zur 31. Auflage 1828 durchschnittlich alle vier Jahre aktualisiert und neu aufgelegt. In der 14. Auflage von 1732 umfasste er über 26000 Artikel in einem Band, seit 1804 erschien er in zwei Bänden. Zahlreiche Imitationen, (illegale) Nachdrucke und eine Übersetzung ins Niederländische (Leiden 1734) belegen den durchschlagenden Erfolg. Neben den Zeitungslexika kamen auch Reallexika zur Natur, zum Bergbau, zum Handel usw. für ein interessiertes breites Publikum auf den Markt.

Waren Zeitungs-, Konversations- und Reallexika Produkte des volkspädagogischen Engagements, so verkörperte die Enzyklopädie des 18. Jahrhunderts, auch Universal-Lexicon genannt, eine wissenschaftliche Bestandsaufnahme aller Wissensgebiete für den gelehrten bzw. wissenschaftlichen Bedarf. Zwar gab es auch im Altertum und im Mittelalter enzyklopädische Wissenssammlungen, doch gedruckte Enzyklopädien erschienen in Deutschland erst im 17. Jahrhundert, so etwa Daniel Georg Morhofs (1639–1691) „Polyhistor Literarius, Philosophicus et Practicus" (3 Bde, Lübeck 1688, 4. Aufl. 1747). Morhof stand noch in der kompilatorischen Tradition seiner Zeit, die Fakten mehr anhäufte als systematisierte.

Dictionnaire critique Die kritische Sichtung und Neuordnung des Wissens leistete erst der von Pierre Bayle geschaffene Typus des „Dictionnaire historique et critique" (Amsterdam 1697). Er prägte alle folgenden Unternehmen und wurde von Johann Christian Gottsched (1700–1766) sowie – was aber verheimlicht wurde – auch von seiner Frau Louise Adelgunde Victorie (1713–1762) übersetzt und unter dem Titel „Peter Baylens Historisches und Critisches Wörterbuch / ins Deutsche übersetzt, auch mit einer Vorrede und verschiedenen Anmerkungen versehen von Johann Christoph Gottscheden" 1741–1744 bei Breitkopf in Leipzig veröffentlicht.

Die ersten deutschsprachigen Enzyklopädien waren etwas älter, so etwa das „Allgemeines Lexicon der Künste und Wissenschaften" von Johann Theodor Jablonski (1654–1731) von 1721 (Leipzig 1721; 3. Aufl. Königsberg 1767). Rund zehn Jahre später startete das ambitionierte deutsche „Grosse vollständige Universal-Lexicon aller Wissenschafften und Künste ..." des Verlegers Johann Heinrich Zedler (1706–1751) mit dem ersten von insgesamt 64 großformatigen Bänden und vier Supplementbänden, die in Halle und Leipzig von 1732–1754 erschienen. Übertroffen wurde der Zedler dann von der „Encyclopédie" von Denis Diderot und Jean Le Ronde d'Alembert (35 Bde. Paris/Neuchâtel/Amsterdam 1751–1780). Sie ordnete das Wissen aus der Sicht der Aufklärung und ergänzte die Texte mit zahlreichen Abbildungen. In Deutschland selber folgte ein gigantisches Projekt, das sich von 1773 bis 1858 erstreckte und schließlich 242 Bände umfasste, die „Oeconomische Encyclopädie oder allgemeines System der Land-, Haus- und Staats-Wirthschaft: in alphabetischer Ordnung" (Berlin: Pauli).

„Der Zedler"

4.3 Markt und Publikum im Zeitalter der Aufklärung

Zunahme der Bücherproduktion Die Bücherproduktion nahm im 18. Jahrhundert, und speziell im ausgehenden, schneller zu als das Bevölkerungswachstum, was auf eine fortschreitende Alphabetisierung und einen höheren Bücherkonsum der traditionellen Nutzerschichten hinweisen kann.

Die Messkataloge von Leipzig und Frankfurt, die nicht alle, aber doch die überregional und interkonfessionell gehandelten Neuerscheinungen abbildeten, verzeichneten 1763 265 Novitäten mehr als 1721. Bis 1805 verzehnfachte sich die Steigerungsrate auf 2821 Novitäten. Lag die Zahl der neuen Titel pro Jahr 1740 bei rund 750, so stieg sie in den 1780er und 1790er Jahren auf 5000 Titel im deutschen Sprachraum (ohne das Habsburgerreich).

Mit dem Zuwachs war gleichzeitig ein Vordringen der deutschen Sprache auf Kosten des Latein verbunden. Der Anteil der lateinischen Titel sank kontinuierlich von rund 33% 1714 auf 25% 1735, 14% 1770 und marginale 4% im Jahr 1800. Die Abnahme des Lateins ist gekoppelt mit dem Rückgang des Anteils theologischer Schriften. Diese machten bis 1740 40% der Produktion aus, 1775 noch 20%, um 1800 noch 6%. An ihre Stelle traten Fächer wie Geographie, Philosophie, Pädagogik, Biologie und Politik in meist populärer Ausrichtung. Den deutlichsten Zuwachs verzeichnete aber die Schöne Literatur, die sich von bescheidenen 6% 1740 auf über 16,5% 1770 steigerte und mit 21,5% im Jahr 1800 den ersten Platz unter den Sparten einnahm.

Deutsch statt Latein

Um die gestiegenen Mengen der neuen und älteren Bücher auf dem Markt noch überblicken zu können, genügten nun die Messkataloge nicht mehr. 1742 erschien in Leipzig die erste, auch für buchhändlerische Zwecke brauchbare Allgemeinbibliographie des Buchhändlers Theophil Georgi („Europäisches Bücherlexicon"). Es wurde 1793 ersetzt durch das ebenfalls vierbändige „Allgemeine Bücher-Lexicon", das „alle" von 1700–1793 in Deutschland erschienenen Druckerzeugnisse aufführte. Über die Qualität der Bücher konnten sich interessierte Leser in den Zeitschriften informieren, die Rezensionen zu ihren Hauptaufgaben zählten. Seit 1765 erschien in Berlin das gewichtigste Rezensionsorgan, (Christoph) Friedrich Nicolais (1733–1811) „Allgemeine Deutsche Bibliothek", die es bis 1811 auf 256 Bände brachte.

Bibliographie

Parallel zur Zunahme der Produktion verlief die Konzentration des deutschen Buchhandels in Leipzig, wo es im letzten Drittel des 18. Jahrhunderts gleichviele Verlage gab wie in Berlin und Wien zusammen. Nach Leipzig folgten Berlin, Frankfurt am Main, Wien, Nürnberg, Halle, Hamburg, Augsburg, Basel, Breslau, Jena, Dresden, Prag, Göttingen und Kopenhagen. Die Dominanz mittel- und norddeutscher, protestantischer Städte war klar, dürfte aber aufgrund der Quelle (Leipziger und Frankfurter Messkataloge) überzeichnet sein.

Leipzig

Zum Zeichen der Leipziger Übermacht verzichteten die sächsischen Buchhändler seit 1764 darauf, die Frankfurter Messe zu besuchen. Auch führten sie ein neues Abrechnungssystem, den Nettohandel, ein, bei dem die Bücher nun in Bar bezahlt werden mussten, statt, wie für zweihundert Jahre üblich, zwischen den Verlegern getauscht zu werden. Zudem drückten die Leipziger unter der Führung des Buchhändlers Philipp Erasmus Reich (1717–1787) seit 1760 die für sie vor-

Nettohandel

teilhafte Währung als Abrechnungsgrundlage durch, was die Produkte aus Süddeutschland, Österreich und der Schweiz zusätzlich zum ohnehin festzustellenden Preisschub für Bücher verteuerte. Um sich angesichts der hohen Leipziger Preise gegen den Nachdruck abzusichern, wurden Nachdrucke 1773 von der Messe verbannt und sächsischen Produkten ein Rechtsschutz garantiert. Doch außerhalb Sachsens kümmerte das niemanden. Das Nachdrucken von Büchern, ein seit dem 15. Jahrhundert bekanntes Phänomen, erreichte seine intensivste Phase, insbesondere in Österreich, wo der Wiener Verleger Johann Thomas (von) Trattner (1717–1798) zum Symbol dieser Praxis wurde. Die Nachdrucke etwa in Karlsruhe, Reutlingen oder Hanau kompensierten mit ihrer Verbreitung neuer, oft mit der Aufklärung assoziierter Literatur das Fehlen eines geregelten Vertriebssystems für Bücher. Süddeutsche Verleger handelten unter sich weiter nach der Tauschregel oder kombinierten Verfahren von Tausch und Lieferung mit Rücknahme unverkaufter Exemplare (Konditionssystem). Einen Ausgleich brachte dann gegen 1800 der Kommissionshandel. Jetzt konnten Neuigkeiten laufend das ganze Jahr eingekauft werden, statt nur an den halbjährlichen Messen.

Neben den stationären Buchhandlungen, die sich im 18. Jahrhundert entwickelten, spielten die alte Form des Wanderhandels und der Postversand eine Rolle bei der Distribution der Druckerzeugnisse.

Nicht in Leipzig, sondern in Augsburg und Nürnberg siedelten die bedeutendsten Hersteller von Landkarten. Der Druck von Karten, der die Kombination von Tiefdruck (Radierung, Kupferstich) und Hochdruck (erläuternde Texte) sowie oft buchmalerische Ergänzungen (Koloration) erforderte, trug dazu bei, dass sich in diesen Städten ein reichhaltiges Buchgewerbe hielt. Zwischen 1701 und 1750 gab es an buchgewerblichen Betrieben (Drucker, Kupferstecher, Briefmaler, Illuministen, Buchbinder usw.) 150 in Augsburg, 145 in Leipzig, 99 in Nürnberg, 98 in Frankfurt am Main, 93 in Köln. Hier dominierten also, mit der Leipziger Ausnahme, die alten Buchdruckmetropolen des 15. und 16. Jahrhunderts. Danach folgten die norddeutschen Städte Hamburg (76 Betriebe), Halle (61), Jena (58), Berlin (53) sowie im Süden Wien (53) und Basel (41). Die oberdeutsche, katholisch geprägte Buchproduktion lebte stärker von traditionellen Druckerzeugnissen wie Andachts- und Gebetsliteratur, Predigtsammlungen, Kalendern, Spielkarten und eben – Landkarten.

Als bedeutendster Produzent von Landkarten gilt der Nürnberger Johann Baptist Homann (1664–1724), dem die Wiederbelebung der deutschen Kartographie gelang. In seinem Verlag spezialisierte er sich auf drucktechnisch hochstehende und schön ausgestattete, aber kartographisch eher veraltete und daher preiswerte Karten, die er vor allem nach den Vorbildern der führenden französischen und holländischen Vorlage umgestaltete. Die Karten konnten als Einzelblätter bezogen oder zu individuell zusammengestellten Atlanten kombiniert werden. Insbesondere die flächige Farbgebung und klare Grenzziehung nach den vom Hamburger Karto- und Lexikographen Johann Hübner entwickelten Kriterien bildeten sein Markenzeichen. Solche Karten waren auch in diplomatischen Kreisen sehr begehrt. 1715 erhielt er den Ehrentitel eines kaiserlichen Geographen und die Aufnahme in die königliche Akademie der Wissenschaften zu Berlin. Seine Söhne und deren Erben führten den Verlag weiter. Homanns herausragende kartographische Leistung bestand in der 1714 gedruckten „Neu-vermehrten Post- Charte durch gantz Teutschland nach Italien, Franckreich, Niederland …", auf der erstmals die Postrouten unterteilt waren in Strecken, die nur von Postreitern und solche, die auch von Postkutschen bedient wurden. Er kopierte damit den in Frankreich schon seit 1632 bekannten Typus der Postroutenkarte, der für die Reiseplanung unerlässlich war, und schuf den Prototyp, der über Jahrzehnte nachgedruckt wurde. Auch die verbesserte Postroutenkarte von Johann Jacob de Bors (belegt 1725–1760) und Franz Joseph Heger (ca. 1700–1769) erschien 1764 beim Verlag Homännische Erben in Nürnberg. [Postroutenkarte]

Bei Homann zum Kupferstecher ausgebildet, gründete Matthäus Seutter (1678–1757) den Augsburger Landkartenverlag, der im 18. Jahrhundert ungemein produktiv war. Er und seine Erben Probst und Lotter produzierten nach ähnlichen Kriterien wie Homann, unter anderem auch die Postroutenkarten. Sie waren berühmt für die Schnelligkeit, mit der sie kriegerische Veränderungen von Grenzen in ihren Karten umsetzten. Solche Karten erschienen nun mitunter in kleinem Format oder als Beilagen von Zeitschriften.

Am Ende des 18. Jahrhunderts entwickelten die aus Nürnberg nach Basel gekommenen Wilhelm Haas Vater und Sohn mit der Typometrie – dem Hochdruck mit beweglichen Typen (Symbolen statt Lettern) – ein noch effizienteres Verfahren, rasch wechselnde Landesgrenzen kartographisch nachzuvollziehen, das während der napoleonischen Kriege stark nachgefragt wurde. [Typometrie]

Gerade im Falle Augsburgs zeigt sich die Nähe der Kartenproduktion zum Kunstverlag. Die Herstellung von kunstvollen Radierungen, sei es als Abbild und „Reproduktion" von Ölgemälden, sei es als bildliche Illustration des aktuellen Zeitgeschehens oder als künstlerische „Originalgraphik", fand hier eines ihrer Zentren. Seutter hatte die Tochter des Augsburger Kunsthändlers Jeremias Wolff (1663–1724) geheiratet, der schon kurz nach 1705 die Kopie einer französischen als erste Postroutenkarte Deutschlands publiziert hatte. Seine Kinder wiederum verbanden sich mit den Kupferstecher- und Kunsthändlerfamilien Probst und Lotter. Andere berühmte Kunsthändler, die zahlreiche Stecher für sich arbeiten ließen, die sie bei Bedarf wie heutige Fotoreporter an den Ort des politischen Geschehens (Kriege, Konflikte, Krönungen, Katastrophen usw.) schickten – besonders bekannt der Fall der Salzburger Emigration 1732 –, fingen an, ältere Kunst in Radierungen und Kupferstichen zu reproduzieren. So etwa der Hesse Johann Georg Wille (1715–1808), Hofkupferstecher des französischen und des dänischen Königs sowie des deutschen Kaisers, oder der Basler Christian von Mechel (1737–1817), der nach der Ausbildung in Nürnberg, Augsburg und Paris die Gemäldegalerie des Kaisers in Wien neu ordnete und in Basel, wo er bis 1806 sein Atelier unterhielt, die Werke von Hans Holbein d. J. (1497/98–1543) in Kupferstichen (wieder) berühmt machte. Der Zürcher Johann Melchior Füssli (1677–1736) gehörte nicht nur zu den bedeutenden wissenschaftlichen Buchillustratoren (etwa die „Physica Sacra", Augsburg 1731–1735, von Johann Jacob Scheuchzer), sondern dokumentierte auch diplomatische Zeremonien wie etwa die Beschwörung der Allianz der Stadtrepubliken Venedig, Zürich und Bern 1706.

Reproduktionsgraphik

Der begehrteste Buchillustrator aber war Daniel Nikolaus Chodowiecki (1726–1801). Dieser in Danzig geborene Sohn polnischer und hugenottisch-schweizerischer Eltern steuerte Kupferstiche zu den Werken Lessings, Goethes (Werther), Schillers und Lavaters (Physiognomien) bei. Auch europäische Klassiker und Modeautoren wie Shakespeare, Voltaire, Rousseau wurden von ihm bzw. seiner großen, qualitativ nicht immer konstanten Werkstatt in Berlin bebildert. Seine Darstellungen der bürgerlichen Welt und der bürgerlichen Werte konnten auch als aufklärerische und vorrevolutionäre Kritik am adeligen Gegenpart gelesen werden.

Um die Übersicht auf dem wachsenden Markt der Druckgraphik nicht zu verlieren, erschienen nun Verzeichnisse der Künstler und ihrer Werke wie etwa von Johann Caspar Füssli (1706–1782) ein „Raisonirendes Verzeichniß der vornehmsten Kupferstecher und ihrer Werke. Zum Gebrauche der Sammler und Liebhaber" (Zürich 1771) oder von Karl Heinrich von Heinecken (1706–1791), dem Konservator des Dresdener Kupferstichkabinetts, die „Idée générale pour une collection d'estampes" (Leipzig 1771) oder die „Notices générales des graveurs divisés par Nation et des peintres rangés par écoles ... suivies d'un ca-

Verzeichnisse der Künstler und Werke

talogue raisonné d'une collection choisie d'estampes" (Leipzig, Dresden 1787) von Michael Huber (1727–1804).

Die Reproduktionsqualität des Tiefdrucks wurde durch neue, meist in Frankreich entwickelte technische Finessen gehoben. Mit der Crayon-Manier, bei der das Bild in Punkte aufgelöst auf die mit Ätzgrund beschichtete Platte aufgetragen und dann im Säurebad geätzt wurde, oder dem Aquatinta-Verfahren (seit etwa 1760), bei dem die Metallplatte ein- oder mehrmals vorbehandelt wurde, konnten Halbtöne und Farben besser gedruckt werden. Nun gelang es, Kreide-, Bleistift- und Rötelzeichnungen, ja selbst Aquarelle und Ölgemälde mit farbigem Druck (von einer oder mehreren Platten) täuschend echt – in Faksimilequalität – nachzuahmen. Dadurch stiegen zwar die Preise gegenüber den herkömmlichen Radierungen. Trotzdem ermöglichten die neuen Techniken breiteren bürgerlichen Schichten, den teuren adeligen Kunstgenuss zu imitieren. Für den Markt wurden auch Drucke verschiedener Künstler in Sammelbänden *(livres à figures)* zusammengestellt. Die breite Popularisierung von Farbdrucken war aber erst dank dem kostengünstigen chemischen Flachdruckverfahren der Lithographie möglich, die kurz vor 1800 Alois Senefelder (1771–1834) erfunden hatte und deren große Wirkung auf den Kunst- und Musiknotendruck, aber auch auf die Karikatur und die Zeitungsillustration sich erst im 19. Jahrhundert entfaltete.

_{Entwicklung des Tiefdrucks}

Die ständig zunehmenden Mengen an Druckerzeugnissen wurden im 18. Jahrhundert auf mehrfache Weise genutzt sowie sichtbar und zugänglich gemacht. Von 1680 bis 1790 entstanden im deutschen Sprachraum 120 große Bibliothekssäle. Die prunkvolle künstlerische Ausstattung von zwei Drittel dieser neuen Saalbibliotheken symbolisierte die gestiegene Wertschätzung des Buches und der Druckgraphik. In diesen Neubauten, zu denen Wolfenbüttel (1723) und Wien (1726) gehören, wurden die Bücher nach Sachgebieten geordnet in hohen Wandregalen statt wie im 15. und 16. Jahrhundert im Pultsystem aufgestellt und zwar mit dem Buchrücken, auf dem auch der Titel und/oder der Autorname zu sehen war, zum Betrachter. Diese Lesesäle waren noch beschränkt und nur einem ausgewählten Publikum zugänglich, denn sie dienten primär dem Repräsentationsbedürfnis der Erbauer, förderten aber zugleich die Zahl der fremden Besucher, die im Rahmen ihrer Bildungsreisen und Kavalierstouren besondere Bibliotheken besichtigten.

Bibliotheken

Solche Fürsten- und Hofbibliotheken in Residenzstädten bildeten im 17. und 18. Jahrhundert die größten und wertvollsten Büchersammlungen, während die Universitätsbibliotheken eher vernachlässigt wurden. Einen Gegenakzent setzte allerdings die 1734/37 mit der Georg-

Kataloge

Klosterbibliotheken

Leihbibliotheken

August-Universität gegründete Universitätsbibliothek in Göttingen, die ein verzahntes Katalogsystem von alphabetischem, Sach- und Standortkatalog zur Erschließung ihrer mit einem festen Etat europaweit eingekauften, modernen wissenschaftlichen Bestände aufwies und zum Vorbild anderer Bibliotheken wie etwa des British Museum in London (1758) wurde. In enger Kooperation mit dem Buchdrucker Abraham Vandenhoeck mauserte sich Göttingen auch zu einem wichtigen Verlagsort, zu dessen Produkten etwa die „Göttingischen gelehrten Anzeigen" (Vandenhoeck & Ruprecht, 1739 ff.) zählten. Geprägt wurde dieses älteste noch bestehende deutschsprachige Rezensionsorgan von ihrem ersten Redaktor, dem aus Bern stammenden Mediziner, Botaniker und Dichter Albrecht von Haller (1708–1777), der auch als erster Präsident der 1751 gestifteten Akademie der Wissenschaften zu Göttingen amtete. Die enge Verbindung von Universität, Akademie, Bibliothek und Verlag galt als zukunftsweisend.

Auch die alten Klosterbibliotheken rüsteten auf, allerdings eher architektonisch als bibliothekarisch. Rund 60 der in reichen (süd)deutschen Klöstern entstandenen Prunklesesäle aus dem 18. Jahrhundert sind noch erhalten, etwa in Ottobeuren (1711/33), Einsiedeln (1738), Schussenried (1754/61), St. Gallen (1758/67) und Admont 1776. Gerade Klosterbibliotheken aber wurden an der Wende vom 18. zum 19. Jahrhundert die Hauptopfer großer Bücherverschiebungen. Diese Umwälzungen begannen mit der Aufhebung des Jesuitenordens, von der allein im deutschen Raum rund 100 Bibliotheken betroffen waren. Dann wurden im Zuge der josephinischen Reformen an die 1300 Klosterbibliotheken aufgehoben und in der Mediatisierung 1803 erfolgte nochmals ein Zentralisierungsschub: Durch die Säkularisierung von Klöstern, Stiften und geistlichen Herrschaften wuchsen die Bestände der Handschriften und Druckerzeugnisse etwa in der kaiserlichen Hofbibliothek in Wien oder der Berliner Hofbibliothek (gegründet 1658) massiv an. Die schon 1558 gegründete Hofbibliothek in München versechsfachte dank der Säkularisation ihre Bestände und wurde mit rund 500 000 Bänden zur größten in Deutschland. Hof-, Kloster- und Universitätsbibliotheken öffneten ihre Säle oft nur Gelehrten, die sich für aktuelle wissenschaftliche Literatur oder alte Handschriften interessierten.

Populäre Literatur für das breite Publikum dagegen wurde kaum gesammelt und ausgeliehen. Diese Lücke im Angebot füllten seit dem Beginn des 18. Jahrhunderts Buchhändler, die Exemplare aus ihrem Depot gegen Gebühr ausliehen und so das Lesen in die Kommerzialisierung der Freizeit einbanden. Solche Leihbibliotheken sind belegt vor

1730 in Berlin und Zürich, seit den 1750er Jahren in Frankfurt am Main und Karlsruhe, dann 1765 in Königsberg, 1767 in Braunschweig, 1771 in Göttingen, 1772 in München, Prag und Wien. Um 1800 gab es in Frankfurt am Main bereits 18, in Bremen 10 und Leipzig 8 solcher Institute. Leihbibliotheken befriedigten offenbar ein breiter werdendes Interesse nach Lektüre.

Demselben Bedürfnis dienten die Lesegesellschaften. Lesergruppen unterschiedlichster, aber vorwiegend bürgerlicher Zusammensetzung organisierten sich vereinsmäßig, um kollektiv Bücher zu erwerben und Zeitschriften oder Zeitungen zu abonnieren. So sparte der Einzelne Kosten und konnte zugleich mit anderen Lesern Lektüreeindrücke im meist geselligen Rahmen der Gesellschaft austauschen. Die Lesegesellschaften waren ein Phänomen der zweiten Jahrhunderthälfte: Wurden bis 1760 fünf Gründungen gezählt, so waren es bis 1780 schon 50 und bis 1800 rund 200. Das Lektüreangebot der Lesegesellschaften variierte beträchtlich je nach den Interessen ihrer Mitglieder, deren Zahl sich zwischen 20 und 450 bewegen konnte, so dass in den rund 400 Gesellschaften rund 60000 Leser und Leserinnen organisiert waren. Da Lesegesellschaften oft mit unbotmäßiger Lektüre oder kritischem bis rebellischem Verhalten konnotiert waren, wurden sie insbesondere nach Ausbruch der Französischen Revolution verboten (in Würzburg und Bayern 1786, Trier 1793, am Zürichsee 1794/95, Österreich 1798 und Hannover 1799).

Lesegesellschaften

Die Zunahme der Alphabetisierungsraten im deutschsprachigen Raum gilt für das 18. Jahrhundert als unumstritten, so schwierig es auch ist, präzise und flächendeckende Zahlen zu erarbeiten. Vor allem im ausgehenden 18. Jahrhundert wurde viel über die „Lesesucht" auch jener Bevölkerungsgruppen debattiert, die vordem wenig gelesen hatten: Frauen und (ländliche) Unterschichten. Sie waren die Adressaten der steigenden Produktion von Romanen und Zeitungen, Landkarten und Kupferstichen, aber auch obrigkeitlicher Erlasse und Werbeplakate. Und so zeigen immer mehr Detailstudien, dass die Lesefähigkeit am Ende des 18. Jahrhunderts höher lag, als die 25%, von denen die ältere Forschung ausging, nämlich in einzelnen, gut untersuchten, auch ländlichen Milieus über 80%. Wie hoch sie insgesamt war – das wagt niemand mehr zu beziffern.

„Lesesucht"

Mit der Zunahme der Lesenden und der Presseerzeugnisse setzte eine qualitative Veränderung im Umgang mit der Lektüre und dem Gelesenen ein, die sich auch in der Einführung des kritischen Kommentars in öffentlichen Periodika seit dem späten 17. Jahrhundert manifestierte. Dieses kritische Räsonnement hatte sich zunächst, so die wirkmächtige

Politische Öffentlichkeit

These des Sozialphilosophen J. HABERMAS, im Kreise der bürgerlichen Sozietäten entwickelt, die „im Takt der Ebenbürtigkeit", aber kontrovers über Kultur debattiert hatten: „Die politische Öffentlichkeit geht aus der literarischen hervor" [381: Strukturwandel, 90, 97]. Die pressehistorische Betrachtung zeigte, dass sich die Politisierung der Kritik nicht nur in wissenschaftlichen und gelehrten Fachorganen verorten lasse, sondern auch in den an ein breiteres Publikum gerichteten politischen Zeitschriften und teilweise sogar in den Zeitungen. Und sozialgeschichtlich gesehen verdanke die „politische Öffentlichkeit [...] ihre Entstehung [...] auch der schon seit dem späten 17. Jahrhundert am Publizitätsprinzip orientierten populären Kritik der Arkanpolitik durch die städtischen und ländlichen Unruhen" [393: A. WÜRGLER, Unruhen, 331].

Historische Bedeutung der Druckmedien   Medienhistorisch bildet die Erfindung und Verbreitung der Druckverfahren die Basis für die Etablierung nicht nur eines ausdifferenzierten Büchermarktes, sondern auch eines dichten Netzes periodischer Publikationen. Analog zur B. MOELLERS Formel „ohne Buchdruck keine Reformation" könnte für das 17. Jahrhundert zuspitzend bilanziert werden: Ohne Buchdruck keine wissenschaftliche Revolution; und für das 18. Jahrhundert: Ohne Buchdruck keine Aufklärung (und für Frankreich gar: Ohne Buchdruck keine Revolution). Die spezifisch europäische Medienentwicklung bildete für alle diese Umwälzungen eine notwendige, wenn auch nicht hinreichende Voraussetzung. Der Königsberger Philosoph I. KANT (1724–1804) brachte den Zusammenhang von Aufklärung, Gedankenfreiheit und Medieninfrastruktur in seiner „Beantwortung der Frage: Was ist Aufklärung?" auf eine Formel, die bis zum „Strukturwandel der Öffentlichkeit" (J. HABERMAS) die Diskussion prägte: „Aufklärung ist der Ausgang des Menschen aus seiner selbst verschuldeten Unmündigkeit". Die Selbstbefreiung sei für den Einzelnen fast unmöglich, „dass aber ein Publikum sich selbst aufkläre, ist [...], wenn man ihm nur die Freiheit lässt, beinahe unausbleiblich". Und die Freiheit bestehe darin, „von seiner Vernunft in allen Stücken öffentlichen Gebrauch zu machen" [384: I. KANT, Aufklärung, 481–484] – was KANT mit der Publikation dieses Aufsatzes in der „Berlinischen Monatsschrift" (1784) in die Praxis der auf Druckmedien gestützten Kommunikation mit dem Publikum umsetzte.

II. Grundprobleme und Tendenzen der Forschung

1. Medienbegriffe, Mediengeschichten, Mediendiskussionen

Die wissenschaftliche Diskussion über Medien ist stark geprägt von zwei Phänomenen. Zum einen von der Vielzahl verschiedener Disziplinen, die sich aus unterschiedlichen Interessen und Perspektiven mit Medien beschäftigen. Zum anderen von der Dominanz der (theoretischen) Diskussion über die tertiären Medien. Die Medien des 19. Jahrhunderts (Telegraphie, Photographie, Telefon) und jene des 20. Jahrhunderts (Rundfunk, Fernsehen) sowie die Digitalisierung um die Wende zum 21. Jahrhundert finden in den meisten Disziplinen die weitaus größere Beachtung als die Entwicklungen der Frühen Neuzeit. Die historische Dimension der Medienentwicklung bleibt oft unterbelichtet.

Multidisziplinarität

Da sich sehr viele Disziplinen auf ihre Weise mit Medien und Mediengeschichte beschäftigen, fallen auch Grundprobleme und Tendenzen der Forschung sehr vielfältig aus. Es geht im Folgenden darum, eine Auswahl der Probleme und Perspektiven aus fachhistorischer Optik zu betrachten und zu ordnen.

Zunächst bleibt nochmals darauf hinzuweisen, dass die Fokussierung der vorliegenden Geschichte der Medien in der Frühen Neuzeit auf die Druckmedien lediglich die für diese Epoche distinktiven Entwicklungen hervorhebt. Die große Bedeutung anderer, traditioneller Medien soll damit nicht abgestritten werden. Insbesondere aber ist zu betonen, dass sich Druckmedien und Handschriftlichkeit oder Druckmedien und Mündlichkeit [340: W. J. ONG, Orality, 31–56] zwar in bestimmten Feldern und Situationen konkurrierten, aber in vielen anderen Feldern und Situationen sich auch symbiotisch ergänzten. So hielten sich die gedruckten Flugschriften der Reformationszeit oft an einen ausgesprochen mündlichen Gesprächston und adaptierten populären Humor [345: R. W. SCRIBNER, For the Sake]. Handschriftliche Notizen trug der Pfarrer als mündliche Predigt vor, die unter Umständen später

Mündlichkeit

in eine gedruckte Predigtsammlung aufgenommen werden konnte. Oder umgekehrt waren vielleicht schon die handschriftlichen Notizen Exzerpte aus einer gedruckten Predigtsammlung oder der gedruckten Bibel. Die mündliche Predigt, selbst wenn sie vor „Zuschauermassen" im Freien stattfand [338: M. MITTERAUER, Predigt, 235 f.], war dennoch ein in ihrer Reichweite gegenüber der gedruckten stark beschränktes Medium, das die Grenzen der räumlichen Präsenz und der Gleichzeitigkeit nicht zu sprengen vermochte. Trotzdem blieb die Oralität am Hof, in der Kirche und im Theater populär, im Alltag ebenso wie an besonderen Anlässen performativer Mündlichkeit und körperbezogener Kommunikation (Eidschwur, Fluch, Ja-Wort etc.) [159: R. CHARTIER, Chemins, 485 f.; 335: G. E. EHRSTINE, Theater; 128: R. SCHLÖGL, Kommunikation, 183–185]. Selbst Phänomene, die als „öffentliche Meinung" umschrieben wurden, lebten wesentlich vom dynamischen Wechselspiel des Gedruckten mit mündlichen Diskussionen in Zirkeln und Gruppen, im Wirtshaus und auf der Straße [347: A. WÜRGLER, Meinungen].

Handschrift   Neben der Mündlichkeit blieb auch die Handschrift trotz Druckerpressen von herausragender Bedeutung in verschiedenen Lebensbereichen. Private und geschäftliche, wissenschaftliche und politische Korrespondenzen, betriebliche Rechnungsführung, diplomatischer Schriftverkehr und staatliche Aktenproduktion vollzogen sich bis zum Aufkommen der Schreibmaschine um 1870 vorwiegend handschriftlich [130: P. STEIN, Schriftkultur, 282 f.]. Dass in einer mehrheitlich analphabetischen Gesellschaft viele gedruckte Texte vorgelesen werden mussten, um ihre Adressaten zu erreichen, versteht sich. Auch wurden viele gedruckte Texte abgeschrieben (exzerpiert) und dies nicht nur im studentischen Milieu. Die gesprochenen, geschriebenen und gedruckten Sprachen verhielten sich komplementär zu einander, bildeten ein „Medien-Ensemble" [137: C. ZIMMERMANN, Medien, 229 f.] oder einen

Medienverbund   Medienverbund: „Keines der alten Medien wird ersetzt, gleichwohl aber in seiner Funktion und Bedeutung neu definiert" [126: H. SCHANZE, Handbuch, 210; 141: M. GIESECKE, Buchdruck, 35 f.; 233: H. BÖNING/E. MOEPPS, Hinweise, VIII].

Körpermedien   Ähnliches lässt sich auch zum Medium „Körper" sagen, das jüngst vermehrt thematisiert wurde. Körpersprache, Gestik und Mimik funktionieren ebenso ohne Sprache wie zusammen mit gesprochener und geschriebener Sprache, und zwar nicht nur in privaten Kontakten, sondern auch in der Welt der Politik und der Diplomatie [336: M. JUCKER, Körper; 343: R. SCHLÖGL, Körper als Medium, 429 f.]. Dem Körper eignet zudem die doppelte Möglichkeit, gleichzeitig Zeichenträger wie auch performierender kommunizierender Körper zu sein. Dabei handelt sich auch beim Körper um ein sozial konstruiertes, nicht um ein biologisch-natürliches [90: W. FAULSTICH, Medien, 7–12, 33–41] Medium, dessen Erforschung zwar im Zeichen des „performative turn" Mode wird, allerdings noch in den Anfängen steckt [344: SCHLÖGL, Körperkommunikation, 547–552; 176: S. S. TSCHOPP, Forschungskontroversen, 111–122]; dementsprechend fehlt das Stichwort „Körper" oder „Körperlichkeit" [127: H. SCHANZE, Lexikon, 165–167] in den meisten Medienlexika [125: A. ROESLER/B. STIEGLER, Grundbegriffe; 92: W. FAULSTICH, Grundwissen; 126: H. SCHANZE, Handbuch].

Dabei steht der Körper am Anfang jedes Mediums. Denn auch medienvermittelte Wahrnehmungen können nicht anders als über die fünf menschlichen Sinne ablaufen. Mediengeschichte ist daher Erfahrungs- und Wahrnehmungsgeschichte [126: H. SCHANZE, Handbuch, 210]. Auffallend ist dabei, dass die meisten Medien das Auge und das Ohr unterstützen, während Geruch, Geschmack und Tastsinn vernachlässigt werden. Da die Druckmedien als Leitmedien der Frühen Neuzeit nur den Sehsinn ansprechen – Töne können erst seit dem 19. Jahrhundert aufgenommen und gespeichert werden [103: D. KERLEN, Medienkunde, 14 f., 19 f., 25] –, ist von einem Visualisierungsschub die Rede. Doch setzte dieser nicht erst mit den Bildern ein [338: M. MITTERAUER, Predigt, 237], sondern bereits mit der Schrift, denn auch Buchstaben werden mit den Augen wahrgenommen [103: D. KERLEN, Medienkunde, 14 f.]. Schon die Schrift, aber auch der Druck nimmt sozusagen der Sprache den Ton [126: H. SCHANZE, Handbuch, 210]. Auch die Bilder sprechen das Sehen an, nicht das Hören.

Sinne

Visualisierung

Da jedes neue Medium seine eigene Mediengeschichte verdienen würde, leiden allgemeine Mediengeschichten mit tendenziell monomedialen Zugängen (Geschichte der Zeitung, des Buches etc.) daran, dass Medien nur in komplexen Kommunikationszusammenhängen ihre Wirkung entfalteten. Der Druck mit beweglichen Lettern bedurfte auch des Marktes für den Absatz seiner Produkte, die Zeitung bedurfte der Post für die Informationsbeschaffung so gut wie für die Distribution etc. Denn Medien können sehr verschiedene Funktionen erfüllen. Aus technischer Perspektive unterscheidet H. H. HIEBEL die sechs medienlogischen Grundphänomene der Aufnahme, Speicherung, Übertragung, Vervielfältigung, Wiedergabe und Bearbeitung [99: Große Medienchronik, 9]. Gerade weil einzelne Medien nicht alle, sondern eine oder einige dieser Funktionen erfüllen, sollten sie daraufhin spezifischer untersucht werden, forderte W. BEHRINGER: Denn Sprache leiste die Codierung (Aufnahme) von Aussagen, die Schrift codiere und speichere,

Medienlogische Grundphänomene

der Druck speichere und vervielfältige. Die Post oder die Eisenbahn könnten weder codieren noch speichern noch vervielfältigen, jedoch transportieren – was für die Kommunikation mittels Distanzmedien unerlässlich sei. Das Telefon dagegen könne nur übermitteln, aber weder speichern noch vervielfältigen noch transportieren [74: Reichspost, 23].

Medium = Botschaft?
Wie weit Medien, wenn sie Botschaften vermitteln, diese inhaltlich beeinflussen, ist eine umstrittene Grundfrage der Medientheorie. Einerseits wurde M. MCLUHANS berühmte Sentenz „das Medium ist die Botschaft" [113: Kanäle, 13 f.], welche die inhalts-, wahrnehmungs- und verhaltensprägende Wirkung der Medien herausstellte, mit dem Betonen der „Substanz" [104: F. KITTLER, Nacht, 512], der „Materialität der Medien" [98: S. GRAMPP, Erben, 79] oder dem „technischen Apriori" [87: K. EBELING, Apriori] fortgeschrieben. Andererseits wurde dagegen gehalten, dass Inhalte ohne Bedeutungsverlust durch Medien übermittelt oder teilweise gar in andere Medien übertragen werden können: Der Briefträger formuliere den Brief nicht um, den er bringe [106: S. KRÄMER, Medium, 9–11, 108 f.; 103: D. KERLEN, Medienkunde, 20 f.]. Sicherlich jedoch gilt, dass sich die Wirklichkeit nicht nur in Medien abbilden lässt, sondern dass sie auch mit Medien gestaltet wird, was gleichermaßen für Texte und Bilder zutrifft [84: R. DARNTON, Introduction, XIII; 154: H. BREDEKAMP, Schlussvortrag, 291, 309; 175: S. S. TSCHOPP, Wahrnehmungsmodi, 78]. Wie gesellschaftliche Wirklichkeit insgesamt medial konstruiert ist [265: J. WILKE, Zeitung, 401], so sind, wie F. CRIVELLARI, K. KIRCHMANN, M. SANDL und R. SCHLÖGL formulierten, „Medien selbst elementare Produktivkräfte des Geschichtlichen" [83: Medialität, 20].

Medienrevolution
Inwiefern es sinnvoll ist, von einer oder mehreren Medienrevolutionen in der Frühen Neuzeit zu sprechen, hängt vom Revolutionsbegriff und der Perspektive ab. Versteht man Revolution primär als Ereignis kurzer Dauer mit massiver Gewaltanwendung und sofortigen umstürzenden Veränderungen (wie etwa die Französische Revolution), dann eignet sich der Begriff nicht. Bezieht sich aber Revolution auf eine irreversible Neustrukturierung, die sich zwar mit gefühlter Beschleunigung, aber über eine gewisse Zeitspanne hin vollzieht (wie etwa die Wissenschaftliche Revolution), dann ist der Begriff durchaus angemessen, und zwar im Plural. Denn jedes der neuen Medien Holzschnitt, Kupferstich, Buch, Zeitung, Zeitschrift markiert eine Medienrevolution [74: W. BEHRINGER, Reichspost, 9 f.; 141: M. GIESECKE, Buchdruck, 29, 63]. Bereits früh wurde die epochale Bedeutung vor allem des Buchdrucks, weniger der Bilddruckverfahren, wahrgenom-

1. Medienbegriffe, Mediengeschichten, Mediendiskussionen 69

men. Für den St. Galler Humanisten und Reformator Joachim Vadian (1484–1551) überstrahlte die Tat Gutenbergs „sämtliche Erfindungen der Antike" und Luther sekundierte „die Truckerey ist summum et postremum donum, durch welches Gott die Sache des Evangelii forttreibet" [208: S. FÜSSEL, Johannes Gutenberg, 140 f.]. Francis Bacon (1561–1626) zählte neben den Entdeckungen des Kolumbus auch die Erfindungen des Schießpulvers, der Magnetnadel und des Buchdrucks zu jenen Neuerungen, welche die Welt veränderten [89: E. L. EISENSTEIN, Printing Revolution, 12], und der Philosoph Georg Christoph Lichtenberg (1742–1799) prägte den Satz, dass „mehr als das Blei in den Kugeln, das Blei in den Setzkästen die Welt verändert" [208: S. FÜSSEL, Johannes Gutenberg, 7]. In der jüngeren Forschung sprach E. L. EISENSTEIN zuerst 1979 von der „unacknowledged revolution" [88: Printing Press, 3], dann 1983 auch von der „printing revolution" [89: Printing Revolution], ohne aber den Begriff Medien oder Medienrevolution prominent zu verwenden. Sie sah im Buchdruck den entscheidenden Faktor für die Entwicklung des modernen Europa. Denn sowohl die Renaissance als auch die Reformation wären, so EISENSTEIN, ganz normale Erneuerungsbewegungen innerhalb begrenzter interessierter Kreise geblieben, wie es sie immer gegeben hatte. Durch die ungeheure Publizität, welche diese Bewegungen dank der Druckerpresse erhielten, war ihre Wirkung durchschlagend.

Zeitgenössische Wahrnehmung

Printing revolution

Vor einer zu eng auf die Medientechnik eingeschränkten Optik warnten jene, die darauf beharrten, dass das Medium Buch erst eine „revolutionäre" Wirkung entfalten konnte, indem es von einem leistungsfähigen Vertriebssystem profitierte, wobei F. BRAUDEL neben dem Transportwesen vor allem an die Märkte und Messen [79: Sozialgeschichte 1, 436], W. BEHRINGER vor allem an die Post dachte [74: Reichspost, 15–20]. Andere betonten den langen Übergang von der Manuskript- zur Druckkultur. So erreichte die Handschriftenproduktion ihren quantitativen Höhepunkt 1470, also fast eine Generation nach den ersten gedruckten Büchern [89: E. L. EISENSTEIN, Printing Revolution, 253–276; 130: P. STEIN, Schriftkultur, 176–181; 171: W. RAIBLE, Medien-Kulturgeschichte, 143].

Sortiert man die aktuellen Mediengeschichten nach Disziplinen, so lassen sich die folgenden Muster erkennen. Mediengeschichten aus medienwissenschaftlicher Feder fokussieren meist auf die Tertiärmedien (Photo, Hörfunk, Fernsehen, Film). Wird die Frühe Neuzeit mit behandelt, dann meist in Form additiver Geschichten einzelner Medien [110: J.-F. LEONHARD u. a., Medienwissenschaft; 126: H. SCHANZE, Handbuch]. Eine Ausnahme bildet W. FAULSTICHS mehrbändige epo-

Mediengeschichten

... medienwissenschaftliche

chenübergreifende Mediengeschichte [90: Medien; 91: Mediengesellschaft]. Er bemüht sich um eine integrative Geschichte aller Medien auf einer mittleren Ebene zwischen der Geschichte einzelner Medien und der Geschichte der menschlichen Kommunikation. Dieser medienorientierte Zugang führt zu neuen Epochenbildungen und pointierten Aussagen, erinnert aber in seiner zuweilen assoziativen und wenig an Systematik interessierten Terminologie stark an MCLUHAN. Der Abschnitt zur Frühen Neuzeit in seiner jüngsten Darstellung „von den Anfängen" bis „ins 3. Jahrtausend" [93: Mediengeschichte bis 1700, 119–169] ist kühn verknappt und bezüglich des Forschungsstandes veraltet: Kein einziger der angeführten Literaturhinweise zum Zeitalter 1400–1700 ist nach 1996 publiziert worden. Kaum anders verhält es sich für die Phase 1700–1830 [94: Mediengeschichte von 1700]. Dennoch gilt FAULSTICH dank seiner vielfachen Präsenz auf dem Buchmarkt im deutschsprachigen Raum als Referenz in Sachen Mediengeschichte.

Die Medienchroniken [95: W. Faulstich/C. Rückert, Mediengeschichte; 99: H. H. HIEBEL u. a., Große Medienchronik] sind dank ihrer annalistischen Struktur für das schnelle Nachschlagen von Daten geeignet, aber noch keine eigentlichen Mediengeschichten.

... publizistikwissenschaftliche

Sehr gute, wenn auch weitgehend auf gedruckte Textmedien beschränkte Mediengeschichten legten die Publizistikwissenschaftler J. WILKE [135: Grundzüge] und R. STÖBER vor [131: Mediengeschichte; 255: Pressegeschichte].

... germanistische

Die Vielfalt der Titel von germanistischer Seite belegt die aktive Position dieser Disziplin in der historischen Medienforschung. Trotz des auch allgemeiner interpretierbaren Titels „Mediengeschichte vor und nach Gutenberg" beschränkt sich H. WENZEL abgesehen von der Einleitung ganz auf Phänomene des Medienwechsels um 1500 [134: Mediengeschichte]. Aufgrund der Konzeption, dass die Medien Extensionen der Sinne sind, legte J. HÖRISCH eine anregende, aber in der Auswahl der Themen zufällig und in der Präsentation essayistisch wirkende epochenübergreifende Mediengeschichte vor [100: Sinn]. Ein komplettes Handbuch der Mediengeschichte organisierte der Germanist H. SCHANZE. Es umfasst Bereiche wie Medienpsychologie, -recht, -analyse ebenso wie ausführliche Kapitel über das Theater, die Musik und die Bildkünste (nicht aber die Kartographie). Daher fallen die Abschnitte über das „Zeitalter der Typographie" und über die Geschichte des Drucks dann eher knapp aus [126: Handbuch]. Interessante Perspektiven bietet W. RAIBLES semiotischer Zugang, doch sind die Sachinformationen zur Frühen Neuzeit nicht immer zuverlässig (so die Verwechslung von „geschriebener Zeitung" und „Flugschrift") [171: Medien-Kulturgeschichte, 178]. Ebenfalls von der Zeichentheorie her ist die als Einführung konzipierte „Mediengeschichte" von A. BÖHN und A. SEIDLER [77: Mediengeschichte] aufgebaut. Sie ordnet die zahlreichen Medienbegriffe übersichtlich und zeichnet die Entwicklung der Printmedien – nur die Karten fehlen – nach.

Aus technikgeschichtlicher Perspektive sind neben den entsprechenden Beiträgen im Handbuch „Medienwissenschaft" [110: J.-F. LEONHARD u. a., Medienwissenschaft] vor allem die Gesamtdarstellungen von H.-J. WOLF zu nennen, der sehr konkret und umfassend die verschiedenen Druckverfahren, -materialien und -werkzeuge schildert [148: Geschichte; 149: Typographie]. ... technikgeschichtliche

Mediengeschichten von Fachhistorikern sind noch Mangelware. Am bekanntesten ist die „Social History of the Media" von P. BURKE, die aspekt- und themenreich ganz Europa behandelt und daher notgedrungen für den deutschen Bereich eher knapp ausfällt [80: Media]. ... geschichtswissenschaftliche

Alle diese Mediengeschichten konzentrieren sich auf die Medien, ihre Herstellung, ihre Inhalte und Wirkungen, bieten aber wenig Hinweise zum Vertrieb der Medien. Diese Lücke füllt die sehr zuverlässige und aspektreiche „Geschichte des deutschen Buchhandels" von R. WITTMANN [207: Geschichte].

Fragt man umgekehrt, welche Rolle die Medien in allgemeinhistorischen Handbüchern zur deutschen Geschichte spielen, so zeigt sich Folgendes: In der thematisch-epochenspezifisch aufgebauten „Enzyklopädie deutscher Geschichte" ist nur ein Band – der vorliegende – den Medien gewidmet. Entsprechende Parallelbände zum Mittelalter und zum 19. und 20. Jahrhundert sind in Abweichung zum üblichen Konzept nicht vorgesehen. Im Bereich der Frühen Neuzeit thematisierten verschiedene Bände Medienfragen, etwa O. MÖRKE den Zusammenhang von Medien und Reformation [116: Reformation, 130–135], M. NORTH die Bedeutung der „medialen Revolution" für Kommunikation und Verkehr [119: Kommunikation, 5 f.] oder W. MÜLLER die mediale „Diffusion" der Aufklärung [117: Aufklärung, 25–36]. Medien in Handbüchern EdG

Im „neuen Gebhardt", der einer allgemeinen chronologischen Gliederung folgt, erscheint der Begriff Medien in zwei Bänden im Inhaltsverzeichnis [124: W. REINHARD, Gebhardt 9; 86: W. DEMEL, Gebhardt 12]. Während das Stichwort „Medien" in keinem Register der die Zeit von 1400 bis 1800 behandelnden Bände figuriert, wird man unter anderen Suchbegriffen in jedem der Bände fündig: Buchdruck, Flugblatt, Flugschrift, Presse, Publizistik, Zeitung, Zeitschrift, Zensur [78: H. BOOCKMANN/H. DORMEIER, Gebhardt 8; 124: W. REINHARD, Gebhardt Neuer Gebhardt

9; 109: M. LANZINNER/G. SCHORMANN, Gebhardt 10; 82: J. BURKHARDT, Gebhardt 11].

Die weitreichendsten Thesen im „neuen Gebhardt" formulierte aus medienhistorischer Perspektive indes J. BURKHARDT, indem er das alte Reich als „Reich der Schriftlichkeit" titulierte, wobei gerade die verschiedenen Druckerzeugnisse wesentlich für das Bestehen des Habsburgerreiches gegen das Osmanische Reich, und ebenso wesentlich für die Entwicklung der deutschen Nationalsprache verantwortlich gemacht werden [82: Gebhardt 11, 105–110, 150–151, 442–460]. Während sowohl die EdG als auch der „neue Gebhardt" gänzlich auf Abbildungen verzichten, zeichnet sich die „Enzyklopädie der Neuzeit" durch eine sorgfältige Bebilderung aus. Dieses lexikalisch aufgebaute Nachschlagewerk präsentiert den Wissensstand portioniert in gut informierten Artikeln zu mediengeschichtlichen Stichwörtern, die sich von allgemeinen (z. B. „Kommunikation", „Medien") über speziellere (z. B. „Druckmedien", „Druckgrafik", „Musikdruck") und Einzelmedien (z. B. „Almanach", „Buch", „Kalender", „Zeitung") bis zu ausgefallenen („Abonnement", „Gratulationsblatt", „Nachrichtenagentur") erstrecken und mit Querverweisen verbunden sind [101: F. JÄGER, Enzyklopädie].

Enzyklopädie der Neuzeit

Viel mehr Aufmerksamkeit widmete die neue Kulturgeschichte den Medien und der Medialität, also der Art der medialen Vermittlung von Kommunikationsprozessen durch Quellen. Die aktuellen Einführungen und Gesamtdarstellungen enthalten als Standardausstattung ein Kapitel über „Kommunikation und Medien" [167: A. LANDWEHR/S. STOCKHORST, Kulturgeschichte, 123–145], „Mediatisierung" [171: W. RAIBLE, Medien-Kulturgeschichte], „Medialität" und Quellen [176: S. S. TSCHOPP, Forschungskontroversen, 82–122], „Medienkultur" [169: M. MAURER, Kulturgeschichte, 125–145] oder „Kulturgeschichte und die Bilder" [311: B. ROECK, Visual turn]. In welchem Verhältnis aber welche Spielart der *cultural studies* zur Mediengeschichte oder zur technisch bestimmten Medienarchäologie [87: K. EBELING, Apriori] steht, wird noch diskutiert [98: S. GRAMPP, Erben; 83: F. CRIVELLARI, Medialität; 297: B. EMICH, Bildlichkeit].

Neue Kulturgeschichte

Jeder Medienwechsel der Geschichte wurde, so weit sich zurückblicken lässt, von einer Mediendiskussion begleitet. Erinnert sei an die Debatten über die Bilderfrage im Zusammenhang mit der Reformation. Für die frühe Diskussion über die Einführung der Schrift hat sich PLATONS Kommentar im Phaidros (274b–277a) [4: G. HELMES/W. KÖSTER, Texte, 26–30] als Klassiker etabliert, der freilich die Schrift nicht einfach ablehnt [169: M. MAURER, Kulturgeschichte, 144], sondern viel-

Mediendiskussion

mehr ihre ambivalenten Wirkungen thematisiert: Darunter neben der Schwächung des individuellen Gedächtnisses zum Beispiel den Verlust an Wirklichkeit, denn die Schrift gaukle nur vor, (gesprochene) Sprache zu sein, wie die Malerei die Wirklichkeit nur vortäusche; den Verlust des Klangs und damit der Sinnlichkeit durch die Verschriftlichung; das Ende des Dialogs, weil man den geschriebenen Text als Leser nicht wie einen Gesprächspartner um Auskunft fragen könne [130: P. STEIN, Schriftkultur, 69–71].

Skeptiker befürchteten durch die Einführung des Buchdrucks ein Übermaß an Büchern, die massenhafte Verbreitung *(multiplicatio)* auch von Fehlern und Irrtümern, die Zugänglichkeit von Wissen für Personen, die damit nicht richtig umgehen können, aber auch den Verfall der soliden, auf dauerhaftem Pergament statt billigem Papier gespeicherten Manuskriptkunst [141: M. GIESECKE, Buchdruck, 168–191, 889–914; 209: S. FÜSSEL, Gutenberg, 73f.; 129: L. SCHOLZ/A. SCHÜTTE, Simulation, 40–44]. Befürworter sahen in der Verbreitung von Wissen an ein Massenpublikum genauso einen Wert der neuen Technik, wie in der Etablierung der Gelehrtenrepublik [129: L. SCHOLZ/A. SCHÜTTE, Simulation, 46f.]. Selbst die Zensur wollte die Druckkunst nicht etwa abschaffen, sondern lediglich kontrollieren. — Skepsis gegenüber dem Buchdruck

Eigenartigerweise wurde das Medium Zeitung erst mit fast hundert Jahren Verspätung in einer medientheoretischen Diskussion reflektiert, allerdings nicht im Medium selbst, sondern in Broschüren, Dissertationen und Büchern. Dabei ging es um den Nutzen und Schaden der Zeitung. Sie fördere, so die Skeptiker, die Neugier auch des ungebildeten Publikums, hebe die Kontrolle über die Verbreitung von Informationen auf und verstoße damit gegen das Arkanprinzip. Die vielen Falschmeldungen schüfen Verwirrung, die vielen aufgewärmten Nachrichten führten zu Zeitverschwendung des Lesers [8: K. KURTH, Zeitung; 76: J. J. BERNS, Zeitungswesen; 121: H. POMPE, Zeitungsdiskurs]. Über den Status der Zeitung, Zeitschrift und anderer Schriften einerseits als Quellen und andererseits als Form der zeitgenössischen Geschichtsschreibung diskutierte das 18. Jahrhundert [122: H. POMPE, Zeitung/Kommunikation, 303–321]. — Diskussion für und wider die Zeitung

H. WENZEL hat Konstanten ausgemacht, die von Platon bis heute in nahezu jeder Diskussion über neue Medien zu beobachten seien: Dazu gehören der Vorwurf der De-humanisierung durch die neue Medientechnik, der mangelnden Authentizität des neuen Mediums, des Zerfalls der Sprache und der Schreibfähigkeit, ebenso wie die Sorge um die Oberflächlichkeit der medialisierten Erfahrungen, der Reizüberflutung durch „Fremdes" von außerhalb der eigenen Lebenswelt und — Konstanten der Medienkritik schließlich um die fehlenden Wertungs- und Selektionskriterien [134: Mediengeschichte, 21–23].

2. Erfindung oder Transfer? Technikgeschichte der Medien

Alles aus Asien? Sowohl der Holzschnitt als auch der Buchdruck mit beweglichen Lettern wurden nicht im 15. Jahrhundert in Europa, sondern im 8. bzw. 14. Jahrhundert in China bzw. Korea zuerst angewandt, was übrigens schon der Frühen Neuzeit bekannt war, so etwa der Chronik von JOHANN PHILIPP ABELIN und JOHANN LUDWIG GOTTFRIED aus dem Jahr 1632 [15: Chroniken, 330]. Ob diese Techniken in Europa „nochmals erfunden" wurden oder ob das notwendige Wissen auf dem gleichen Weg wie das Wissen um die Papierherstellung nach Europa kam, bleibt eine offene Frage [79: F. BRAUDEL, Sozialgeschichte 1, 432–435].

Papier   Das Papier, das abgesehen von frühen und seltenen Drucken auf Pergament, zum fast ausschließlichen Trägermedium von Bild- und Textdrucken werden sollte, kannte man in China bereits seit dem 2. Jahrhundert nach Christus. Langsam verbreitete sich die Papierherstellung über die Seidenstraße westwärts und ist im 10. Jahrhundert in der islamischen Welt (Bagdad, Damaskus) belegt. Über Spanien und Italien gelangte die Technik im späten 14. Jahrhundert nach Deutschland, dessen erste bekannte Papiermühle jene Ulman Stromers in Nürnberg war. Papier war viermal billiger als Pergament und wurde aus alten Lumpen und Stoffresten (Hadern), die in Bütten eingeweicht wurden, mit Sieben geschöpft (Büttenpapier). Als handwerkliches Gütesiegel fungierte das sogenannte Wasserzeichen. Die aus feinem Draht geformten und auf das Schöpfsieb gelegten Abzeichen bewirkten, dass das Papier an diesen Stellen etwas dünner und damit durchsichtiger geriet. Wasserzeichen können für die Datierung von Papier bzw. Schriftstücken sehr hilfreich sein [208: S. FÜSSEL, Johannes Gutenberg, 10f.; 148: H.-J. WOLF, Geschichte, 38f.]. Der Zusammenhang von Bildproduktion und Papierproduktion scheint allerdings nicht so eng gewesen zu sein, wie oft behauptet. P. SCHMIDT weist darauf hin, dass das meiste in Süddeutschland verbrauchte Papier auch nach der Gründung der Stromerschen Mühle wohl bis in die Mitte des 15. Jahrhunderts aus Italien eingeführt wurde [314: Bild, 39f.].

Holzstöcke, von denen auch Papierdrucke abgerieben wurden, sind in China, Korea und Japan schon für das 7. und 8. Jahrhundert überliefert. Sie dienten allerdings primär der sicheren Aufbewahrung

2. Erfindung oder Transfer? 75

kurzer Texte religiösen Inhalts und erst sekundär als Druckstöcke. Bis heute sind in Asien ganze Bibliotheken in Form von Holzstöcken erhalten [209: S. Füssel, Gutenberg, 8; 208: S. Füssel, Johannes Gutenberg, 11 f.]. Der Holzschnitt könnte mit dem Vormarsch der Mongolen nach Europa um 1400 gelangt sein, wobei Spielkarten die beliebteste Anwendungsform darstellten [208: S. Füssel, Johannes Gutenberg, 12 f.]. Holzschnitt

Im 11. Jahrhundert experimentierten Chinesen mit beweglichen Tonlettern, aus dem frühen 14. Jahrhundert datiert die älteste Beschreibung des Drucks mit beweglichen Holzlettern in China und um 1400 druckten Koreaner mit beweglichen Lettern aus Metall [338: M. Mitterauer, Predigt, 261; 214: E. Weyrauch, Art. Buchdruck, 490]. Bewegliche Lettern

Ob Gutenberg diese fernöstlichen Erfahrungen mit Drucktechniken kannte, ist unklar, scheint aber eher unwahrscheinlich. Seine Leistung bestand vor allem darin, dass er Techniken aus unterschiedlichen Berufen und Produktionsprozessen neu kombinierte und geringfügig, aber entscheidend veränderte. Zunächst wählte er für die Lettern Eisen statt Ton, Holz, Bronze oder Kupfer. Das lag überhaupt nicht auf der Hand, da fast alle „Maschinen" des 15. Jahrhunderts überwiegend Holzkonstruktionen waren. Dann entwickelte er ein Handgießinstrument – patentrechtlich gesehen sein Hauptbeitrag –, das eine äußerst präzise Anfertigung von Metalllettern in unbegrenzter Zahl erlaubte. Schließlich nutzte er – im Gegensatz zu den asiatischen Verfahren – die Weinpresse (Spindelpresse) für den Druckvorgang [141: M. Giesecke, Buchdruck, 77–80; 214: E. Weyrauch, Art. Buchdruck, 490–493]. Allerdings muss betont werden, dass Gutenbergs Leistungen nicht zeitgenössisch durch bildliche oder schriftliche Zeugnisse dokumentiert sind. Auch von den Werkzeugen und Geräten ist nichts übriggeblieben. Alle Aussagen zu Gutenbergs Technik stützen sich lediglich auf die Produkte seiner Druckkunst und auf Analogieschlüsse von späteren Geräten und Beschreibungen [143: E.-M. Hanebutt-Benz, Erfindungen, 158]. Gutenberg

Handgießinstrument

Für den Buchhistoriker S. Füssel war Gutenbergs Erfindung „ebenso einfach wie genial" [209: Gutenberg, 9], denn er löste nur die zu vervielfältigenden Texte in ihre kleinsten Einheiten, die Buchstaben auf. Das waren nicht nur die 26 großen und die 26 kleinen Buchstaben des Alphabets, sondern auch die Satzzeichen und aus ästhetischen Gründen spezielle Buchstabenkombinationen, die als eine Type gegossen wurden, um Platz zu sparen, so dass z. B. für die Gutenberg-Bibel insgesamt 292 Drucktypen verwendet wurden [145: V. Schmidtchen, Druck, 579; 209: S. Füssel, Gutenberg, 12, Abb. 3]. Die Beschreibung des Druckvorgangs klingt beim systemtheoretisch inspirierten Medienhistoriker M. GIESECKE [141: Buchdruck, 67–123] doch komplexer. So einfach das Grundprinzip des Hochdrucks ist, so anspruchsvoll ist das Verfahren im Detail. Neben der Materialkenntnis und Erfahrung mit Gusstechniken erfordert die Herstellung der Lettern auch ein gewisses Abstraktionsvermögen. Denn die Produktion der Metalltypen setzte einen mehrfachen Spiegelungsvorgang voraus, bei dem zuerst die Vorlage des Buchstabens auf die Metallform gepaust wurde. Der Graveur entfernte die umstehende Fläche, so dass der Buchstabe seitenverkehrt und erhaben zurückblieb (Patrize). Diese Patrize wurde in ein weicheres Metall (Kupfer) geschlagen, wodurch die seitenrichtige Matrize entstand. Diese wurde im Handgießinstrument justiert und mit einer Legierung aus Blei-Zinn-Antimon-Wismut ausgegossen, die einen tieferen Schmelzpunkt haben musste, als das Metall der Matrize. So konnten beliebig viele, seitenverkehrte Metallbuchstaben erzeugt werden. Durch Auszählen konnte ermittelt werden, von welchem Buchstaben am meisten und von welchem am wenigsten Lettern erforderlich waren, um einen Text in einer bestimmten Sprache zu drucken. Die Letternmengen wurden auf dem Gießzettel festgehalten. Damit diese Lettern, zusammengesetzt zu Texten, ein gefälliges Schriftbild ergaben, war höchste Präzision erforderlich. Auch die Druckerschwärze und das Papier mussten optimal auf den Druckvorgang abgestimmt sein.

Ein weiteres Element, das Gutenberg einbrachte, war die Verwendung der Presse. Denn die frühen Holzschnitte wurden nicht im engeren Sinne „gedruckt", sondern abgerieben: Auf den mit Druckerschwärze eingefärbten Druckstock wurde ein Bogen Papier gelegt und dann mit sanftem Druck von Hand auf den Druckstock gepresst. Diese auch in Asien gebräuchliche Art eignete sich gut für dünne Papiere asiatischer, nicht aber für die vergleichsweise dicken Papiersorten europäischer Herstellung. Das europäische Papier erforderte mehr Pressdruck. Daher transferierte Gutenberg die Technik der Weinpresse in den Bereich des Buchdrucks, wodurch wesentlich regelmäßigere Drucke in wesentlich kürzerer Zeit gefertigt werden konnten [143: E.-M. HANEBUTT-BENZ, Erfindungen, 178–184].

Die einzelnen metallenen Lettern wurden, geordnet nach der Häufigkeit des Gebrauchs, in Setzkästen abgelegt. Der Setzer bildete nun mit Hilfe des Winkelhakens Zeile um Zeile die Textvorlage mit den Metalllettern nach, und legte alle Zeilen einer Seite in die Satzform. Der Ballenmeister färbte diese mit Druckerschwärze ein, schloss sie mit dem Rahmen, in dem das angefeuchtete Papier mit Punkturen (Nadeln) und einem Rähmchen fixiert war, ab (damit keine Druckerschwärze das Papier außerhalb des Satzspiegels verunreinigte) und schob sie unter die Presse, die vom Drucker mit Muskelkraft betätigt wurde. Nach dem Trocknen dieses sogenannten Schöndrucks auf der Vorderseite folgte der Widerdruck auf der Rückseite [141: M. GIESECKE, Buchdruck, 80–85, 104; 145: V. SCHMIDTCHEN, Druck, 576–582; 143: E.-M. HANEBUTT-BENZ, Erfindungen, 158–164; 209: S. FÜSSEL, Gutenberg, 9–11; 214: E. WEYRAUCH, Art. Buchdruck, 491–493]. So groß die Rolle Gutenbergs bei der Erfindung gewesen sein mag – er machte Konkurs, bevor die erste gedruckte Bibel verkauft war. Es scheint, als habe er in der Druckergeschichte nach 1455 keine Rolle mehr gespielt. Seine Gesellschafter und Gesellen Johannes Fust (um 1400–1466) und Peter Schöffer (ca. 1425–1503) übernahmen das Geschäft und übertrafen bald den Meister [209: S. FÜSSEL, Gutenberg, 31–33; 126: H. SCHANZE, Handbuch, 403 f.].

Auf Grund von computergestützten Untersuchungen der verwendeten Typen haben ein Physiker und Softwareentwickler sowie ein Bibliothekar jüngst festgestellt, dass die Gutenberg-Inkunabeln offensichtlich nicht mit Lettern gedruckt wurden, die aus einem einzigen Patrizensatz hergestellt waren, sondern einzeln oder in kleiner Zahl von Hand. Demnach wäre die Produktion von Lettern bei Gutenberg nichtstandardisierte Handarbeit (mit Sandgussverfahren?) geblieben [138: B. AGÜERA Y ARCAS/A. FAIRHALL, Archeology, 997]. Diese These hat zwar großen Wirbel und mehrheitliche Ablehnung in den Feuilletons ausgelöst [J. GÜNTNER, NZZ, 7. 2. 2001, H. E. BREKLE, FAZ, 1. 3. 2001; aber U. RAUTENBERG, FAZ, 14. 2. 2001]. Weil aber die Autoren noch keine wissenschaftliche Publikation mit hinreichender Beweisführung für ihre medienwirksam inszenierte Behauptung vorgelegt haben, wurde sie in den Kreisen der Medien- und Buchforschung nur knapp [171: W. RAIBLE, Medien-Kulturgeschichte, 132 f.] oder gar nicht [209: S. FÜSSEL, Gutenberg; 130: P. STEIN, Schriftkultur; 134: H. WENZEL, Mediengeschichte] diskutiert. Ein bisher nicht ins Spiel gebrachter Erklärungsfaktor für die geringfügigen Variationen der Typen könnte sein, dass die gegossenen Typen von Hand nachgeschliffen wurden [149: H.-J. WOLF, Typographie, 44; 139: G. BRINKHUS, Technikgeschichte, 453].

Doch nicht Gutenberg?

Der Hochdruck in der Gutenbergschen Form, der nach dem Prinzip Fläche gegen Fläche funktionierte, dominierte die Produktion von Büchern, Zeitungen und Zeitschriften bis um 1800. Erst im 19. Jahrhundert kam das Verfahren des Rotationsdrucks nach dem Prinzip Zylinder gegen Zylinder auf, und erst im 20. Jahrhundert lösten Fotosatz und Offsetdruck den klassischen Hochdruck mit Bleisatz ab, während sich im 21. die neuen Formen des elektronischen Publizierens ausbrei-

Druckverfahren nach Gutenberg

ten [148: H.-J. WOLF, Geschichte, 700; 209: S. FÜSSEL, Gutenberg, 2, 130–135].

Tiefdruck   Auf einer anderen Drucktechnik dagegen beruht der Kupferstich. Beim Tiefdruck wurde die zu druckende Form in eine Metallplatte (meist Kupfer) eingraviert, die Hohlformen mit Druckerfarbe ausgefüllt, die Platte sauber gewischt und dann durch eine Walzenpresse nach dem Prinzip Fläche gegen Zylinder gedreht, wodurch die Farbe aus den Vertiefungen der Platte auf ein saugfähiges Papier übertragen wurde. Die zahlreichen Weiterentwicklungen des Tiefdrucks betrafen alle die Behandlung der Druckplatte, nicht aber den Druckvorgang als solchen. Die Kupferplatten konnten zum Beispiel mit einer Wachsschicht überzogen werden, in die dann die Vorlage gezeichnet wurde. Das anschließende Bad in einer ätzenden Flüssigkeit griff das Kupfer nur dort an, wo die Zeichnung die Wachsschicht entfernt hatte. Nur hier entstanden Vertiefungen, welche die Druckerfarbe aufnehmen und unter dem Walzendruck an das Papier abgeben konnte, wodurch die sogenannte Radierung entstand. Solche Ätztechniken konnten wiederholt und variiert werden. Berühmte Varianten waren die im 17. Jahrhundert entwickelte Mezzotintotechnik [144: F. VAN DER LINDEN, Handbuch der graphischen Techniken, 120–122; 105: H. KLEIN, Drucktechnik, 26, 49–52, 156f.; 305: M. MELOT, Druckgraphik, 57–65, 72–74] und das im 18. Jahrhundert benutzte das Aquatinta-Verfahren. Beide erlaubten die Herstellung differenzierter Halbtöne und Schattierungen und waren deshalb im Bereich der Kunstgraphik sehr beliebt. Eine neue Stufe vor allem der Farbwiedergabe erreichte dann in den 1790er Jahren die Li-
Flachdruck   thographie, ein chemisches Flachdruckverfahren.

Bei der Gestaltung der Schrifttypen hatte sich Gutenberg an der damals geläufigen Prachthandschrift, der gotischen Minuskel orientiert. Sie war als Schönschrift für die handgeschriebenen Bücher entwickelt worden und zeichnete sich durch gebrochene Formen und viele Serifen aus. Aus ihr entstand im Umfeld Kaiser Maximilians die
Fraktur vs. Antiqua   Fraktur, die seit dem 16. Jahrhundert im deutschen Sprachraum vorherrschte und als „deutsche" Schrift galt, bis sie kurioserweise von den Nationalsozialisten 1941 abgeschafft wurde. Für den typographischen Gebrauch entwickelten deutsche und italienische Schriftentwerfer schon im 15. Jahrhundert die sogenannte Antiqua. Dieser im übrigen Europa bald und bis heute dominante Schrifttypus wies rundere Formen und weniger Serifen auf. Zu deren bedeutendsten Schöpfern und Entwicklern gehörten die Franzosen Nicolas Jenson (1420–1480) und Claude Garamond (1480–1561), die Italiener Aldus Manutius (1449–1515) und Giambattista Bodoni (1740–1813) sowie der Engländer

2. Erfindung oder Transfer?

Abb. 3: *Abraham Bosse (1602–1676), Tiefdruck, Paris 1642, Radierung, H 258 × B 325 mm.*
Die Radierung zeigt den Druckvorgang beim Tiefdruckverfahren mit der Walzenpresse. Der Mann im Hintergrund färbt die geritzte und/oder geätzte Kupferplatte mit Druckerschwärze ein. Sein Kollege links wischt die überflüssige Farbe vorsichtig weg, der Mann rechts dreht mit Muskelkraft die mit Filzlagen abgedeckte Kupferplatte unter hohem Druck zwischen dem Zylinder der Walze und der Fläche des Tisches hindurch, wodurch die in den Vertiefungen gesammelte Druckerschwärze auf das angefeuchtete Papier gepresst wird. Im Hintergrund hängen die frischen Drucke zum Trocknen.

John Baskerville (1706–1775) [149: H.-J. WOLF, Typographie, 199–227; 130: P. STEIN, Schriftkultur, 215]. Sie konnte platzsparender gesetzt werden, ohne dass der Lesekomfort gemindert wurde. Ihr Vorbild waren karolingische Minuskeln, die Schrift aus Kleinbuchstaben, in der die antiken Texte aufgezeichnet waren, die von den Humanisten wiederentdeckt wurden. Sie wurde fälschlicherweise als antik statt als frühmittelalterlich identifiziert. So steht denn im Bereich der Schrifttypen die Renaissance auf mittelalterlichem, und nur zum Teil auf antikem Fundament. Antike Vorbilder gab es nämlich für die Großbuchstaben, die in der karolingischen Minuskel fehlten, in Form der zahlreichen römischen Inschriften, die in Italien überall noch zu sehen waren.

Die Verwendung des Schrifttyps wurde im deutschen Sprachraum durch die Reformation ideologisiert, weil die päpstliche Kanzlei die

Antiqua, Luther und seine Anhänger hingegen die Fraktur bevorzugten (Erasmus, Zwingli und Calvin dagegen hielten sich an die humanistische Antiqua). In vielen Texten wurden seit der Mitte des 16. Jahrhunderts deutsche Sätze in Fraktur, französische oder lateinische Fremdwörter oder Zitate dagegen in Antiqua gesetzt, womit sich eine Identität von Sprache und Type herauszubilden schien [210: M. JANZIN/J. GÜNTNER, Buch, 180–186, 271; 177: S. WEHDE, Typographische Kultur, 218–220, 318–326].

Musiknotendruck   Besondere Probleme barg der Musiknotendruck, da nicht nur die Noten, sondern auch das Bezugssystem der (meist fünf) Linien zu drucken waren. Da alle Verfahren – mehrfache Druckvorgänge, komplizierte integrative Typen für Linien und Noten, einfache, aber zahlreiche Typen für einzelne Bestandteile der Noten – kostenintensiv waren, hielt sich das handschriftliche Kopieren von Musiknoten besonders lange [146: C. SIEGERT, Musikdruck, 903–906].

3. Bedarf und Wirkung: Kulturgeschichte der Medien

Warum die Bilddruckverfahren in Ostasien und in Europa zur Entfaltung gelangten, nicht aber in den Regionen dazwischen, gehört auch deswegen zu den komplexen Fragen der Mediengeschichte, weil die Papierherstellung von allen Hochkulturen zwischen Japan und Europa adaptiert wurde. Warum also nicht auch die Bilddruckverfahren?

Bild und Religion   Zur Erklärung wird vor allem auf die unterschiedliche, religiös motivierte Einstellung zu Bildern verwiesen. Die streng bildlose bis bildfeindliche Haltung des Judentums und in seiner Tradition des Islam hätten dazu geführt, dass kein Bedarf an Bildern und entsprechenden Vervielfältigungstechniken bestanden habe, wie ihn der bilderfreundliche Buddhismus kannte. Das Christentum seinerseits habe sich nach heftigen Diskussionen und Konflikten von der aus dem Judentum übernommenen bildfeindlichen Position entfernt, obwohl in den zehn Geboten steht: „Du sollst dir kein Bildnis machen in irgendeiner Gestalt, weder von dem, was oben im Himmel ist, noch von dem, was unten auf Erden, noch von dem, was im Wasser unter der Erde ist. Du sollst sie nicht anbeten noch ihnen dienen" (5 Mose 5, 6–21 und 2 Mose 20, 4–5)

Orthodoxie   [100: J. HÖRISCH, Sinn, 50–54]. Die orthodoxen Ostkirchen beendeten im Jahre 869 einen heftigen, mit ikonoklastischen Ereignissen verbundenen Bilderstreit mit der Festlegung: „Wir schreiben vor, die Ikone unseres Herrn zu verehren und ihr dieselbe Ehre zu erweisen wie den Büchern der Evangelien" [338: M. MITTERAUER, Predigt, 244]. Damit kehrte die Ostkirche das Bilder*verbot* um in ein *Gebot* zur Verehrung eines bestimmten Bildes. Bild und Wort wurden zu ebenbürtigen Zeugen des Herrn, die Ikone ist daher ein Kultbild. Der Legende nach stammte das Bild Jesu vom Schweißtuch, das ihm Veronika auf das Gesicht gelegt hatte und das den Abdruck seines Gesichtes konservierte. Veronika ist eine Namensbildung, die aus dem lateinischen *vera* für ‚wahr' und *icona* für ‚Bild' entstanden ist, das wahre Bild [151: H. BELTING, Bild, 246–252].

Die westliche katholische Kirche blieb ambivalenter. Bilder sollten nicht als Kultbilder („Götzen") verehrt werden, aber sie durften durchaus als pädagogische Mittel zur Belehrung der Ungebildeten eingesetzt werden, wie es etwa Papst Gregor der Große (um 540–604) ausdrückte: „Ab re non facimus, si per visibilia invisibilia demonstramus" („Wir gehen nicht in die Irre, wenn wir unsichtbare Dinge durch sichtbare zeigen") [157: P. BURKE, Augenzeugenschaft, 53, 55].

Katholizismus

Bekanntlich wiederholte sich der Bilderstreit in der Reformation. Dabei ist zu betonen, dass sich Luther, was die Verwendung der Bilder angeht, in etwa auf der Linie Gregors des Grossen bewegte. Er war nur gegen die Anbetung von Bildern, nutzte aber Bilder im Rahmen der bildpublizistischen Reformationspropaganda und zur Illustration seiner Bibelübersetzung ausgiebig. Zwingli und Calvin dagegen waren rigider in der Ablehnung der Bilder im Verwendungszusammenhang der Religion [151: H. BELTING, Bild, 510f.; 157: P. BURKE, Augenzeugenschaft, 65; 116: O. MÖRKE, Reformation, 125–130]. Insgesamt entwickelte sich aber in Europa gerade im Wettstreit der Konfessionen eine intensive Verwendung gerade der Druckgraphik für Propaganda, Kunst und Andacht.

Reformation

Auch auf die Frage, warum der moderne Buchdruck mit beweglichen Lettern in Europa und nicht vielmehr in Korea oder China zu einer Medienrevolution geführt habe, gibt es verschiedene Antwortversuche. Die einfache biographische Erklärung macht die geniale technische Erfindung Gutenbergs dafür verantwortlich. Sie ist zwar in den fachwissenschaftlichen Beiträgen nicht mehr so verbreitet, dafür aber in der öffentlichen Wahrnehmung. Amerikanische Wissenschaftler wählten jedenfalls 1999 Johannes Gutenberg vor Kolumbus, Luther, Galilei und Shakespeare zum „Mann des Jahrtausends" [209: S. FÜSSEL, Gutenberg, 1; 208: S. FÜSSEL, Johannes Gutenberg, 142] – was eine Langzeitwirkung von MCLUHANS Schlagwort der „Gutenberg-Galaxis" [112: M. MCLUHAN, Gutenberg-Galaxis] sein dürfte [74: W. BEHRINGER, Reichspost, 18]. Andere ziehen multikausale Erklärungsansätze vor, bei denen verschiedene Faktoren eine Rolle spielen.

Buchdruck und Religion

„Mann des Jahrtausends"

Das Gutenberg-Jubiläum – 600. Geburtstag im Jahr 2000 – etablierte den Mainzer Bürger als Erfinder des Buchdrucks und ließ die Stimmen verstummen, die auch andere Personen und Orte (Avignon oder Haarlem) am Anfang dieser Kunst für möglich hielten [79: F. BRAUDEL, Sozialgeschichte 1, 432; 209: S. FÜSSEL, Gutenberg, 1 f.; 100: J. HÖRISCH, Sinn, 133].

Kollektive Leistung Doch selbst Gutenberg-Biographen betonen, dass schon die technische Erfindung keine isolierte Eigenleistung war, sondern im Zusammenspiel mit Erfahrungen in verschiedenen Berufszweigen entstand, die Gutenberg in seinem allerdings nur sehr lückenhaft dokumentierten Leben zwischen Mainz und Straßburg hatte. So stellte er zusammen mit Goldschmieden und Glockengießern in Metall gegossene Pilgermarken her, pflegte Kontakte zu Papiermühlenbesitzern und hatte mit „Pressen" zu tun, womit die Spindelpresse gemeint sein könnte. Gutenberg benötigte für seine Aktivitäten immer wieder Risikokapital, das er bei Geschäftsleuten und Freunden besorgte [209: S. FÜSSEL, Gutenberg, 6–7, 9, 15 f.].

Publikum Jenseits der technischen Erfindung braucht es ein kaufwilliges und -kräftiges Publikum, das die Produkte der Buchdruckerkunst erwirbt und den Druckern einen unternehmerischen Gewinn verschafft. Genau diese Voraussetzung scheint in China und Korea gefehlt zu haben, weswegen der technische Vorsprung in Asien nicht zu einer gesellschaftlich wirksamen Medienrevolution führte [338: M. MITTERAUER, Predigt, 247, 256 f.; 214: E. WEYRAUCH, Art. Buchdruck, 490].

Nachfrage Umgekehrt stieg in Europa der Bedarf nach Texten im 15. Jahrhundert enorm. Es ist von einer „Schriftlichkeits-Explosion" [130: P. STEIN, Schriftkultur, 169; 211: U. NEDDERMEYER, Handschrift, 220–223] die Rede, die dafür verantwortlich ist, dass gut zwei Drittel aller noch erhaltener mittelalterlicher Handschriften aus dem 15. Jahrhundert stammen. Ursachen dafür sind einmal die Verfügbarkeit des billigeren Beschreibstoffes Papier [142: E.-M. HANEBUTT-BENZ, Technik des Buches, 391 f.]. Sie ermöglichte eine steigende Nachfrage aus verschiedenen Bereichen. Dazu gehört die Laienfrömmigkeit, die nach Andachtsliteratur für den „privaten" Gottesdienst verlangte, ebenso wie die Orden, Bruderschaften und die katholische Kirche als Institution. Die Zunahme des Fernhandels mit der entsprechenden Korrespondenz und Rechnungsführung produzierte mehr Schriftlichkeit, die Studenten an den vielen (neu gegründeten) Universitäten brauchten Texte zum Lesen und Lernen, die Humanisten sehnten sich nach Kopien der antiken Autoren, der sich langsam formierende Territorialstaat schien nur darauf gewartet zu haben, seine Mandate und Policeyordnungen durch den

Druck an die Untertanen zu kommunizieren [130: P. STEIN, Schriftkultur, 168–176]. Insofern muss diese Erfindung „sozusagen in der Luft" gelegen haben, wie auch die sehr schnelle Ausbreitung vor allem seit etwa 1470 zeigt [89: E. L. EISENSTEIN, Printing Revolution, 14f.; 338: M. MITTERAUER, Predigt, 258; 378: J. BURKHARDT, Reformationsjahrhundert, 20f.].

Wie jeder Medienwechsel führte auch dieser zu einer Selektion der tradierten Inhalte. Die mittelalterlichen Standard-Texte wurden bis um 1500 fast alle auch gedruckt, die nicht so bekannten dagegen gingen vergessen [211: U. NEDDERMEYER, Handschrift, 425f.; 201: E. SCHÖN, Geschichte, 13–16].   Selektion

Vor allem der Buchdruck – weniger die Bilddruckverfahren – wird als „Initialzündung einer Phase weitreichender und tiefgreifender Veränderungen" begriffen [135: J. WILKE, Grundzüge, 1]. Er habe den Übergang vom „Bildgedächtnis" zum „Textgedächtnis" [151: H. BELTING, Bild, 513] und die Visualisierung der Welt [338: M. MITTERAUER, Predigt, 237] ebenso verursacht wie die Reformation [378: J. BURKHARDT, Reformationsjahrhundert, 17], die Standardisierung der Nationalsprachen [141: M. GIESECKE, Buchdruck, 489–497; 158: P. BURKE, Wörter, 103f.], die Rationalisierung der Welt und die wissenschaftliche Revolution [88: E. L. EISENSTEIN, Printing Press] sowie die Veränderung des Lesens, Schreibens und Denkens [324: C. JACOB, Empire, 83].   Wirkung

Zwar ist der Vormarsch der „Textkultur" unbestreitbar, doch hatte dieser bereits in der Zunahme der handgeschriebenen Schriftlichkeit vor der Einführung des Druckes eingesetzt. Zudem bewirkten die Bilddruckverfahren auch einen Schub der Bildlichkeit, indem sie Bilder für ungleich viel mehr Menschen zugänglich machte. Insofern wird nicht die „Bildkultur" durch die „Textkultur" verdrängt, wohl aber neu strukturiert.   Textkultur

Zur „Visualisierung" der Welt trugen aber nicht nur die Bilddruckverfahren bei, sondern auch die Typographie: denn auch der Text spricht den Gesichtssinn an. Der Verlust des Tons, der schon mit dem Gebrauch der Handschrift eingesetzt hatte, dürfte aber durch den Trend zur individuellen und stummen Lektüre der gedruckten Texte befördert worden sein.

Darauf gründet die These sowohl der Buchforschung als auch der Reformationsgeschichte, die besagt: „Ohne Buchdruck keine Reformation" [223: B. MOELLER, Stadt, 30]. Das mag zutreffen, doch eventuell gilt auch das Umgekehrte: kein Buchdruck ohne Reformation. Denn möglicherweise hätte der neue Buchdruck die erste Absatzkrise um 1500 nicht gemeistert. Die Absatzkrise entstand, weil zwar die Zahl der   Buchdruck ...   ... und Reformation

Druckereien stetig zunahm, nicht aber die Zahl der Leser und Leserinnen. Zudem waren viele Themen bald ausgereizt: Kaum jemand konnte sich den Kauf von mehr als einer Bibel leisten, nur wenige Gelehrte interessierten sich für die teuren hebräischen, griechischen oder kirchenslawischen Publikationen und zu viele europäische Verlage konkurrierten auf dem doch relativ kleinen Absatzmarkt für lateinische Standardwerke der Antike, deren Corpus sich nicht beliebig vermehren ließ. Da kam die Reformation mit ihrer Schriftorientierung und der Forderung nach Bibellektüre durch Laien gerade recht [378: J. BURKHARDT, Reformationsjahrhundert, 25 f.].

... und Hochdeutsch

Die immer wieder beschworene prägende Rolle des Buchdrucks und insbesondere Luthers als Schöpfer der hochdeutschen Schriftsprache [112: M. MCLUHAN, Gutenberg-Galaxis, 247 f.; 141: M. GIESECKE, Buchdruck, 489–497; 378: J. BURKHARDT, Reformationsjahrhundert, 53–55; 173: C. SCHNYDER, Reformation, 84–85] wurden lange mehr angenommen als nachgewiesen und von der neueren Forschung zwar konzediert, aber in ihrer Bedeutung relativiert [130: P. STEIN, Schriftkultur, 210].

Die Argumente zur Redimensionierung der Rolle des Buchdrucks lauten: Während einerseits die Volkssprachen schon vorher von Hand geschrieben wurden, produzierte der Buchhandel (laut Messekatalogen) bis Ende des 17. Jahrhunderts mehr lateinische als deutsche Bücher für eine Bevölkerung, die überwiegend aus Analphabeten bestand [130: P. STEIN, Schriftkultur, 210] und mindestens bis zur Reformation gerade für die volkssprachlichen Drucke primär lokal zusammengesetzt war [141: M. GIESECKE, Buchdruck, 366–376]. Insbesondere in der föderalistischen Druckerlandschaft im deutschen Sprachraum formten sich – anders als in England und Frankreich mit den nahezu konkurrenzlosen Druckzentren London und Paris (Lyon) – mehrere „Druckersprachen" der konkurrierenden Druckerstädte Augsburg, Basel, Frankfurt, Leipzig oder Wittenberg aus [158: P. BURKE, Wörter, 106; 170: P. MÜNCH, Lebensformen, 499 f.].

... und Dialekte

Deutsche Bibeln vor Luther

Der Beitrag Luthers wird redimensioniert mit dem Hinweis auf die vielen deutschsprachige Bibeln vor Luther. Auch bediente sich Luther der sächsischen Kanzleisprache, um möglichst viele Menschen zu erreichen. Er hatte sie aber weder selbst geschaffen [170: P. MÜNCH, Lebensformen, 488 f.; 124: W. REINHARD, Gebhardt 9, 279 f.], noch war sie überall in Deutschland verständlich. Der Bamberger Drucker Georg Erlinger (1485–1541/1542) sah sich gezwungen, seine Ausgabe von Luther-Schriften mit einem Glossar zu versehen [158: P. BURKE, Wörter, 116]. Der deutsche Sprachraum spaltete sich konfessionell, was die

Wirkung Luthers auf das katholische Deutschland einschränkte, aber nicht zu sehr, da auch katholische Übersetzer auf die Luther-Bibel als Hilfe zurückgriffen [378: J. BURKHARDT, Reformationsjahrhundert, 53]. Die Typographie erzeugte aus ökonomischen Gründen – Einheitssprache für einen möglichst großen Markt – sozusagen von sich aus standardisierende Effekte [141: M. GIESECKE, Buchdruck, 489–497]. Schließlich bedurfte es noch gewaltiger Anstrengungen etwa der Sprachgesellschaften des 17. Jahrhunderts, um die Schriftsprache geschmeidiger zu machen (und vom französischen Einfluss zu bewahren). Vor allem aber war Deutsch die Sprache der Politik. Das Reich und seine Institutionen gebrauchten im internen Verkehr nur die deutsche Sprache – wie auch die Dreizehn Kantone der Eidgenossenschaft trotz ihrer Zugehörigkeit zu zwei Sprachräumen miteinander nur Deutsch sprachen und korrespondierten [136: A. WÜRGLER, Art. Eidgenossenschaft, 118] – was nicht nur für die Gesetzgebung, sondern auch für die politische Publizistik prägend war. Insofern war die deutsche Sprache und auch die Nationalliteratur bis zur Hochaufklärung ein Produkt der politischen Kultur [82: J. BURKHARDT, Gebhardt 11, 458–460]. Wie überlebenswichtig die gemeinsame Sprache und eine entwickelte Buchdruckkultur für das Reich waren, versucht J. BURKHARDT im Vergleich zum osmanischen Reich zu verdeutlichen:

Deutsch als Sprache der Politik

Hätten sich die habsburgischen Kaiser nicht des Buchdrucks bedienen können, um im ganzen Reich zur Unterstützung im Kampf gegen den Sultan aufzurufen, in dessen Reich es freilich keine Druckereien und keine Druckkultur gab, wäre dieser Kampf möglicherweise anders ausgegangen [82: Gebhardt 11, 151].

Dass der Buchdruck – und auch die Bilddruckverfahren – die Kommunikation auch unter den Wissenschaften und ihren Disziplinen erleichterte, die Akkumulation, Abgleichung, Überprüfung und Kritik der Wissensbestände in einem Umfang und Ausmaß ermöglichte, das vorher nicht denkbar war, steht außer Frage. Dennoch lässt sich die einzigartige Genese des europäischen Wissenschaftssystems nicht allein aus den beweglichen Metalltypen herleiten. Universitäten zum Beispiel gab es schon vor dem Buchdruck. Der wissenschaftliche Austausch basierte genau so auf handschriftlicher Korrespondenz und funktionierenden Postlinien wie auf dem Austausch von Büchern [285: M. STUBER, Journal; 160: J. FOHRMANN, Kommunikation]. Die Rolle und Bedeutung der Experimente in den europäischen Wissenschaften war nicht von Gutenberg abhängig – aber deren Ergebnisse ließen sich dank der Drucktechniken verbindlicher darstellen und leichter verbreiten [88: E. L. EISENSTEIN, Printing Press]. Einige [141: M. GIESECKE, Buchdruck,

Buchdruck und Wissenschaft

244–253, 406–425; 378: J. BURKHARDT, Reformationsjahrhundert, 59; 98: S. GRAMPP, Erben, 80–83] sehen in Gutenbergs Technik eine direkte Vorform der Datenverarbeitung, die in elektronischer Form dem Computer zugrunde liegt: Jeder Information wurde – durch Autornamen, Buchtitel und Buchseite – eine eindeutige Adresse zugeordnet, was ihre Weiterverwendung und Neukombination in beliebigen Kontexten erlaubte oder wie F. KITTLER formulierte: Auf dieser „Datenverarbeitung" basierte „Hegel, der Bücher nicht mehr abschrieb, sondern umschrieb" [104: Nacht, 516].

Historiographie   Nicht zu unterschätzen ist die Bedeutung des Drucks für die Historiographie, wurde doch die Menge der zugänglichen Quellen enorm erhöht. Von den Zeitungen über die Flugschriften bis zu den Messrelationen und Chroniken entstand ein immenses Quellenkorpus, wie schöne historiographische Fallstudien gezeigt haben [161: C. FRIEDRICHS, Politics].

Der methodische Anspruch der neuen Kulturgeschichte im Umgang mit Medien besteht darin, dass Medien – in ihrer ganzen Breite –
Medialität   nicht einfach als „Quellen" genutzt werden, sondern dass die Medialität der Geschichte und der Geschichtsschreibung thematisiert wird. Denn schon für die Zeitgenossen waren viele historische Ereignisse und Prozesse nur als medial vermittelte erfahrbar. Umso mehr sind Historikerinnen und Historiker immer auf medial gespeicherte Informationen über die Vergangenheit angewiesen. Dass die Art und Weise der Speicherung, Vermittlung und auch Gestaltung der Informationen ganz wesentlich vom gewählten Medium – und auch von der vorhandenen oder nicht vorhandenen Möglichkeit, zwischen verschiedenen Medien wählen zu können – abhängig sind, sollte, so der Anspruch der Kulturgeschichte, stärker reflektiert werden [83: F. CRIVELLARI u. a., Medialität, 28–31; 167: A. LANDWEHR/S. STOCKHORST, Kulturgeschichte, 130; 176: S. S. TSCHOPP, Forschungskontroversen, 84; 169: M. MAURER, Kulturgeschichte, 126–128]. Am Beispiel Galileo Galilei (1564–1642) postulierte der Kunsthistoriker H. BREDEKAMP, dessen naturwissenschaftliche Erkenntnisfähigkeit sei wesentlich von seinem zeichnerischen Potential – der „Qualität der formend denkenden Hand" – abhängig gewesen [155: Galilei, 337]. So verstanden ist die Kulturgeschichte der Medien kein separierter, thematisch abgrenzbarer Teilbereich der Geschichte, sondern ein methodischer Zugang zu allen möglichen historischen Themen.

4. Produktion, Distribution, Rezeption: Wirtschafts- und Sozialgeschichte der Medien

Die wirtschafts- und sozialgeschichtliche Betrachtungsweise gliedert sich in die Herstellung der Druckmedien, ihre Verteilung und ihre Rezeption, ökonomisch ausgedrückt geht es um Produktion, Distribution und Konsum, sozialhistorisch ausgedrückt um Autoren, Händler und Leser.

4.1 Produktion

Für die Herstellung von Druckerzeugnissen wurden nur wenige Rohstoffe und Teilfabrikate benötigt. Allen voran natürlich Papier und etwas Wasser, dann Druckerfarbe, wobei die Druckerschwärze meist aus einer Mischung von Lampenruß, Firnis (eingekochtes Leinöl) und Eiweiß bestand [209: S. Füssel, Gutenberg, 11], deren Herstellung zwar rekonstruiert werden kann [143: E.-M. Hanebutt-Benz, Erfindungen, 174–177], über deren Vertrieb und Entwicklung aber kaum etwas bekannt ist [148: H.-J. Wolf, Geschichte, 766 f.]. Außerdem mussten in der Druckerwerkstatt die nötigen Werkzeuge und Druckerpressen und ein ausreichender Vorrat an metallenen Typen vorhanden sein. Als Energieform reichte die Muskelkraft. Für das Einbinden der Druckwerke waren zudem Karton, Textilien und Leder erforderlich, für den Tiefdruck Kupferplatten, Werkzeuge für die Gravur und Ätzflüssigkeiten.

Rohstoffe

Die Pressen bestanden zum größten Teil aus Holz, immer mehr Einzelteile wurden dann aus Metall gefertigt, bis schließlich im 19. Jahrhundert Metallpressen dominierten [139: G. Brinkhus, Technikgeschichte, 451 f.].

Werkzeug: Presse

Über die Herstellung der Druckerpressen verlor die Literatur nicht viele Worte. Zwar breitete H.-J. Wolf detailreich seine Theorie zur Entwicklung aus technischer Perspektive aus [148: Geschichte, 418–465], doch bleibt unklar, ob und wann sich Firmen auf die Herstellung von Pressen spezialisiert haben oder ob die Pressenkonstruktion eine Angelegenheit lokaler Handwerker blieb.

Die Fabrikation der Typen, die schon bald nach Gutenberg nur wenige, hoch spezialisierte Schriftgießereien in Basel, Frankfurt am Main, Leipzig, Nürnberg und Wien übernahmen, war aufgrund der Schmelzvorgänge energieintensiver. Ihr Berufsstand und der der Form- oder Stempelschneider wurde bisher vergleichsweise wenig thematisiert [148: H.-J. Wolf, Geschichte, 217–305; 143: E.-M. Hanebutt-

Schriftgießer

Buchdrucker BENZ, Erfindungen, 163], während die Buchdrucker schon lange die Lieblinge der Forschung darstellten [180: J. BENZING, Buchdrucker; 198: C. RESKE, Buchdrucker]. Gerade bei den frühen „Druckern" ist aber oft nicht klar, ob sie – nach heutiger Terminologie – Verleger, Druckereiunternehmer, Drucker, Setzer, Korrektoren oder mehreres gleichzeitig waren [198: C. RESKE, Buchdrucker, VII].

Zünfte Spezielle, seit dem 16. Jahrhundert auch als eigene Zünfte organisierte Gewerbe bildeten bald die Buchdrucker, die Buchmaler, die Prachtexemplare mit farbigen Initialen, Ornamenten usw. versahen oder illustrierte Flugblätter herstellten, die Papiermacher und die Buchbinder, die das Monopol auf das Einbinden der Bücher beanspruchten, das teils vom Produzenten, teils vom Konsumenten bestellt wurde. Die Namen der Buchbinder sind nur selten bekannt, diejenigen ihrer anspruchsvollsten Kunden hingegen eher [210: M. JANZIN/J. GÜNTNER, Buch, 153 f.; 200–202, 228 f., 234, 276–279; 186: R. ELKAR, Art. Buchbinder, 488; 118: R. MÜNCH, Art. Druckmedien, 1155]. Allerdings waren die Drucker nicht überall zünftig zusammengeschlossen. In Augsburg beispielsweise blieb das Drucken ein freier Beruf [192: H.-J. KÜNAST, Augsburg, 119].

Kapital Da das Drucken relativ kapitalintensiv war und der Druckprozess von der Auswahl des Manuskripts über den Kauf des Papiers bis zum Verkauf des fertigen Produkts längere Zeit dauern konnte, waren die Unternehmen auf größere Kredite angewiesen. Nicht von ungefähr scheiterten viele Unternehmer im Druckgeschäft. Wie oft beim Entstehen neuer Produktionszweige lagen Erfolg und Misserfolg nahe beieinander, wie nicht nur Gutenberg erfahren musste. Beim Konzentrationsprozess im 16. Jahrhundert überlebten nur die erfolgreichsten.

Verlage Noch heute aktive Verlage berufen sich gerne auf die direkte Nachfolge von Offizinen, die in der Frühen Neuzeit gegründet wurden, so etwa Schwabe in Basel auf den Franken Johannes Petri (1441–1511), der 1488 in Basel mit dem Drucken anfing, Orell Füssli in Zürich sieht sich in der Nachfolge des Bayern Christoph Froschauers (um 1490–1564), der seit 1519 in Zürich druckte, Klett-Cotta in Stuttgart begann als Cotta 1659, Metzler in Stuttgart gibt es seit 1682, Vandenhoeck & Ruprecht in Göttingen seit 1735, C.H. Beck in München seit 1763 usw.

Beispiel Augsburg Am Beispiel Augsburgs stellte H.-J. KÜNAST einige der Probleme der frühen Produktion (1468–1555) mit großer Präzision und Konkretheit vor. Er zeigte damit, dass die erfolgreiche Durchsetzung der Druckmedien keineswegs eine Selbstverständlichkeit war. Das begann schon damit, dass Handschriften vorwiegend auf Bestellung geschrie-

4. Produktion, Distribution, Rezeption

ben wurden, Druckereien aber gerade die Bücher vorwiegend für den Markt produzierten und nur noch zu einem Teil von Auftragsarbeiten lebten – die Augsburger zum Beispiel von denen Kaiser Maximilians, der Regierung von Tirol in Innsbruck oder anfänglich auch des bayerischen Herzogs, aber kaum von der Kirche [192: Augsburg, 155–158, 252 f.]. Da der Buchdruck und -handel (in Augsburg) keine durch Zünfte geschützte Tätigkeiten darstellten, konnten die Druckerzeugnisse nicht nur am Ort der Produktion, sondern auch in anderen Städten abgesetzt werden. Und so ergab sich auch im Bereich des Sortiments eine überregionale Spezialisierung und Arbeitsteilung nicht nur einzelner Druckereien, sondern auch ganzer Druckerstädte. Während Basel für lateinische und griechische Literatur im deutschen Sprachraum führend war, profilierte sich das gemischtkonfessionelle Augsburg im Bereich der deutschsprachigen Drucke und entwickelte sich zur „Bilderfabrik Europas" [308: J. R. PAAS, Augsburg].

Aufgrund solcher Spezialisierungen kann von der Buchproduktion einer einzigen Stadt nicht auf den Wandel der Konsumbedürfnisse des Publikums, auch nicht des lokalen städtischen, geschlossen werden, wie dies M. U. CHRISMAN und ihr folgend M. GIESECKE für Straßburg getan haben [141: M. GIESECKE, Buchdruck, 476]: M. U. CHRISMANS [183: Lay Culture, 281–298] quantitative Analyse der Straßburger Druckproduktion von 1480–1599 ermittelte die Anteile der Themen, Sprachen und Sachgebiete. Demnach lassen sich vier Phasen unterscheiden: Auf die Vorherrschaft der (katholischen) Kirche 1480 bis 1520 folgte eine Diversifizierung des Wachstums insbesondere der Wissenschaften, der Religion (jetzt v. a. der protestantischen). Daran schloss sich die Zwischenperiode, in der volkssprachliche Texte (Lieder, Theater, Erzählungen, Berichte) dominierten. Sie behielten später ihre relative Bedeutung, während die wissenschaftlichen Texte noch leicht zulegten. Den Begriff „wissenschaftlich" sollte man nicht zu eng verstehen. Darunter fallen auch viele nützliche Bücher (Ratgeberliteratur).

Beispiel Straßburg

Eine stärker druckgeschichtliche als literatur- oder gattungsgeschichtliche Herangehensweise brachte andere Aspekte ins Licht: Die von H.-J. KÜNAST quantitativ analysierten 5900 Drucke, die zwischen 1468 und 1555 in Augsburg hergestellt wurden, bestanden zu 29% aus „protestantischen" Titeln, zu 20% aus deutschsprachigen, zu 14% aus „katholischen". Bei der Betrachtung der Buchproduktion nach Anzahl bedruckter Seiten (oder Bogen) statt Titel ergab sich ein anderes Bild: Nun stieg der Anteil der katholischen Literatur auf 26%, während derjenige der protestantischen auf nur noch 9% zurückging. Das lag daran, dass offensichtlich die protestantischen Titel vorwiegend dünne Bro-

Nochmals Augsburg

schüren oder Flugschriften waren, während die katholische Literatur meist aus dicken Büchern bestand. Aus der ökonomischen Perspektive des Buchdruckgewerbes bzw. der Druckindustrie gesehen war demnach die katholische Produktion viel attraktiver als die protestantische, weil die katholischen Titel die Druckereien besser auslasteten [192: Augsburg, 217f.].

Druckerzeugnisse schufen neue Bedürfnisse und damit einen neuen Markt. Die Neuheit wurde zum entscheidenden Verkaufsargument, nicht mehr die Kopie der Tradition [141: M. GIESECKE, Buchdruck, 425–433]. Werbeanzeigen der Verleger, die in einem Produkt (z.B. Zeitung) für ein anderes (z.B. Buch oder Kalender) aus ihrem Verlag warben, wurden immer häufiger [210: M. JANZIN/J. GÜNTNER, Buch, 154–156; 179: S. BENDEL, Werbeanzeigen].

4.2 Distribution

Buchhandel   Dem Problem des Vertriebs der Druckerzeugnisse an die Kunden widmete sich ein Spezialzweig der Forschung zum Buchhandel. Er stützte sich vor allem auf die Auswertung der Frankfurter und Leipziger Messkataloge. Doch wenn man früher davon ausging, es handle sich bei diesen Messkatalogen um vollständige Verzeichnisse, so ist mittlerweile deutlich geworden, dass sie nur die überregional absetzbaren, gelehrten und anspruchsvollen Titel auflisteten, nicht aber zum Beispiel akademische Schriften, süddeutsch-katholische, populäre oder billige Titel wie Gebets- und Erbauungsliteratur und schon gar nicht Flugblätter und Flugschriften oder lokale Kleinschriften [207: R. WITTMANN, Geschichte, 83, 121].

Buchführer   Für diese gewissermaßen als Großhandel zu bezeichnende Ebene des Buchvertriebes entwickelten sich verschieden Formen des Tausch-, Konditions- und Kommissionshandels. Zu bestimmenden Figuren der Frühzeit stiegen die sogenannten Buchführer auf, von denen bis 1550 über 1000 bekannt sind. Diese waren im Auftrag großer Verlage oder auf eigene Rechnung zwischen Druckerstadt und Absatzmärkten unterwegs. Diese Form des Wanderhandels etablierte früh einen Buchmarkt von europäischer Reichweite, wurde dann aber von den Messen als institutionalisierten Treffpunkten der Verlage abgelöst und behielt seine Bedeutung nur für die regionale und lokale Feinverteilung [202: U. SCHNEIDER, Art. Buchhandel, 499–501].

Tauschhandel   An den Messen dominierte lange das Prinzip des Tauschhandels. Die Verlage brachten ihr Sortiment und tauschten es gegen jenes Sortiment fremder Verlage. Dies geschah rein nach der Anzahl bedruckter

Bogen, unabhängig von Qualität und Inhalt der Ware. Auf diese Weise gelangte die auf einen überregionalen Markt zielende Produktion schnell und wenig selektioniert in die jeweiligen regionalen Vertriebssysteme. Um 1650 besuchten 138 Firmen aus 52 Städten die Messen in Frankfurt und Leipzig, 1740 waren 187 aus 59 Städten, wobei der Zuwachs durch Städte aus dem Norden des Reichs erfolgte, der jetzt zwei Drittel der Firmen stellte, während das Verhältnis zwischen dem Norden und dem Süden 1650 noch ausgeglichen war. Diese „messfähige[n] Buchhändler" vertrieben lateinische und gelehrte deutsche Literatur für den überregionalen Markt [207: R. WITTMANN, Geschichte, 86–88]. Im 18. Jahrhundert dann setzten die mächtigen Leipziger Verleger den Nettohandel (Barbezahlung) durch, der – verbunden mit der Verrechnung in einer für sie günstigen Währung – die Bücher für süddeutsche Kunden massiv verteuerte, worauf die Verlage im Süden und in Österreich mit regem Raubdrucken reagierten. Unter sich handelten sie weiter nach dem Tauschprinzip oder teilweise nach dem Konditionsprinzip mit Rückgaberecht für unverkäufliche Titel. Um 1800 dann einigten sich die Kontrahenten auf den Kommissionshandel. Jetzt konnten die Bücher laufend und nicht mehr nur halbjährlich während der Messen bestellt werden [207: R. WITTMANN, Geschichte, 124 f., 131–140].

Transportiert wurden die Bücher – wie andere Handelsware auch – meist ungebunden und verpackt in Fässern, Ballen oder seltener Truhen und Säcken [207: R. WITTMANN, Geschichte, 65, 87; 197: S. NIEMEIER, Frankfurter Messe, 12; 192: H.-J. KÜNAST, Augsburg, 173]. Die Wanderkrämer trugen ihre Kalender, Broschüren und Flugblätter im Bauchladen oder auf dem Rücken [90: W. FAULSTICH, Medien, 190, Abb. 68]. *Transport*

Kleinere Drucker produzierten weniger risikoreiche Kleinschriften wie Flugschriften, Flugblätter, populäre Gebet- und Erbauungsbücher, Ratgeber, Kalender, Schwanksammlungen und so weiter oder kirchliche und obrigkeitliche Aufträge (Mandate, Policey-Ordnungen, Schulbücher) für den lokalen und regionalen Markt, für den sie nicht selten privilegiert waren oder gar ein Monopol besaßen. Auch die etwa 1500 in Zünften organisierten Buchbinder bildeten ein wichtiges Verteilsystem für – gebundene – Bücher, auf deren Vertrieb sie vielerorts ein Monopol besaßen [207: R. WITTMANN, Geschichte, 88–91]. *Lokale Märkte*

Doch der Buchmarkt gestaltete sich nur für wenige große Firmen überregional, für die meisten der frühen Offizinen dagegen sehr lokal. In Augsburg etwa verkauften die Buchdrucker ihre Wochenproduktion am Sonntag. Darüber hinaus wurden die etablierten Netze der Krämer und Kolporteure genutzt, um das Umland und nahegelegene Städte und *Direktverkauf*

Flecken (ohne eigene Produktion) zu versorgen. Auf diesem Weg ließ sich aber nur Ware des populären Bedarfs – Kalender, Einblattdrucke, einfache Ratgeber und Andachtsliteratur – vertreiben [192: H.-J. KÜNAST, Augsburg, 119–132]. Diese Textgattungen wurden in den Messkatalogen nicht erfasst und sind daher bei generellen Aussagen über das Produktions- und Distributionsvolumen von Druckerzeugnissen nicht berücksichtigt.

Sortiment und Feinverteilung

Die in den Messkatalogen verzeichnete lateinische, gelehrte und überregionale Literatur wurde zwischen den Drucker-Verlegern getauscht, so dass die Auflagen relativ rasch überregional verbreiteten bzw. in die regionalen Vertriebssysteme eingespeist werden konnten.

Während zum Beispiel der Frankfurter Drucker Christian Egenolff (1502–1555) und der Verleger Sigmund Feyerabend (1528–1590) ihre Bücher nur während der Messe verkauften und ihre Lager und Läden zwischen den Messeterminen geschlossen blieben [197: S. NIEMEIER, Frankfurter Buchmesse, 12], boten die Drucker, Formschneider und Buchbinder in Augsburg ihre Produkte auch direkt ab Werkstatt zum Kauf an [192: H.-J. KÜNAST, Augsburg, 121–132]. Selbst wenn sie nicht in den Messkatalogen verzeichnet waren, so wurden auch kommerzielle Einblattdrucke wie Kalender, Heiligenbilder, Illustrierte Flugblätter und Neue Zeitungen sowie (illustrierte) Flugschriften an Messen und darüber hinaus an Jahrmärkten, in Wirtshäusern und bei Festen vertrieben [313: M. SCHILLING, Bildpublizistik, 27; 192: H.-J. KÜNAST, Augsburg, 129 f.]. Über die Druckerstädte hinaus besorgten Wanderkrämer oder Kolporteure die Feinverteilung der Ware in die Marktflecken und Dörfer [313: M. SCHILLING, Bildpublizistik, 26–37; 90: W. FAULSTICH, Medien, 118; 207: R. WITTMANN, Geschichte, 91–93].

Institutionen

Kirchliche oder obrigkeitliche Einblattdrucke, von denen im Falle von Ablassbriefen bis zu 20 000 oder mehr Exemplare hergestellt wurden [216: F. EISERMANN, Auflagenhöhen, 175 f.], fanden über die etablierten administrativen Kanäle den Weg zu ihren Adressaten – Mandate und Policey-Ordnungen etwa an Rat- und Gotteshaustüren.

Schwarzmarkt

Verbotene Literatur, wie etwa jene der radikalen Reformation, gelangte nur während der großen anonymen Messen unter dem Ladentisch zum Verkauf, wurde aber hauptsächlich unter Gleichgesinnten weitergereicht [192: H.-J. KÜNAST, Augsburg, 181–184].

Zeitungsvertrieb

Ganz anders funktionierte das Vertriebssystem der gedruckten Zeitungen. Nur ein Teil wurde am Druckort abgesetzt, während nicht wenige Exemplare jeder Nummer über z.T. recht weite Strecken hinweg verkauft wurden, und zwar Nummer für Nummer, Woche für Woche. Das war nur mit der Post möglich, von der die Zeitungen auch bei der Nachrichtenbeschaffung abhängig waren. Auch die Zeitschriften basierten wesentlich auf den Netzen der gelehrten Korrespondenz, die ihrerseits ohne Post undenkbar gewesen wären, und nutzten die Post als Vertriebssystem [75: W. BEHRINGER, Art. Kommunikation, 1003–1013]. *Post*

4.3 Alphabetisierung und Lesepraktiken

Die weitgehend kontinuierliche Zunahme der Medienproduktion von 1450 bis 1800 provoziert die Frage, wer denn diesen Ausstoß an Gedrucktem konsumiert hat. Wie gestalteten sich die Verbreitung und Entwicklung der Lese- (und Schreib)fähigkeit und die historischen Formen und Techniken des Lesens und Schreibens? *Alphabetisierung*

Die für jede Mediengeschichte zentrale Frage nach den Rezipienten ist gar nicht so einfach zu beantworten, wie die Forschung seit den 1980er Jahren zunehmend gemerkt hat. Bis in die 1970er Jahre hantierte man unbeschwert mit nationalen Alphabetisierungsraten und suchte den Vergleich mit der Dritten Welt, die man auf dem vormodernen europäischen Stand vermutete. Danach wären im deutschen Sprachraum um 1500 lediglich 5%, um 1800 dann 25% der Bevölkerung alphabetisiert gewesen [187: R. ENGELSING, Analphabetentum, 17; 199: R. SCHENDA, Volk ohne Buch, 444]. Mittlerweile ist der nationale Rahmen als sinnvolle Bezugsgröße für solche Daten aus der Mode gekommen.

Das methodische Hauptproblem der Leseforschung besteht darin, dass der Vorgang des Lesens an sich keine sichtbaren Spuren hinterlässt [201: E. SCHÖN, Geschichte, 26]. Weil auch keine rückwirkenden Tests durchgeführt werden können, müssen die Lese- (und Schreib)fähigkeit der Menschen auf Umwegen eruiert werden. *Methode*

Dabei galt vor allem in Frankreich die Analyse der Signierfähigkeit als Königsweg. Schon im 19. Jahrhundert waren Eheverträge aus der Frühen Neuzeit systematisch ausgezählt worden: Wie viele der Kontrakte waren von den Heiratenden mit Namen unterzeichnet bzw. signiert, wie viele mit einem Kreuz (oder Fingerabdruck). Dabei schloss man aus dem Vorhandensein einer eigenhändigen Unterschrift auf erfolgte Alphabetisierung. Die neuere Forschung betonte jedoch vor allem die Grenzen dieser Methode, wie etwa R. CHARTIER: „Die Raten der Signierfähigkeit sind kulturelle Indikatoren, die leicht zu erheben, aber schwer zu interpretieren sind. Denn sie messen weder die Schreibfähigkeit, die niedriger, noch die Lesefähigkeit, die höher liegt." [190: E. FRANÇOIS, Alphabetisierung, 420]. *Signierfähigkeit*

Mittlerweile beginnt sich aber die Ansicht durchzusetzen, dass Lesen und Schreiben zwei verschiedene Kulturtechniken sind. Auch lernte man in der Schule vor 1800 zuerst lesen und dann schreiben [201: E. SCHÖN, Geschichte, 18, 26; 182: G. CAVALLO/R. CHARTIER, Welt des Lesens, 11]. Zudem wird immer mehr auch der Grad der Lesefähigkeit als wichtiges Kriterium berücksichtigt. Regionalstudien schätzen demnach für das frühe 16. Jahrhundert die potentiell Lesefähigen, die also zur Not etwas buchstabierend entziffern konnten, auf 10–30%, teilweise bis 50% in den Städten, für das frühe 18. Jahrhundert, nach dem Rückschlag des Dreißigjährigen Krieges, auf 10–20% und für die Wende vom 18. zum 19. Jahrhundert auf rund 50%. Die Zahl der regelmäßig Lesenden dagegen wird auf 2% um 1500 und maximal 4% um 1600 und nur wenig mehr um 1700 und dann auf höchstens 10% um 1800 veranschlagt [201: E. SCHÖN, Geschichte, 19, 21, 27].

Alphabetisierungsraten

Das methodische Problem, von der Signierfähigkeit auf die Schreibfähigkeit zu schließen, wiederholt sich *mutatis mutandis* im Problem, vom Buchbesitz, der meist über Inventare des Besitzes von Verstorbenen greifbar wird, auf die Lesepraxis zu schließen. Viele Bücher zu besitzen zeugt zwar von einer gewissen Wertschätzung gegenüber dem Buch, aber diese Wertschätzung muss nicht allein aus dem Leseverhalten erwachsen. Die meisten Bücher blieben nämlich über Generationen im Familienbesitz und lebten daher auch von der Achtung gegenüber den Ahnen.

Buchbesitz

Die in der Quellensituation bedingten Schwierigkeiten des Zugangs zur Lese- und Schreibpraxis konnten dort ein Stück weit umgangen werden, wo zeitgenössische qualitative Erhebungen zum Leseverhalten durchgeführt wurden. Die reformierten Pfarrer im Kanton Zürich zum Beispiel mussten im 17. und 18. Jahrhundert in wohl einzigartiger Dichte Pfarrberichte erstellen, die über die Lesefähigkeit und -praxis der Gläubigen Auskunft geben. Selbst wenn natürlich auch diese Quellen ihre methodischen Tücken haben – die Pfarrer waren daran interessiert, gegenüber ihren Auftraggebern das Bild einer möglichst hohen Lesefähigkeit zu vermitteln; die Gläubigen mögen der Erwartungshaltung der Pfarrer respektvoll entgegen gekommen sein; Auskünfte über die Schreibfähigkeit fehlen –, so lassen sich doch mit solchen Daten weit präzisere Statistiken aufstellen, als mit der bloßen Signierfähigkeit. M.-L. VON WARTBURG-AMBÜHL hat in ihrer bahnbrechenden Pionierstudie von 1981 für Stadt und Landgemeinden in Zürich – eine reformierte Region – sehr viel höhere Zahlen als die zu erwartenden 2–5% um 1500 oder rund 20% um 1800 ermittelt und nach Geschlechtern differenziert: Während sowohl im zweiten Viertel des

Enquêten

Beispiel Zürich

17. Jahrhunderts (1625–1649) als auch hundert Jahre später (1725–1749) die Rate der lesenden Frauen in der Stadt mit um 2% über derjenigen auf dem Land (10%) lag, verhielt es sich bei den Männern umgekehrt: Hier lagen die Werte auf dem Land mit 44% bzw. 90% jeweils um 2% über denjenigen in der Stadt [205: Alphabetisierung, 299]. Ähnliche Werte wurden auch für andere Regionen ermittelt, etwa für verschiedene Teile des norddeutschen Herzogtums Oldenburg um 1800 Männer: 80–94%, Frauen: 46–84% [190: E. FRANÇOIS, Alphabetisierung, 408f.]. Neben Geschlecht und Region beeinflusste auch die soziale Situation den Grad der Alphabetisierung erheblich, wie eine Studie von E. FRANÇOIS zu Koblenz für die Jahre 1789–1800 detailliert aufführt: Rangierten die Tagelöhner mit 28% (Frauen) und 47% (Männer) am unteren Ende der Skala, so wiesen die ärmeren Handwerker deutlich höhere, aber immer noch nach Geschlecht stark differierende Werte auf (Männer 86%, Frauen 46%). Im Milieu der reicheren Handwerker dagegen holten die Frauen (89%) den Rückstand auf ihre Männer (93%) erheblich auf [Ebd., 409f.]. *Beispiel Oldenburg*

Beispiel Koblenz

So weit man aus diesen disparaten und inkommensurablen Zahlen allgemeine Trends herauslesen kann, lässt sich festhalten: Die Zahlen sind je nach Region, Geschlecht, Bildungsstand, Konfession extrem verschieden; am deutlichsten scheinen die regionalen Divergenzen zu sein; jede Verallgemeinerung zu nationalen Werten verdeckt mehr als sie aufdeckt [201: E. SCHÖN, Geschichte, 25f.]. Und trotzdem: In der Regel sind Stadtbewohner stärker alphabetisiert als Landbewohner (Ausnahme: Zürich); in der Regel sind deutlich mehr Männer lesefähig als Frauen; in der Regel steigt mit dem Einkommen die Lesefähigkeit; in der Regel weisen reformierte (calvinistische, pietistische) Regionen höhere Alphabetisierungsraten auf als lutherische und katholische [182: G. CAVALLO/R. CHARTIER, Welt des Lesens, 51f.; 201: E. SCHÖN, Geschichte, 25–28]. Diese Faktoren konnten sich zudem gegenseitig beeinflussen. So scheint beispielsweise die Geschlechterdifferenz im Katholizismus geringer gewesen zu sein als im Calvinismus und Luthertum oder anders ausgedrückt: Der protestantische Vorsprung bei der Alphabetisierung wurde von den Männern getragen [201: E. SCHÖN, Geschichte, 26].

Disparität der Zahlen

Trends

Ein Trend aber ist über alle anderen Kriterien hinweg am deutlichsten wahrzunehmen, nämlich: Die allgemeine Zunahme der Lesefähigkeit der Bevölkerung in Europa, auch wenn sie sich je nach Region, Konfession, Geschlecht, Beruf, Milieu etc. ungleich schnell oder gar phasenweise diskontinuierlich vollzieht. Auf dieser allgemeinen Ebene lässt sich also eine Wirkung der Medien feststellen: Das potentielle

Zunahme der Alphabetisierung

II. Grundprobleme und Tendenzen der Forschung

Publikum für die enorm ansteigende und sich ausdifferenzierende Medienproduktion wächst und wächst. Demnach darf Alphabetisierung nach wie vor als ein fundamentaler Vorgang bezeichnet werden, der sich in Europa vor allem zwischen 1400 und 1900 abspielt.

Zunahme der Lesefähigkeit

Doch so beeindruckend diese Zahlen über die breite soziale und geographische Zunahme der Lesefähigkeit auch sind, was bilden diese Werte eigentlich ab? Was heißt: Lesen können? Laut vor sich her buchstabieren oder leise und fließend lesen? Handschriftliche Notizen oder Rechnungen entziffern können oder Gedrucktes in Fraktur erkennen? Bekannte Texte wie z.B. Geschichten aus der Bibel lesend rezitieren oder völlig unbekannte komplexe Texte verstehen? Ab und zu am Sonntag den Kalenderspruch lesen oder täglich mehrere Stunden verschiedenste Textsorten (wenn möglich in mehreren Sprachen) konsumieren? Das Spektrum ist weit. Es ist nicht zuletzt deswegen weit, weil Lesen keine rein mechanische Tätigkeit ist, sondern untrennbar gekoppelt mit dem Verstehen. Daher ist es auch so schwierig, die Lesefähigkeit zu messen, weil dabei, wie jeder Prüfling weiß, immer auch die Verstehensfähigkeit gemessen wird.

Leserevolutionen

Die sich in den 1980er Jahren differenzierende Leseforschung hat einige Resultate gebracht, die zur Vorsicht vor globalen Zahlenaussagen raten und zugleich unsere Vorstellungen über Leseprozesse präzisieren. Gemeinhin ist von zwei Leserevolutionen die Rede, welche die Frühe Neuzeit einrahmen und lebensweltlich angeregt sind von der dritten Leserevolution, die sich an der Wende zum 21. Jahrhundert in Form des Bildschirms als neuen Konkurrenten des Buches abzeichnet [182: G. CAVALLO/R. CHARTIER, Welt des Lesens, 45–48]. Die erste Leserevolution fand im Spätmittelalter (14./15. Jahrhundert) statt in Form einer quantitativen und sozialen Zunahme der Leserkreise und einer

1. Vom lauten zum stummen Lesen

neuen Lesepraxis: Das vormals übliche Lautlesen und gemeinsam oder Sich-Vorlesen-Lassen wurde langsam verdrängt vom vermehrt auch leisen, individuellen Selber-Lesen. Zugleich nahm die Varietät der Lesestoffe zu: Humanisten entdeckten die antiken Autoren in Latein wieder, die Universitäten nahmen zu; Laien lasen juristische oder medizinische Gebrauchsliteratur (Ratgeber) sowie Andachtsliteratur (also Frommes), Belletristik (schöne Literatur) nur ausnahmsweise. Die Zunahme der Nachfrage spiegelt sich in einer erstaunlichen Zahl: 70% der überlieferten Handschriften stammen aus dem 15. Jahrhundert. Ihre Ablösung durch gedruckte Bücher bedeutete auch eine radikale Selektion von Wissen. Nur rund 10% der 5000 am Ende des 15. Jahrhunderts vorhandenen (handschriftlichen) deutschsprachigen Bücher wurden bis 1520 gedruckt; die übrigen wurden vergessen (wie z.B. das Nibelungenlied, die Manessehandschrift etc., die dann erst im 18. und 19. Jahrhundert wiederentdeckt und ediert wurden [201: E. Schön, Geschichte, 13–16, 182: G. Cavallo/R. Chartier, Welt des Lesens, 33–37, 39–42].

Die intensive Wiederholungslektüre in einem oder wenigen Büchern wird lange die überwiegende Form des Lesens bleiben. Nämlich bis zur sogenannten zweiten Leserevolution, die in der Verlagerung des Schwerpunkts von der intensiven (wiederholten, memorierenden, rezitierenden, andächtig-unkritischen) zur extensiven (schnellen, einmaligen, kursorischen, gleichzeitigen und kritischen) Lektüre liegt. Erst im 18. Jahrhundert wurde – so sahen es die Zeitgenossen – die „Lesesucht" zum Massenphänomen. Sie basiert auf einer breiteren Alphabetisierung ebenso wie auf dem gesellschaftlichen Wandel, der zur größeren Wertschätzung des Lesen-Könnens führte. Die Leserevolution wurde weniger von neuen Medien ausgelöst, als vom sozialen Wandel des Publikums [207: R. Wittmann, Geschichte, 187; 201: E. Schön, Geschichte, 32]. Allerdings wurde die von R. Engelsing in den 1970er Jahren eingeführte Dichotomie zwischen intensiver und extensiver Lektüre auch als zu simpel kritisiert. Denn es gab sowohl den „extensiv" lesenden Humanisten im 15. und 16. Jahrhundert, als auch den „intensiv" lesenden Pietisten im 18. Jahrhundert [182: G. Cavallo/R. Chartier, Welt des Lesens, 42–44]. Daher schlug E. Schön vor, besser von der „einmaligen" statt extensiven Lektüre und von der Wiederholungslektüre statt dem intensiven Lesen zu sprechen [201: Geschichte, 23]. Solche typisierenden Begriffe sollten als Idealtypen stehen, nicht aber als Ersatz für eine historische Beschreibung der koexistierenden Vielfalt von Lesepraktiken und ihrem Wandel im Laufe der Zeit.

2. Von der wiederholten zur einmaligen Lektüre

Eine zweite Erkenntnis der Leseforschung lässt sich an der Reformation gut zeigen: Der Buchdruck förderte zwar die Verbreitung der reformatorischen Ideen, wie das Phänomen des Medienstars Luther als Autor illustrierter Flugblätter und Flugschriften und Übersetzer der Bibel zeigt. Aber die Rezeption gerade auch dieser Schriften war vielfältig eingebunden in mündliche Kommunikationsprozesse (Vorlesen, gemeinsames Lesen, Weitererzählen von Gelesenem oder Gehörtem, Predigt, Gespräch etc.). Vor allem weil die Inhalte neu waren, musste das Gelesene auch verarbeitet, verstanden werden, was sich vornehmlich über kollektive Rezeptionsprozesse vollzog [345: R. W. Scribner, For the Sake, 18].

Rezeption

Die Reformation förderte aufgrund ihrer Ausrichtung auf die Schrift – *sola scriptura* – die Einrichtung von Schulen: In der Stadt übernahm sie die vorhandenen Schulen und formte sie um; auf dem Land schaffte sie Schulen neu [201: E. Schön, Geschichte, 19]. Aber

Schulen

Vorsicht: Schulpflicht führte nicht zwingend zu Lesefähigkeit, denn Schulpflicht hieß noch nicht: tatsächlich existierende Schulen; tatsächlich existierende Schulen hießen noch nicht: wirklicher Schulbesuch; Schulbesuch der Kinder hieß noch nicht: regelmäßiger Schulbesuch zum Lesenlernen; und selbst erworbene Lesefähigkeit wurde ohne Übung oft schnell vergessen („sekundärer Analphabetismus") [201: E. SCHÖN, Geschichte, 19]. Trotzdem blieb der Vorsprung der protestantischen Regionen bis ins 19. Jahrhundert hinein ein Faktum, dürfte aber zu einem Teil auch auf den Zusammenbruch des katholischen, stark von der Kirche und den Orden getragenen Bildungssystems durch die Säkularisation 1803 zurückzuführen sein [162: P. HERSCHE, Muße und Verschwendung, 845–854].

Kollektive Rezeptionsformen

Kollektive Rezeptionsprozesse beschränkten sich aber nicht auf die Reformationszeit. Solche „semiliterarische" oder „semiorale" Prozesse [341: R. SCHENDA, Alphabetisierung, 11] lassen sich vielmehr für die ganze Frühe Neuzeit und nicht nur für populäre Textsorten nachweisen. Neue Zeitungen und illustrierte Flugblätter wurden auf dem Marktplatz ausgeschrien und im Wirtshaus diskutiert. Die obrigkeitlichen Mandate an der Rathaustüre wurden ebenso in der Gruppe rezipiert wie Werbeplakate. Zeitungen und Zeitschriften wurden seit dem 17. Jahrhundert in Gruppenabonnements gehalten, in Lesezirkeln getauscht, in Mönchskollegien, städtischen Rathäusern und Kaffeehäusern vorgelesen und seit dem 18. Jahrhundert in Leihbibliotheken ausgelegt. Nicht zuletzt avancierte die Zeitung in den Schulen zu einem elementaren Lesestoff [206: M. WELKE, Lektüre; 342: R. SCHENDA, Vom Mund zum Ohr; 181: H. BÖNING, Zeitungen für das Volk; 194: A. MESSERLI, Lesen und Schreiben; 201: E. SCHÖN, Geschichte, 27, 32–37].

Lesepraktiken

Die Zunahme der individuellen – oder einsamen – und stillen Lektüre wurde auch als „Verlust der Sinnlichkeit" des Lesens beschrieben [201: E. SCHÖN, Geschichte, 31]. Gerade für das 18. Jahrhundert lassen sich auch geschlechtsspezifische Lesepraktiken unterscheiden. Während Männer eher aus beruflichen Gründen Sachliteratur und Zeitungen lasen und diskutierten, zogen Frauen die Belletristik vor und tauschten ihre Leseerfahrungen eher im privaten Rahmen aus [Ebd., 25, 34 f.]. Allerdings unternahmen auch die Zeitschriften seit dem 17. Jahrhundert, vor allem in Form der moralischen Wochenschriften und Frauenzeitschriften, zahlreiche Versuche, die Frauen als Lesepublikum zu gewinnen [269: U. EGENHOFF, Berufsschriftstellertum, 92 f.; 287: U. WECKEL, Frauenzeitschriften].

Die Geschichte der Lektüre sollte aber nicht auf das Lesen von Druckerzeugnissen beschränkt werden. Denn so sehr auch die „Printing

Revolution" das Lesen neu gestaltete, die Handschrift hatte deswegen noch längst nicht ausgedient. In vielen und wichtigen Lebensbereichen blieb die Handschrift mindestens bis 1800 dominant. Das betrifft nicht nur die ganze Briefkultur, die gerade im 18. Jahrhundert einen Höhepunkt erlebte. Auch die Buchhaltungen und Abrechnungen im Wirtschaftsleben blieben eine Domäne der Handschrift. Nicht zu reden von den staatlichen und kirchlichen Verwaltungsapparaten, die trotz des Einsatzes der Druckerpresse einen großen Teil ihrer Texte von Hand schreiben und kopieren ließen, wie der Blick in jedes beliebige Archiv zu zeigen vermag. Und die Drucklegung der Zeitungen im frühen 17. Jahrhundert konnte die Produktion und Verbreitung handschriftlicher Nachrichten nicht schlagartig zu verdrängen. Die geschriebenen Zeitungen koexistierten mit den gedruckten bis ins 18. Jahrhundert. Auch Poesie und Literatur, kritische Philosophie und oppositionelle Schriften wie auch Musiknoten kursierten weiterhin handschriftlich. Nicht vergessen sollte man, dass hinter fast jedem Druckerzeugnis ein Entwurf in Manuskriptform stand [159: R. CHARTIER, Chemins, 483]. In den Schulzeugnissen des 18. Jahrhunderts wurden daher nicht selten für das Lesen zwei separate Zensuren vergeben: eine für das Lesen handschriftlicher, eine für das Lesen gedruckter Texte [201: E. SCHÖN, Geschichte, 27].

Persistenz der Handschrift

5. Text, Bild, Karte: Gattungsgeschichte einzelner Druckmedien

Die Gliederung unterscheidet die Druckerzeugnisse pragmatisch nach Texten (nichtperiodischen und periodischen), Bildern und Karten, wiewohl es natürlich zahlreiche Presseprodukte gibt, die sowohl Texte als auch Bilder oder Texte und Karten oder Texte, Bilder und Karten enthalten.

5.1 Nichtperiodische Druckerzeugnisse: Blatt, Flugschrift, Buch

Unter den vielen Druckerzeugnissen ohne periodische Erscheinungsweise hat das Buch immer schon die größte Aufmerksamkeit gefunden, wie auch im Begriff „Buchdruck" klar wird. Erst in jüngerer Zeit differenzieren sich einige spezialisierte Forschungszweige heraus, die sich besonderen Gattungen widmen, etwa den Flugschriften – oder „dünnen" Büchern – und den Flugblättern oder Einblattdrucken.

Blatt   Vor allem W. FAULSTICH [92: Grundwissen, 105–109] plädiert für die gesonderte Betrachtung des Blattes als eigenes Druckmedium. Bisher sei das Blatt von verschiedenen Disziplinen und verschiedenen Perspektiven immer als „Randerscheinung" wahrgenommen worden, so etwa die illustrierten Varianten als „Flugblatt", die inhaltlich auf Aktualität bezogenen als „Neue Zeitungen", die astronomischen als „Kalender", die großformatigen Exemplare als „Plakat", alltägliche Anzeigen- oder Werbeträger als „Zettel", andere als „Briefe" oder Minimalform der Flugschrift oder des Buches. Seine charakteristischen Merkmale bestünden in der Einfachheit der Herstellung, dem geringen Preis und daher großen sozialen Reichweite, die auch zu Werbezwecken genutzt werden konnten. Das Blatt sei von der Zensur nur schwer kontrollierbar gewesen und habe sich daher als Protestmedium geeignet. Andererseits wurde das Blatt als „Formular" auch zu einem wichtigen Instrument der entstehenden Verwaltungen (von der Quittung bis zum Beichtzettel, vom Geburtsschein bis zum Privileg). Da das Blatt nicht gedruckt zu sein brauchte, fallen auch sämtliche handschriftlichen Notizzettel in diese Kategorie. Selbst wenn man sich auf das Blatt als Druckmedium begrenzt, stellen sich Probleme bei dessen Erforschung. Einmal müssten auch die Kartendrucke, die überwiegend Einblattdrucke waren, berücksichtigt werden. Dann gilt besonders für ästhetisch wenig anspruchsvolle Blätter, dass deren Überlieferungschancen sehr gering waren – wer bewahrte schon den Programmzettel des letzten Konzertes auf? Erschwerend tritt hinzu, dass Blätter von Druckverfahren her keine Einheit bilden, denn technisch gesehen kann es sich um Holzschnitte, Kupferstiche, Radierungen sowie um typographische oder typometrische Drucke handeln. Ob allein das Kriterium „Einzelblatt" für die Definition eines eigenen Mediums und die Entwicklung einer „blattspezifischen Medientheorie" ausreicht, scheint daher eher fraglich.

Flugschriften   Die Flugschriftenforschung ist vor allem bekannt im Umkreis der Reformation. Dieses Medium gilt einigen Forschern als zentral für die Popularisierung der Lutherschen Theologie. Diese sei weniger über die Bibel oder die populären Flugblätter (die als Gefäß für theologische anspruchsvolle Erläuterungen ungeeignet seien) als vielmehr über die Flugschriften erfolgt, die sich aber nicht primär an Laien, sondern an Theologen und Prediger gerichtet hätten. Diese Prediger seien, durch Flugschriften geschult, zu entscheidenden Multiplikatoren der reformatorischen Ideen geworden, indem sie das Evangelium mittels Predigten an die mehrheitlich leseunkundige Bevölkerung vermittelt hätten [345: R. W. SCRIBNER, For the Sake].

5. Text, Bild, Karte

Mittlerweile wurden Flugschriften auch für andere Zeiträume und Ereigniskomplexe wie den Dreißigjährigen Krieg oder die Französische Revolution erforscht. Die mangelhafte bibliothekarische Erschließung dieser Textsorte, die eine breitere Forschung behindert, zeigt sich symptomatisch am Beispiel des Reichstages, trifft aber auch auf andere Arbeiten zu [217: D. GUGGISBERG, Bild; 370: C. KAMPMANN, Arbiter]. In ihrem Buch über Regensburg als Informationszentrum des Reiches verzeichnete S. FRIEDRICH nur die bibliothekarisch nachgewiesenen Flugschriften im Literaturverzeichnis. Die 2031 Flugschriften, die sie in den Akten, nicht aber in Bibliotheken gefunden hatte, listete sie nur in den Fußnoten auf. So verhindert der Überlieferungszufall, dass eine Gesamtbibliographie der Flugschriften entstehen kann [379: Drehscheibe Regensburg, 568], denn auch in den Gesamtverzeichnissen der deutschen Drucke [52: VD 16; 53: VD 17] fehlen diese „Archivflugschriften" oft. Insgesamt dürfte laut R. WITTMANN ein „nicht unbeträchtlicher Teil aller im 17. Jahrhundert erschienenen Drucke ... bis heute bibliographisch noch nicht erfasst und eine nicht geringe Zahl gar verschollen sein" [207: Geschichte, 83]. Denn selbst wenn es zeitgenössische Bibliographien gibt – wie etwa im Falle der Deduktionen –, dann verhindert die fehlende Katalogisierung der einzelnen Exemplare in den Bibliotheken (und Archiven) eine genauere Erfassung und Erforschung der Gattung.

Problem der Erschließung

Am vollständigsten erfasst sind die Bücher, worunter allgemein umfangreichere Schrift- oder Druckwerke aus Papierseiten mit Umschlag oder Einband verstanden werden. Doch schon hier ergeben sich Unklarheiten, denn die Einheit Buch ist oft nicht scharf von der Broschüre (Flugschrift) zu trennen, und die lange übliche Trennmarke von 64 Seiten entspricht nicht der modernen UNESCO-Definition (mindestens 49 Seiten); die Breitenwirkung der zu 80% lateinischen Inkunabeln wird bezweifelt [90: W. FAULSTICH, Medien, 283; 78: H. BOOCKMANN/H. DORMEIER, Gebhardt 8, 12].

Buch

Das Buch entstand – wie die Mediävistik gerne betont – längst vor der Erfindung des Drucks mit beweglichen Lettern als spätantik-mittelalterlicher Kodex, der die Schriftrollen und -tafeln ablöste. Gerade die frühen Drucke orientierten sich gestalterisch sehr eng an den handgeschriebenen Büchern. In die Erforschung des Buches teilen sich die verschiedensten Disziplinen. Stärker inhaltsorientierte wie die Germanistik, mehr gebrauchsorientierte wie die Volkskunde, aber auch viele Subdisziplinen, die sich dem Buch als materiellem Produkt widmen: der Einbandgestaltung, der Bindetechnik, der Aufbewahrung (in Bibliotheken), dem Buchschmuck, der Buchillustration, den Druckver-

Kodex

fahren usw. Historiker wie H.-J. KÜNAST bemängeln an der Druck- und Buchhandelsgeschichtsschreibung, sie sei zu inhaltsfixiert und berücksichtige den ökonomischen, sozialen und politischen Kontext zu wenig [192: Augsburg, 217]. Insgesamt fehlt es noch an einer aktuellen Synthese der Buchforschung, die auch modernen medientheoretischen Ansprüchen genügte [92: W. FAULSTICH, Grundwissen, 21; 213: E. WEYRAUCH, Art. Buch, 473 f.].

5.2 Periodische Druckerzeugnisse: Kalender, Zeitung, Zeitschrift

Kalender   Kalender sind als Einblattdrucke und Broschüren, als reine Text, Bild-Text- oder gar Bild-Text-Karten-Drucke bekannt. Da sie seit den Anfängen bei Gutenberg jeweils zum Jahresbeginn publiziert wurden, gelten sie als „älteste Form periodischer Druckschriften" [131: R. STÖBER, Mediengeschichte, 64; 279: A. MESSERLI, Art. Kalender, 279]. Von ihrer Orientierungsfunktion her unterstreicht vor allem W. FAULSTICH, dass der Kalender ein genuines Medium darstelle [90: Medien, 139], während andere den Kalender unter anderen Gattungen (Einblattdruck, Broschüre, Buch) subsumieren.

Vor allem die Volkskunde [199: R. SCHENDA, Volk ohne Buch; 295: W. BRÜCKNER, Populäre Druckgraphik; 193: A. MESSERLI, Flugblatt] hat die kulturhistorische Bedeutung dieses populären Lesestoffes und Bildträgers schon länger erkannt, während sich die Germanistik über die seit Johann Peter Hebel berühmt gewordene Gattung der Kalendergeschichten [276: J. KNOPF, Kalender] und die Geschichtsschreibung primär über das Thema der Kalenderreform dieser Gattung genähert hat [281: B. ROECK, Stadt].

... zwischen Aberglauben   Der wenig variable Hauptinhalt, nämlich der Kalender des kommenden Jahres, war schon vor Gutenberg bekannt und wurde seit dem 15. Jahrhundert mit astronomischen, medizinischen und landwirtschaftlichen Informationen und Ratschlägen angereichert. Bereits seit 1570 erschienen „liebliche Historien" und wahre Geschichten, die seit dem frühen 17. Jahrhundert oft den Zeitungen entnommen und seit dem späten 17. Jahrhundert auch durch fiktive Textsorten ergänzt wer-

... und Volksaufklärung   den konnten [279: A. MESSERLI, Art. Kalender, 279–282]. Im 18. Jahrhundert entwickelte sich der Kalender dank der Aufnahme von Kurzgeschichten und informativen Texten im Geiste der Aufklärung aus dem Medium des „Aberglaubens" zu einem Vehikel der Volksaufklärung [280: G. PETRAT, Kalender].

Kalender gehörten zu den billigsten, über Kolporteure, Jahrmärkte und Buchbinder sehr weit verbreiteten und daher wohl einflussreichen Produkten des Druckgewerbes. Allerdings waren im 15. Jahrhundert von den 187 bekannten Kalendern 58 in lateinischer Sprache gehalten.

Auch hier stellt sich das Problem, dass diese alltägliche Gebrauchsliteratur wenig Überlieferungschancen hatte. Viele Einblattkalender des 16. Jahrhunderts sind nur fragmentarisch überliefert, weil sie von Buchbindern zur Stabilisierung der Deckel wiederverwendet wurden. Aufbewahrt wurden sie in den Familien allenfalls dann, wenn sie als Notizgelegenheit für Familienereignisse dienten oder wie die heftartigen Schreibkalender als eine Art rudimentäres Tagebuch genutzt wurden. Auch wenn die Forschung von vorwiegend kollektivem Lesen und Anschauen der Kalender ausgeht, so steckt doch die Rezeptionsgeschichte noch in den Anfängen [276: J. KNOPF, Kalender, 121–136; 279: A. MESSERLI, Art. Kalender, 281 f.].

Überlieferungsproblem

Abgesehen von Pionierstudien des 19. Jahrhunderts gerieten die Messrelationen erst seit den 1990er Jahren wieder vermehrt in den Fokus der Mediengeschichte, nicht zuletzt dank des neuen Bestandsverzeichnisses [55: K. BENDER, Relationes]. Einerseits wurden sie als Sonderform der Chronistik, andererseits als Vorläufer der Zeitung thematisiert. Die Verfasser der halbjährlich zu den Messen in Köln und dann vor allem Frankfurt am Main und Leipzig erschienenen, um die hundert Seiten umfassenden Broschüren sahen sich selbst als „Historiographi", die versuchten die Ereignisse seit der letzten Messe in eine meist nach Ländern geordnete Abfolge und Übersicht zu fügen. Weil ihre Informationsquellen offensichtlich identisch waren mit denen der frühen Zeitungen und weil sie ebenso periodisch erschienen, werden Messrelationen im Rahmen der Entstehungsgeschichte der Zeitung diskutiert [252: T. SCHRÖDER, Zeitungen; 271: J. GLÜER, Messrelationen; 255: R. STÖBER, Pressegeschichte, 50]. Der universell gestaltete Inhalt der Messrelationen unterscheidet diese von den sogenannten Serienzeitungen des späten 16. Jahrhunderts. Diese markierten mit einer durchgehenden Nummerierung Kontinuität, erschienen aber nur unregelmäßig und beschränkten sich auf ein einzelnes aktuelles Thema (Religionskriege in Frankreich, Krieg gegen das Osmanische Reich etc.) [135: J. WILKE, Grundzüge, 34; 74: W. BEHRINGER, Reichspost, 309]. Vor allem W. BEHRINGER insistiert auf der grundsätzlich neuen Qualität der Messrelationen, die nicht nur periodisch erschienen, sondern auch einen – im Vergleich zu den flugblattartigen Neuen Zeitungen – ganz anderen Stil der Nachrichtenverarbeitung pflegten. Diesen prägte seit der ersten Ausgabe 1583 der österreichische Adelige Michael Aitzinger (ca. 1530–1598), der nach langen Jahren zwischen den konfessionellen Fronten in

Messrelationen

Serienzeitung

den Niederlanden nach Köln übersiedelte. Er verstand sich als Zeithistoriker *avant la lettre* und inaugurierte die um Neutralität und Unparteilichkeit bemühte Darstellung der jüngsten Ereignisse aus den Quellen. Damit standen Messrelationen – und in deren Tradition die periodische Presse insgesamt – in scharfem Gegensatz zu den sensationsorientierten Neuen Zeitungen des 16. Jahrhunderts. Weil Messrelationen in neuartiger Weise der Aktualität verpflichtet waren, spricht BEHRINGER vom „Zeitungsbuch" [74: Reichspost, 312–318] – ein Konzept das 1590 bis 1605 in Frankfurt am Main, Hamburg, Leipzig, Erfurt, Magdeburg, Schwäbisch Hall, Lich, Oberursel und Hanau nachgeahmt wurde und Atzinger schon 1588 von der jährlichen zur halbjährlichen Publikationsweise übergehen ließ. Ebenfalls neu waren die zahlreichen Hinweise auf die Herkunft der Nachricht, die auf dem Postweg bei Aitzinger oder seinen Frankfurter Konkurrenten eintrafen.

Zeitungsbuch

Während sich die Messrelationen als Gattung bis ins 19. Jahrhundert halten konnten, blieb die Rorschacher Monatsschrift von 1597 vermutlich wegen mangelnder Rentabilität Episode. Die vom Augsburger Nachrichtenhändler Samuel Dilbaum verlegte und – womöglich wegen der Augsburger Zensur – bei Rorschach in der Fürstabtei St. Gallen gedruckte Publikation basierte genau wie die Messrelationen auf den geschriebenen Nachrichten, die mit dem Postnetz vertrieben wurden [135: J. WILKE, Grundzüge, 34 f.; 74: W. BEHRINGER, Reichspost, 321 f.]. Sie steht damit entgegen der Position R. STÖBERS [255: Pressegeschichte, 57] gerade nicht in der Tradition der Neuen Zeitungen. Denn die von Hand geschriebenen Zeitungen, die auf dem Postweg abonniert werden konnten, enthielten aktuelle „seriöse" Nachrichten und keine Sensationsberichte und schrecklichen Geschichten.

Monatsschriften

Im Unterschied zu Büchern, aber auch den wie Bücher behandelten Messrelationen und der Monatsschrift wurden die zahlreichen Zeitungen nur selten zu Jahresbänden gebunden und aufbewahrt. So aktuell ihr Inhalt, so kurz ihre Halbwertszeit. Daher präsentiert sich die Überlieferungssituation desolat. Obwohl die älteste bekannte Zeitung nachweislich seit 1605 erschien – was in vielen, auch neueren Darstellungen beharrlich ignoriert wird [256: E. STRASSNER, Zeitung, 1; 103: D. KERLEN, Medienkunde, 118; 109: M. LANZINNER/G. SCHORMANN, Gebhardt 10, 120 f.] –, stammen die ältesten überlieferten Exemplare dieser „Relation" (Straßburg: Carolus) aus dem Jahr 1609. Dieser Jahrgang der „Relation" ist komplett überliefert, genauso wie derjenige des „Aviso" aus Wolfenbüttel. Beide waren mit dem von den Verlagen den Abonnenten gelieferten Jahrestitelblatt versehen und als Buch gebunden worden – und überlebten deshalb die Jahrhunderte, bis die „Rela-

Zeitung

tion" 1879 von Julius Otto Opel in der Heidelberger Universitätsbibliothek wieder entdeckt wurde [135: J. WILKE, Grundzüge, 42]. Die „Relation" des Jahres 1609 ist über den Faksimiledruck [27: W. SCHÖNE, Relation] und online zugänglich [25: Relation], der „Aviso" von 1609 als Faksimiledruck [26: W. SCHÖNE, Aviso]. Insgesamt schätzt man die Überlieferungsrate der Zeitungen aus dem 17. Jahrhundert auf ca. 15%. Selbst im 18. Jahrhundert gibt es nur wenige (annähernd) komplett erhaltene Titel, die teilweise als Mikroform [29: Staats- und gelehrte Zeitung des Hamburgischen Unpartheyischen Correspondenten 1731–1868; 30: Wienerisches Diarium 1703–1970] oder Digitalisate neu ediert wurden oder – meist von Universitätsbibliotheken – online zur Verfügung gestellt werden [24: Augspurgische Ordinari Postzeitung 1770–1795].

Überlieferungsrate

Während die frühen Chronisten und Historiographen ihre Informationen selbstverständlich aus den Zeitungen schöpften und zu Messrelationen oder Fortsetzungschroniken verarbeiteten [15: J. P. ABELIN/J. L. GOTTFRIED, Chroniken; 14: J. P. ABELIN/M. MERIAN, Theatrum Europaeum], ging die Wertschätzung der Zeitung als Quelle der Geschichtsschreibung im 19. Jahrhundert verloren, zumal Leopold von Ranke die Zeitungen als Quellen abgelehnt hatte [265: J. WILKE, Zeitung, 389].

Zeitung als Quelle

Die Zeitungsforschung erlebte einen ersten Aufschwung in den 1920er Jahren, als K. SCHOTTENLOHER (1878–1954) 1922 eine erste Bibliographie erarbeitete [70: Flugblatt und Zeitung], Otto Groth (1875–1965) die systematische Zeitungswissenschaft – und die Definition der Zeitung durch Aktualität, Periodizität, Universalität und Publizität – begründete und Karl Bücher (1847–1930) diese Zeitungswissenschaft im Rahmen der Nationalökonomie an der Universität Leipzig institutionalisierte, während Emil Dovifat (1890–1969) den zeitungswissenschaftlichen Lehrstuhl an der Humboldt Universität zu Berlin übernahm [74: W. BEHRINGER, Reichspost, 32 f.; 263: M. WELKE, Johann Carolus]. In den 1940er Jahren erschienen mehrere Quellenpublikationen einzelner Zeitungsjahrgänge [27: W. SCHÖNE, Relation; 26: W. SCHÖNE, Aviso; 28: W. SCHÖNE, Zeitung] und auch von Schriften des 17. und 18. Jahrhunderts über die Zeitung [8: K. KURTH, Zeitung], die bis heute nicht ersetzt sind.

Zeitungswissenschaft

Nach dem Zweiten Weltkrieg erfolgte mit der Gründung der Deutschen Presseforschung an der Universität Bremen der entscheidende Schritt zum Aufbau eines Archivs der deutschen Zeitungen, die dort in Kopien gesammelt werden. Für das 17. Jahrhundert wurde ein systematisches Bestandsverzeichnis erstellt [60: E. BOGEL/E. BLÜHM, Zeitungen; 59: E. BOGEL, Schweizer Zeitungen; 72: J. WEBER, Funde],

Deutsche Presseforschung ...

... in Bremen

das für die Schweiz nach 1700 [56: F. BLASER, Bibliographie] und seit 1995 für vorerst einzelne Druckerstädte Deutschlands von einer zeitlich und sachlich wesentlich erweiterten Bibliographie ergänzt wird [233: H. BÖNING/E. MOEPPS, Hinweise]. Am Dortmunder Institut für Zeitungsforschung entstand ein Verzeichnis der in den Bibliotheken und Archiven erhaltenen Nummern deutschsprachiger Zeitungen [61: G. HAGELWEIDE, Zeitungsbestände] sowie eine umfangreiche Bibliographie der Literatur über Zeitungen [62: G. HAGELWEIDE, Literatur]. Online zugänglich ist die Zeitschriftendatenbank, in der die Staatsbibliothek zu Berlin und die Nationalbibliothek die weltweit meisten Besitznachweise für Zeitungen und Zeitschriften seit 1500 bieten [73: ZDB – Zeitschriftendatenbank].

<small>... in Dortmund</small>

Zu den sehr ausführlich und kontrovers diskutierten Themen der Zeitungsforschung gehört die Frage, inwieweit die alten Zeitungen lediglich neutral und unvoreingenommen – „unpartheyisch" – berichteten oder doch Wertungen und Positionen vertraten. Seit Robert E. Prutz (1816–1872) und Julius Otto Opel (1829–1895) und bis in die jüngste Zeit [391: J. WILKE, Nachrichtenauswahl] herrschte die Meinung vor, die alten Zeitungen seien reine Relationszeitungen gewesen, die nur (langweilige) Ereignisberichte abdruckten, aber keine (spannenden) politischen Kommentare boten. Doch zeigten neuere Untersuchungen, dass selbst Meldungen aus derselben Quelle durch die redaktionelle Bearbeitung eine andere Tendenz, die sich schon in frühen Zeitungen (1609 und 1667) zum impliziten Kommentar weiten mochte, erhalten konnten [240: J. GIESELER/T. SCHRÖDER, Bestandesaufnahme, 36–41; 376: F. ADRIANS, Journalismus, 185–188; 74: W. BEHRINGER, Reichspost, 379f.]. Diese Tendenz konnte sich in den gewählten Benennungen für die berichteten Ereignisse ausdrücken. Die Analyse einzelner Medienereignisse – der Unruhen in Frankfurt 1612–1616, Basel 1691 und Bern 1749 – machte deutlich, dass kontroverse Meldungen zum Geschehen vielleicht nicht in ein und derselben Zeitungsnummer zu finden waren, wohl aber in den aufeinander folgenden Ausgaben ein und desselben Blattes – je nachdem, welcher Korrespondent berichtete [394: A. WÜRGLER, Revolts in Print; 393: A. WÜRGLER, Unruhen, 202–218]. Insgesamt zeigt sich, dass zwar der explizite Kommentar die Ausnahme darstellte, implizite Wertungen jedoch auch die frühen Zeitungen prägten. Gegenüber den offen tendenziösen Flugblättern und Flugschriften blieb die Zeitung der Frühen Neuzeit aber ein vergleichsweise sachliches und neutrales Informationsmedium [262: J. WEBER, Straßburg; 388: R. SCHLÖGL, Öffentlichkeit und Medien, 600f.]. Trotzdem konnten Obrigkeiten die Zeitungen in ihrem Machtbereich auch zur

<small>Parteilichkeit und Objektivität</small>

5. Text, Bild, Karte

Meinungssteuerung benutzen, indem sie bestimmte, als Tatsachenberichte sich ausgebende Interpretationen von Ereignissen einrücken ließen [371: J.-D. MÜLLER, Publizistik; 393: A. WÜRGLER, Unruhen, 239–243]. — *Instrumentalisierung*

Großes Interesse fanden die ersten vollständig überlieferten Zeitungsjahrgänge, die hinsichtlich der Sprache [239: G. FRITZ/E. STRASSNER, Sprache], der Entstehungsgeschichte [259: J. WEBER, Supplication; 74: W. BEHRINGER, Reichspost, 347–380] und der Herkunft und Auswahl ihrer Nachrichten [252: T. SCHRÖDER, Zeitungen] analysiert wurden – ein Thema, das über längere Zeiträume und für mehrere Zeitungsunternehmen (in Stichproben) weiterverfolgt, aber – angesichts der Unmengen an Stoff – noch nicht erschöpfend behandelt wurde [391: J. WILKE, Nachrichtenauswahl; 253: S. SCHULTHEISS-HEINZ, Politik]. — *Nachrichtenauswahl*

Untersucht wurden desweiteren einzelne Zeitungsstädte wie Augsburg [258: N. WAIBEL, Augsburg; 237: S. DOERING-MANTEUFFEL/J. MANČAL/W. WÜST, Pressewesen (Augsburg)], Leipzig [245: A. KUTSCH/J. WEBER, Tageszeitung] und besonders gründlich Hamburg und Altona [231: H. BÖNING, Welteroberung; 232: H. BÖNING, Periodische Presse]), einzelne Zeitungen oder Zeitungsunternehmen [257: B. TOLKEMITT, Hamburgische Correspondent; 227: M. BEERMANN, Courier du Bas-Rhin; 245: A. KUTSCH/J. WEBER, Tageszeitung (Leipzig)], mehrere Zeitungen im (internationalen) Vergleich [238: H.-D. FISCHER, Deutsche Zeitungen; 391: J. WILKE, Nachrichtenauswahl; 252: T. SCHRÖDER, Zeitungen; 253: S. SCHULTHEISS-HEINZ, Politik] oder auch einzelne Zeitungsmacher wie etwa der Straßburger Pionier Johann Carolus (1574–1634) [259: J. WEBER, Supplication; 74: W. BEHRINGER, Reichspost, 347–356], der Frankfurter Reichspostmeister Johannes von den Birghden (1582–1645) [74: W. BEHRINGER, Reichspost, 192–205; 244: K. H. KREMER, Birghden], der Nürnberger Verleger Wolff Eberhard Felsecker (1626–1680) [286: J. WEBER, Götter-Both], der Hamburger gelehrte Avisenschreiber Daniel Hartnack (1642–1708) [260: J. WEBER, Hartnack] oder der in Köln verdeckt agierende Louis François Mettra (ca. 1738–1804) [226: K. ANGELIKE, Mettra]. — *Zeitungsstädte* / *Zeitungsunternehmen* / *Zeitungsmacher*

Gerade was die Zeitungsmacher betrifft, scheint sich der ältere Streit, ob die Zeitung von einem Verleger, Drucker, Nachrichtenhändler oder Postmeister erfunden worden sei, insofern gelegt zu haben, als mittlerweile für alle Fälle gute Beispiele beigebracht worden sind [243: K. KOSZYK, Zeitung, 896f.]: Carolus, ein gelernter Buchbinder, arbeitete als Nachrichtenhändler und Drucker, Felsecker war Drucker, Hartnack Avisenschreiber und von den Birghden verkörpert den Typus des Postmeisters.

Intelligenzblatt   Der Spezialform der Zeitung, dem Intelligenzblatt, schenkte die neuere Forschung viel Aufmerksamkeit. Während die einen diese primär aus Anzeigen und Werbeinseraten sowie einem zunehmenden redaktionellen Teil bestehende Zeitung als Sprachrohr der Obrigkeit charakterisierten [242: T. KEMPF, Aufklärung], widmeten sich andere eher den volksaufklärerischen Ambitionen dieser Textsorte [241: F. HUNEKE, Intelligenzblätter; 230: H. BÖNING, Intelligenzblatt; 237: S. DOERING-MANTEUFFEL/J. MANČAL/W. WÜST, Pressewesen].

Zeitungsextrakte   Kaum untersucht wurden dagegen bisher die sogenannten Zeitungsextrakte oder Kernzeitungen. Diese wöchentlich, vierzehntägig oder monatlich erscheinenden Periodika boten eine Zusammenfassung der Zeitungsmeldungen und damit einen schnellen Überblick auf Kosten der Aktualität [233: H. BÖNING/E. MOEPPS, Hinweise, XI]. Die Verleger versuchten, mit Zeitungsextrakten die Kosten für die teuren Informationen durch eine Zweitverwertung zu senken [269: U. EGENHOFF, Berufsschriftstellertum, 106].

Anzeigen   Auch die politischen Zeitungen wurden schon im 17. Jahrhundert als Werbeträger für kommerzielle Güter genutzt. Zunächst vor allem von den Verlegern und Druckern selbst, die auf ergänzende Extraausgaben und Flugschriften zum Thema oder besondere Angebote aus ihrer Produktion hinwiesen [204: P. UKENA, Buchanzeigen; 179: S. BENDEL, Werbeanzeigen, 208–425; 232: H. BÖNING, Periodische Presse, 153–157]. Mit dem Aufkommen der Intelligenzblätter seit den 1720er Jahren nahmen die Anzeigen auch in den politischen Zeitungen zu und pendelten zwischen ein bis vier Anzeigen pro Ausgabe (Schweizer Zeitungen) und bis zu 50% des Umfangs („Hamburgischer Correspondent") [179: S. BENDEL, Werbeanzeigen, 38 f.].

Publikum   Die Werbeanzeigen verweisen auf das lesende Publikum. Vor allem M. WELKE [206: Lektüre] und die Deutsche Presseforschung in Bremen [181: H. BÖNING, Zeitungen; 178: P. ALBRECHT/H. BÖNING, Presse] haben in mehreren Beiträgen empirisch breit gestreute Belege für die unterschiedlichsten Formen vor allem kollektiver Rezeption der periodischen Presse beigebracht.

Zeitschrift   Es gibt keinen Wissenschaftszweig, der sich ausschließlich der Zeitschrift widmen würde. Für die Buchwissenschaft ist die Zeitschrift ein Randphänomen, für die Zeitungswissenschaft (Publizistik) ist die Zeitschrift eine unvollkommene Zeitung – gemessen an den publizistischen Kriterien, die für die Zeitung typisch sind [234: H. BOHRMANN, Theorien, 143–148]. Die Überlieferung der Zeitschriften ist im Gegensatz zu den Zeitungen gut, da sie meist als Bücher gebunden und in Bibliotheken aufbewahrt wurden. Besonders berühmte Titel sind mittlerweile digitalisiert und online abrufbar [31: Allgemeine Deutsche Bibliothek; 32: Berlinische Monatsschrift; 33: Stats-Anzeigen]. Weil Zeitschriften besser überliefert wurden und eine längere Halbwertszeit aufweisen als Zeitungen, sind sie besser erforscht. Der berühmte Aufsatz „Was ist Aufklärung?" von Immanuel Kant (1724–1804) z. B. erschien 1784 in der „Berlinischen Monatsschrift".

Die bibliographische Erschließung der Zeitschriften ist nicht abgeschlossen. Sie wurde schon im 18. Jahrhundert begonnen und im 20. zunächst von Joachim Kirchner zu einem noch mangelhaften Zwischenstand gebracht. Die 1969 erschienene Bibliographie des deutschen Zeitschriftenwesens von den Anfängen bis 1830 zählte 6600 Titel. Doch der 1996 von H. BÖNING und E. MOEPPS publizierte Band „Deutsche Presse" von den Anfängen bis 1815 hat allein für Hamburg 600 bei Kirchner nicht aufgeführte Periodika verzeichnet [58: Hamburg] – und rund die Hälfte der für Hamburg eruierten Titel erscheinen nicht im „Gesamtverzeichnis des deutschsprachigen Schrifttums 1700–1910" [54: GV 1700–1910]. Selbst wenn man berücksichtigt, dass die Definition der Zeitschrift (und Zeitung) weiter gefasst wurde, dass viele dieser Erzeugnisse sehr kurzlebig waren und dass Hamburg schon im 18. Jahrhundert zu den führenden Pressestädten Deutschlands gehörte, eröffnet sich dennoch ein immenser Raum spezialisierter massenmedialer Kommunikation [233: H. BÖNING/E. MOEPPS, Hinweise, IX]. Separat verzeichnet wurden die deutsch- und ungarischsprachigen Zeitschriften des Donauraumes [71: M. SEIDLER/W. SEIDLER, Zeitschriftenwesen] sowie die deutsch-, französisch- und italienischsprachigen schweizerischen Zeitschriften [56: F. BLASER, Bibliographie].

Bibliographien

Entsprechend der lückenhaften bibliographischen Erfassung kommen den von Kirchner und anderen vorgenommenen Kategorisierungen in verschiedene Zeitschriftentypen und ihre Anteile an der Produktion nur grobe Orientierungsfunktion zu [270: H.-D. FISCHER, Zeitschriften; 96: E. FISCHER/W. HAEFS/Y.-G. MIX, Almanach].

Zeitschriftentypen

Die Versuche, die Themen einzelner Zeitschriftengattungen [266: W. F. BENDER/S. BUSHUVEN/M. HUESMANN, Theaterperiodika] oder bestimmter Zeiträume [274: P. HOCKS/P. SCHMIDT, Index 1773–1830] oder der wichtigsten Zeitschriften durch die Verschlagwortung der Inhaltsverzeichnisse und Artikel zu erschließen, sind nicht sehr weit gediehen. Der Göttinger Zeitschriftenindex 1750–1815 beschränkte sich auf eine – vergleichsweise schmale und disproportionale – Auswahl von Titeln, deren zeitlicher Schwerpunkt um 1789 lag, was die Ergebnisse extrem verzerrt [275: Index Zeitschriften]. Der Index der Schweizer Zeitschrif-

Themen

ten dagegen erfasst zwar (fast) alle erschienenen Zeitschriften, aber nur für die Frühphase bis 1750 [278: H. MARTI/E. ERNE, Index].

Von der großen Vielfalt der Zeitschriftengattungen sind einige durch Monographien erschlossen und dadurch vielleicht auch überproportional wahrgenommen worden. Dazu gehörten sicherlich die moralischen Wochenschriften [277: W. MARTENS, Botschaft der Tugend; 267: H. BRANDES, Wochenschriften] und die literarischen Zeitschriften [288: J. WILKE, Literarische Zeitschriften] sowie einzelne Unternehmen des späten 18. Jahrhunderts, die von berühmten Schriftstellern betrieben wurden, wie etwa „Der Teutsche Merkur" (1773–1774/1776–1789) von Christoph Martin Wieland oder die „Xenien" von Friedrich Schiller (1759–1805) und Johann Wolfgang Goethe (1749–1832).

Rezensionszeitschriften   Die Rezensionszeitschriften als Zentralorgane der Aufklärung wie jene Friedrich Nicolais [283: U. SCHNEIDER, Allgemeine deutsche Bibliothek] oder die „Göttingischen gelehrten Anzeigen" gerieten mehrfach in den Blick [284: U. SCHNEIDER, Zeitschriften, 191–206; 273: T. HABEL, Journale].

Politische Zeitschriften   Die politischen Zeitschriften, die vor den moralischen das neue Genre prägten, wurden zwar schon als Gattung dargestellt [272: W. HAACKE, Zeitschrift], aber erst jüngst an Fallbeispielen in den verlegerischen und journalistischen Kontext gestellt [286: J. WEBER, Götter-Both; 269: U. EGENHOFF, Berufsschriftstellertum].

Frauenzeitschriften   Neuere Arbeiten thematisierten zudem die sogenannten Frauenzeitschriften [287: U. WECKEL, Frauenzeitschriften] oder zeigten am lokalen Beispiel die vielfältigen Zusammenhänge von Zeitung, Zeitschrift, Almanach, Kalender, kurz: der gesamten Publizistik auf [231: H. BÖNING, Welteroberung; 232: H. BÖNING, Periodische Presse]. Sie argumentieren wesentlich differenzierter und quellennaher als es die mittlerweile überholte Gesamtschau der Zeitungen und Zeitschriften vermochte [246: M. LINDEMANN, Deutsche Presse].

5.3 Druckgraphik und Bilder

Bild   Wenn hier von Bildern die Rede ist, so sind gedruckte, nicht gemalte Bilder gemeint, Bildobjekte *(images objets, imago),* nicht mentale Bilder *(imaginatio),* mind maps oder „Sprach-Bilder" (Metaphern) [291: H. BELTING, Bilderfragen, 14–16; 297: B. EMICH, Bildlichkeit, 49f.]. Die Möglichkeit, identische Bildobjekte in hoher Zahl herzustellen, boten erst die Druckverfahren Holzschnitt und Kupferstich. Technisch gesehen ließen sich mit den Bilddruckverfahren sowohl Bilder als auch Buchstaben und Zahlen darstellen, während umgekehrt mit dem Gutenbergschen Letterndruck keine Bilder gedruckt werden konnten (oder diese Möglichkeit des Formendrucks abgesehen von der Typometrie keine historische Bedeutung erreichte).

Unklar ist offenbar bereits die Datierung der Anfänge der Druckverfahren. Sie wird für Europa gemeinhin auf um 1400 gelegt [80: P. BURKE, Media, 37; P. E. EMISON, Druckgraphik, in: 102: 170; 296: A.-F. EICHLER, Druckgraphik, 8; 289: S. APPUHN-RADTKE, Art. Druckgraphik, 1141], zum Teil sogar auf „um 1380, wohl in Augsburg, Ulm oder Nürnberg" [207: WITTMANN, Geschichte, 21], doch hält P. SCHMIDT dagegen, dass nach neuesten Erkenntnissen die ersten zweifelsfrei datierbaren europäischen Holzschnitte nicht vor 1420 anzusiedeln seien [314: Bild, 39–52]. *Datierung der Bilddruckverfahren*

Nicht alle Mediengeschichten rechnen Bilder und zumal die Druckgraphik zu ihrem Gegenstandsbereich. Diese werden zwar meist im Rahmen des illustrierten Flugblattes oder der Buchillustration erwähnt [96: E. FISCHER/W. HAEFS/Y.-G. MIX, Almanach; 135: J. WILKE, Grundzüge, 20–25; 131: R. STÖBER, Mediengeschichte, 62; 80: P. BURKE, Media, 37–39], aber sie werden kaum als Druckmedium eigenen Rechts wahrgenommen und analysiert, auch nicht in reicher bebilderten Publikationen [90: W FAULSTICH, Medien; 91: W. FAULSTICH, Mediengesellschaft; 93: W. FAULSTICH, Mediengeschichte bis 1700; 94: W. FAULSTICH, Mediengeschichte von 1700; 100: J. HÖRISCH, Sinn]. *Bilder und Mediengeschichte*

Aus kunstwissenschaftlicher Perspektive wurden die Medienwissenschaften kritisiert, sie vernachlässigten das Bild (zugunsten der Sprache einerseits und des bewegten Bildes in Film bzw. Fernsehen andererseits) [291: H. BELTING, Bilderfragen, 21]. Andererseits blieben gerade für die Geschichtswissenschaft interessante Bildbestände außerhalb des kunstwissenschaftlichen Kanons. Die sogenannte populäre Druckgraphik etwa wurde vor allem von Volkskundlern wie W. BRÜCKNER [295: Populäre Druckgraphik] und R. W. BREDNICH [294: Grundriss] oder die illustrierten Flugblätter von Germanisten um W. HARMS erschlossen [41: W. HARMS, Flugblätter]. *Populäre Druckgraphik*

Umgekehrt sind Bilder in historischen Darstellungen als Quellen in den letzten zwanzig Jahren immer beliebter geworden. Während selbst die neueren deutschsprachigen Standardhandbücher und Enzyklopädien ohne Abbildungen auskommen – die „Neue Deutsche Geschichte" (München: Beck), die „Moderne Deutsche Geschichte" (Frankfurt: Suhrkamp), die „Enzyklopädie deutscher Geschichte" (München: Oldenbourg), der „Neue Gebhardt" (Stuttgart: Klett-Cotta) – erschienen immer mehr Reihen und Monographien bebildert. Es macht den Anschein, als ob den „illustrierten Geschichten" der Ruch des Populären langsam abhanden komme. Dabei bietet die Druckgraphik den Vorteil, dass sie (in der Regel) als schwarz-weiß Reproduktionen ohne Qualitätsverlust und kostengünstiger wiedergegeben werden können als Malerei in Farbe. Doch der Umgang mit Bildern blieb in vielen Fällen recht oberflächlich: Holzschnitte, Kupferstiche und Radierungen (oder auch Gemälde) dienten als den Verkauf fördernder Blickfang oder schmückendes Beiwerk. Sie blieben eine Angelegenheit der Covergestaltung der Verlage, ohne dass der Textteil explizit auf die Abbildungen Bezug nahm oder sie gar zum Gegenstand einer Analyse gemacht hätte [300: F. HASKELL, Geschichte, 12; 83: F. CRIVELLARI u. a., Medialität, 19]. Zudem wurden Bilder in historischen Arbeiten oft nur laienhaft nachgewiesen: Angaben zu Format, Technik, Bildträger, Entstehungszeit und Aufbewahrungsort blieben lückenhaft. Bilder wurden in Ausschnitten oder das Format verändernden Beschneidungen abgedruckt, ohne dass dies kenntlich gemacht worden wäre. Solche Kritik [310: R. REICHARDT, Bild- und Mediengeschichte, 220] nicht nur aus Kreisen der Kunstgeschichte scheint erst allmählich bei Historikern und Historikerinnen anzukommen.

Umgang mit Bildern

Die Hinwendung zum Bild in der Allgemeinhistorie (nach Vorläufern zum Beispiel im Schulbuch) reiht sich ein in den sogenannten *iconic turn* (G. BOEHM) oder *pictorial turn* (W. J. T. MITCHELL), die sich als gleichzeitige Antwort auf die zunehmende Bilderflut in der medialen Gegenwart deuten lassen. Sowohl BOEHM als auch MITCHELL geht es dabei um viel mehr als bloß den Einbezug von Bildern als Quellen. Bei allen Differenzen meinen sie damit vielmehr die Fortführung des *linguistic turn* (R. RORTY) im Bereich des Bildes. Der Verlagerung des Interesses von der „Realität" auf die „Sprache" folgten demnach die Betonung des „ikonischen Logos": Bilder könnten sprachunabhängige Bedeutungen produzieren und transportieren, sie böten eine eigene, nichtsprachliche Erkenntnisweise, eine „andere Art zu denken". Mit den neuen bildgebenden Verfahren, die in den Neurowissenschaften eine große Rolle spielten, gelänge dem bildwissenschaftlichen Zugang möglicherweise sogar ein Brückenschlag von den Geistes- zu den Naturwissenschaften [293: G. BOEHM, Iconic Turn, 27–34; 307: W. J. T. MITCHELL, Pictorial Turn, 37–46].

Iconic turn und pictorial turn

Von historischer Seite versuchte zu Beginn der 1990er Jahre R. WOHLFEIL, den Umgang mit Bildern als Quellen auf ein theoretisch reflektierteres Niveau zu stellen. Seine „Historische Bildkunde" orientierte sich an der Ikonographie Erwin Panofskys (1892–1968) und fokussierte auf Bildtraditionen und Bildinhalte [316: B. TOLKEMITT/R. WOHLFEIL, Historische Bildkunde; 315: H. TALKENBERGER, Bilder]. Zeit-

Historische Bildkunde

lich übergreifender wiesen zehn Jahre später P. BURKE und B. ROECK Wege zum theoretisch informierten praktischen Umgang mit „Bildern, die als historische Quellen benutzt werden" [157: P. BURKE, Augenzeugenschaft, 9] oder betrachten „Kunstwerke als Quellen" [312: B. ROECK, Auge, 9]. Beide widmen sich der Kunst insgesamt, nicht nur der Druckgraphik, und beide teilen sie die Ansicht, dass Bilder spezifische Informationsqualität haben können. Doch die Codes der Bildsprache seien ebenso schwierig zu entschlüsseln und so vieldeutig interpretierbar, wie die Sprache. Während BURKE vor allem die Sozial- und Kulturgeschichte der Bilder – Verhältnis zwischen Auftraggeber und Künstler, Kunst als Statussymbol – und ihre Gebrauchsweisen und Funktionen – Propaganda, Kultobjekt, Selbstdarstellung – hervorhob, untersuchte ROECK ausführlich die Geschichte des wissenschaftlichen Umgangs mit Bildern als Quellen sowie die Wechselwirkungen zwischen der „Welt im Kunstwerk" und dem „Kunstwerk in der Welt" und spürte dem Begriff des „Künstlerischen" nach [312: Auge, 12, 79, 273]. Den aktuellen Stand der Diskussion nicht nur zu Bilder und „Bildlichkeit" aller Art (Objekte, Sprachbilder, Metaphern), sondern auch zu den Beziehungen und Wechselwirkungen zwischen Bildern und anderen Medien (Intermedialität) spitzte B. EMICH zur These zu, dass „die Frühe Neuzeit als besonders visuelles und als besonders intermediales Zeitalter gelten kann" [297: Bildlichkeit, 50].

 Bilder als Quellen

 Intermedialität

Die meisten historischen Arbeiten, die Bilder als Quellen einbeziehen oder zum Hauptgegenstand haben, waren allerdings eher pragmatisch als theoretisch orientiert. Bilder wurden primär beigezogen, weil man sich Antworten auf bestimmte Fragen erhoffte, für die es keine Textquellen gab.

Wichtige Impulse für die stärkere Beachtung der Bilder als Quellen stammten sicherlich aus der Reformationsgeschichte. Die Analyse der Bildpropaganda im Medium des Holzschnitts und der Radierung avancierte zu einem prominenten Forschungsfeld. Unterstützt und gefördert wurde diese Arbeit dann durch große Editionsprojekte zu einem besonderen Teil der Druckgraphik, die in der kunstgeschichtlichen Forschung nur marginal interessierte, nämlich den Flugblättern des 15. bis 17. Jahrhunderts [44: W. L. STRAUSS, Woodcut; 35: D. ALEXANDER/W. L. STRAUSS, Woodcut; 38: W. A. COUPE, Satires]. In Deutschland machte sich vor allem der Münchner Germanist W. HARMS mit seinem Team einen Namen mit der bisher umfangreichsten Edition von Flugblättern, die dem Prinzip folgt, bedeutende geschlossene Flugblatt-Bestände des 16. und 17. Jahrhundert aus großen Bibliotheken herauszugeben [41: Flugblätter 1–7], während das ungefähr zeitgleich gestartete Unterneh-

Reformatorische Bildpropaganda

Flugblatt

men von J. R. PAAS versucht, die Flugblätter des 17. Jahrhunderts in allen erreichbaren Stücken und Varianten in chronologischer Ordnung zu präsentieren [43: Broadsheet 1–9]. Im Umfeld der Editionstätigkeit von W. HARMS sind viele anregende Sammelbände [219: W. HARMS/M. SCHILLING, Flugblatt] und Monographien entstanden, darunter auch die bisherige Standarddarstellung zum Flugblatt von M. SCHILLING [313: Bildpublizistik]. Viele der Arbeiten aus diesem Umfeld sind den Bild-Text-Beziehungen gewidmet und legen zudem einen Akzent auf die Wahrnehmung der Flugblätter [220: W. HARMS/A. MESSERLI, Wahrnehmungsgeschichte; 175: S. S. TSCHOPP, Wahrnehmungsmodi].

Französische Revolution

Mit der Französischen Revolution und ihren Auswirkungen auf Deutschland wurde ein großes Ereignis auch unter dem Aspekt der Bilder untersucht. Aus einer locker organisierten Forschergruppe um R. REICHARDT in Mainz standen Themen wie Bildsymbolik [168: H.-J. LÜSEBRINK/R. REICHARDT, Bastille], Bildgedächtnis [367: C. DANELZIK-BRÜGGEMANN/R. REICHARDT, Bildgedächtnis], Medienereignis [42: K. HERDING/R. REICHARDT, Bildpublizistik; 374: C. VOGEL/H. SCHNEIDER/ H. CARL, Medienereignisse] und interkulturelle Kommunikation mittels Bildern [164: P. KAENEL/R. REICHARDT, Kommunikation] im Zentrum. Viele dieser Arbeiten bezogen neben den Flugblättern auch andere Produkte der populären Bildpublizistik mit ein, wie etwa Kartenspiele, Gesellschaftsspiele, Abzeichen usw.

Bildpublizistik

Mittlerweile werden (druckgraphische) Bildquellen auch für viele andere Themen, Ereignisse oder Abschnitte der Geschichte genutzt, etwa für Krönungs-, Huldigungs- und andere Zeremonien [375: B. H. WANGER, Kaiserwahl; 389: T. WEISSBRICH/H. CARL, Präsenz, 82], für Schlachten und Kriege [174: S. S. TSCHOPP, Deutungsmuster; 37: W. CILLESSEN, Krieg der Bilder; 373: C. VOGEL, Bilder des Schreckens] und vieles andere mehr. Neuere Editionen in digitaler Form ermöglichen einen bequemeren Zugang zu diesen Drucken [39: Einblattholzschnitte; 34: 5000 Meisterwerke].

Druckgraphik und Kunstwissenschaft

Innerhalb der Kunstwissenschaft gilt die Druckgraphik als Gebiet von sekundärer Bedeutung. Die stark auf Kategorien wie „originales Werk" in Sinne eines Unikates, auf „individuelle Künstlerpersönlichkeit" orientierte Betrachtung [311: B. ROECK, Visual turn, 299, 302f.] konnte naturgemäß mit Bildern, die meist in Teamarbeit (Zeichner / Maler und Holzschneider / Kupferstecher) entstanden und zudem massenhaft reproduziert wurden, nicht viel anfangen. Es fehlte ihnen, nach W. BENJAMIN, die „Aura" [292: Kunstwerk, 13]. Für diese Herangehensweise wäre eher die Druckvorlage in Form der Holztafel oder Kupferplatte interessant, die ein Unikat darstellt, statt einen vervielfältigten

5. Text, Bild, Karte 115

Abzug. Die Druckgraphik blieb aufgrund ihres imitierenden Charakters von zweitrangigem Interesse für den kunstwissenschaftlichen Zugang [305: M. MELOT, Druckgraphik, 9 f., 30], dessen Fokus auf die Skulptur, Architektur und die Königsdisziplin Malerei gerichtet waren [303: L. C. HULTS, Druckgraphik, 255, 260].

Die Erkenntnisinteressen bei der Beschäftigung mit der Druckgraphik waren und sind variabel. Der technikgeschichtliche Zugang richtete sich insbesondere auf die Herstellung [148: H.-J. WOLF, Geschichte], der ästhetische sah eine archaische künstlerische Ausdruckskraft, der religionsgeschichtliche fokussierte auf das Andachtsbild, der aktuelle mediengeschichtliche fragt nach dem Publikum, den Rezeptions- und Gebrauchsweisen [314: P. SCHMIDT, Bild, 38; 313: M. SCHILLING, Bildpublizistik]. Gedruckte Heiligenbildchen, zum Beispiel, wurden nicht nur betrachtend verehrt, sondern auch in handschriftliche Gebetbücher oder als Schutzbild auf Schränke und Truhen geklebt, ja sogar als „Schluckbild" gleichsam an Stelle eines Medikamentes verzehrt [315: H. TALKENBERGER, Bilder, 93].

Zugänge zur Druckgraphik

Für den fachhistorischen Zugang erschienen Druckgraphiken zunächst als kulturgeschichtliche Quellen von Interesse zu sein [135: J. WILKE, Grundzüge, 20]. Diese bewirkten, so die verbreitete These, einen ersten Visualisierungsschub des Alltags, denn die Bilder verließen gleichsam die Kirchen und Schlösser und fanden sich nun für relativ wenig Geld auch in den Stuben der einfachen Leute [80: P. BURKE, Media, 37 f.]. Doch gibt es auch skeptische Stimmen: Die Zahl der Bilder war lange relativ gering, ihre Streuung sehr ungleich und ihre Lesbarkeit ohne Hilfe fraglich, wie insbesondere die Diskussionen um das reformatorische Flugblatt gezeigt haben [345: R. W. SCRIBNER, For the Sake; 38: W. A. COUPE, Satires; 193: A. MESSERLI, Flugblatt; 173: C. SCHNYDER, Reformation, 91]. R. SCHENDA geht von einer parallel zur Alphabetisierung verlaufenden „Ikonisierung des Volkes" aus [200: Bilder, 98 f.]. Der Prozess der mechanischen Vervielfältigung führte abgesehen von der Inflation der Bilder zu mehreren Veränderungen im Bereich der Bildproduktion.

Visualisierung?

Zum einen verdrängten die Holzschnitte und seit dem 16. Jahrhundert vermehrt die Radierungen die Buchmalerei, die sich ja durchaus zunächst von den Manuskripten in die Inkunabeln zu transferieren vermocht hatte. Die (Buch)Malerei wanderte gleichsam aus dem Buch auf die Tafel [103: D. KERLEN, Medienkunde, 106–108; 305: M. MELOT, Druckgraphik, 14]. Zum andern beendete die Vervielfältigung und europaweite Diffusion der Abzüge auch das, was man „Lokalstil" nannte [314: P. SCHMIDT, Bild, 48–51]. Die Kunstrichtungen in verschiedenen

Ende ...
... der Buchmalerei

... des Lokalstils

Ecken des Kontinents können nun mit Hilfe der Reprographik überall wahrgenommen, studiert und imitiert werden. Auf diese Weise kam zum Beispiel die Renaissance auch in abgelegene Flecken nördlich der Alpen: Die Maler zeigten ihren Auftraggebern Muster von Bildern oder Bildzyklen in Form von Holzschnitten oder Radierungen und malten dann das gewählte Bild auf Tafeln oder Wände [305: M. MELOT, Druckgraphik, 27f., 52–55].

Zudem führte die Reproduktionsgraphik zur Verstärkung von berühmten Künstlern auf Kosten anderer, aber zugleich auch auf Verflachung oder Verfälschung ihrer Werke; sie befriedigten stereotype Massennachfrage, das heißt primär das ikonographische Programm der Verleger, nicht das komplette und innovative Schaffen des Künstlers. Produziert wurde, was sich rechnete.

Anfang der Kunstgeschichte

Andererseits ermöglichten diese Reproduktionen auch die Anfänge der Kunstgeschichte. Die frühen Kunsthistoriker von Giorgio Vasari (1511–1574) über Roland Fréart de Chambray (1606–1676) bis Johann Joachim Winckelmann (1717–1768) arbeiteten weitgehend aufgrund von druckgraphischen Reproduktionen, da viele Werke nicht im Original zugänglich waren [305: M. MELOT, Druckgraphik, 44–56].

Kunst versus Kunsthandwerk

Schon seit Dürer und Raffael schälte sich die Unterscheidung zwischen rein reproduktiver und künstlerisch originärer Druckgraphik heraus, die sich auch im Preis ausdrückte. Der Beruf des Graveurs, also desjenigen, der die Bildvorlage (des Zeichners, Malers) auf die Druckplatte übertrug, blieb in seinem Status schwankend zwischen Künstler und Handwerker. Denn die von der Druckplatte gezogenen Kopien stellten ein (Massen)Produkt dar, kein Werk, das als Unikat von einem einzigen Künstler geschaffen worden war. Damit hängt auch die Abgrenzung der künstlerischen Druckgraphik von der handwerklichen zusammen. Die der Logik der Zünfte folgende Zuordnung der „Bildermacher" zu den Zimmerleuten beruhte auf ihrem Umgang mit Holz. Die Zünfte hatten sich anfangs gegen das neue Metier gewehrt, indem sie teilweise Importverbote für Holzschnitte durchsetzen konnten [305: M. MELOT, Druckgraphik, 41, 46].

Konfession und Bild

Konfessionelle Varianten im Umgang mit dem Bild wurden oft thematisiert, die protestantische Wortkultur von der katholischen Bildkultur unterschieden [162: P. HERSCHE, Muße, 856–862]. Die reformatorische Bilderskepsis und Bilderfeindlichkeit zerstörte viele Kunstwerke. Die Bilderferne Deutschlands im Vergleich zu Italien und den Niederlanden, wo die künstlerischen Höhepunkte des frühneuzeitlichen Europa zu verorten seien, wurde oft dem Einfluss des Protestantismus zugerechnet [103: D. KERLEN, Medienkunde, 109]. Abgesehen vom

Bildersturm als solchem dürften aber die Zusammenhänge komplexer sein. Denn es war ja gerade die reformatorische Bewegung in Deutschland – im Gegensatz etwa zu derjenigen Frankreichs [120: A. PETTEGREE/M. HALL, Reformation], die ihre Propaganda mit bildlich illustrierten Flugblättern betrieb. Andererseits hatten auch die calvinistischen nördlichen Niederlande ihren Anteil am goldenen Zeitalter der Kunst. Die profane Bildproduktion etwa für die Stadttopographien, die im reformierten Basel und im überwiegend lutherischen Frankfurt am Main publiziert wurden, stand derjenigen im katholischen Köln keineswegs nach [319: W. BEHRINGER/B. ROECK, Bild der Stadt; 320: W. BEHRINGER, Städtebücher]. Und der berühmteste Buchillustrator des 18. Jahrhunderts, Chodowiecki, stammte aus hugenottischem Milieu. Die asketische Ausstattung protestantischer Kirchen und die reichhaltigere Malerei, Skulptur und Architektur im katholischen Europa sind zwar unbestritten [162: P. HERSCHE, Muße, 937–946], belegen aber keine generelle Bildlosigkeit der protestantischen Welt, insbesondere im Bereich der Druckgraphik. Entscheidend dürfte gewesen sein, dass sich das Verhältnis des Protestantismus zum Bild veränderte, rationalisierte „vom Gegenstand religiös-kultischer Verehrung zum Objekt des ästhetischen Kunstgenusses", vom „Kultbild zum Kunstbild" [302: A. HOLENSTEIN/H. R. SCHMIDT, Bilder, 522].

Eine sehr spezielle, auf einem völlig anderen Gebiet liegende Anwendung der Druckgraphik, der papierene Geldschein oder die Banknote, setzte erst im 17. Jahrhundert (Schweden, England) und 18. Jahrhundert (deutsche Territorien) ein, ohne allerdings vor der Französischen Revolution zu größerer Bedeutung zu gelangen [306: M. MELOT, Druckgraphik, 10].

Papiergeld

5.4 Karten

Karten sind in den bisherigen Überblicken zur Mediengeschichte auch in breit angelegten Darstellungen [90: W. FAULSTICH, Medien; 96: E. FISCHER/W. HAEFS/Y.-G. MIX, Almanach; 135: J. WILKE, Grundzüge; 100: J. HÖRISCH, Sinn; 126: H. SCHANZE, Handbuch; 91: W. FAULSTICH, Mediengesellschaft; 255: R. STÖBER, Pressegeschichte; 80: P. BURKE, Media; 103: D. KERLEN, Medienkunde; 131: R. STÖBER, Mediengeschichte; 130: P. STEIN, Buch; 93: W. FAULSTICH, Mediengeschichte bis 1700; 77: A. BÖHN/A. SEIDLER, Mediengeschichte] höchstens *en passant* behandelt worden. Karten blieben fast ausschließlich Gegenstand der Kartographiegeschichte – und werden daher in der Enzyklopädie der Neuzeit folgerichtig unter dem Stichwort Kartographie, nicht aber unter dem

Absenz der Karten

Stichwort Druckmedien abgehandelt [118: R. MÜNCH, Art. Druckmedien, 1151; 326: U. LINDGREN, Art. Kartographie]. Erst in den letzten Jahren gerieten Karten, wohl ebenso als Folge des *spatial turn* wie des *iconic turn*, auch unter medienhistorischen Gesichtspunkten in den Blick. Nach dem auch in dieser Hinsicht wegweisenden Buch von E. L. EISENSTEIN [88: Printing Press], das schon 1979 Atlanten und Kartendrucke im Zusammenhang mit Text- und Bilddrucken untersuchte, erschienen in den letzten Jahren vermehrt Publikationen, die eine Brücke zwischen Karte und Text [331: R. STOCKHAMMER, Kartierung] oder Karte, Bild und Text [74: W. BEHRINGER, Reichspost; 323: J. GLAUSER/ C. KIENING, Text, Bild, Karte; 106: S. KRÄMER, Medium] zu schlagen versuchten. Dieser neue Zugang zu Karten oder die Integration der Kartographie in die Mediengeschichte war umso überfälliger, als die Karte medientheoretisch gesehen ein „unreines" [331: R. STOCKHAMMER, Kartierung, 13] oder „hybrides" [327: W. NÖTH, Karte, 60] Medium ist, das meist aus einer Kombination von Bild, Text und Symbol besteht oder semiotisch gesprochen aus einem Zeichenverbundsystem von Icon, Index und Symbol [331: R. STOCKHAMMER, Kartierung, 50–51; 327: W. NÖTH, Karte, 54–60]. Gerade Karten sind abstrakte Medien, die nicht Sichtbares abbilden; vielmehr machen sie „Unsichtbares sichtbar" [106: S. KRÄMER, Medium, 321].

Karte als hybrides Medium

Der unbestrittene Entwicklungsschub der Kartographie im späten 15. und im 16. Jahrhundert speiste sich aus dem Zusammentreffen von drei Faktoren: der Wiederentdeckung des antiken Geographen Ptolemaios in den 1470er Jahren, den Entdeckungsfahrten und dem Buchdruck.

Ptolemaios

Von Ptolemaios wurde das Konzept des Koordinatensystems übernommen. Der griechische Mathematiker und Kartograph, von dem nur theoretische Schriften, aber keine Karten überliefert sind, kritisierte das Abzeichnen von Karten als zu ungenau, weil sich kleine Abweichungen zu groben Fehlern summieren konnten; daher entwickelte er ein Koordinatensystem mit Zuweisung von eindeutigen Positionswerten für jeden Ort [332: A. STÜCKELBERGER, Einleitung, 13 f.]. Der größte Teil seiner Geographie besteht aus den Koordinatenangaben für 6345 Toponyme, die für Kontinentaleuropa und den Mittelmeerraum (Paris bis Alexandria) sehr genau, für Westafrika, das nordalpine Europa („Magna Germania", England) oder Ostasien deutlich ungenauer positioniert sind [Ebd., 23–24]. Insgesamt verfolgte PTOLEMAIOS das Ziel einer „Verbesserung der Weltkartendarstellung" auf der Basis des Kenntnisstandes und „durch die Wahrung der richtigen Lage der einzelnen Orte zueinander und der größtmöglichen Ähnlichkeit mit der wahren

Gestalt der Erde sowie schließlich der Darstellungsmethode" [48: K. PTOLEMAIOS, Geographie, 139].

Dieses Konzept der „Geographie/Erdkunde [als] auf einem Abbildungsverfahren beruhende Nachbildung des gesamten bekannten Teils der Erde" [48: K. PTOLEMAIOS, Geographie, 53] ermöglichte die relativ präzise „Verortung" der portugiesischen und spanischen, später der niederländischen, englischen, französischen und anderen Entdeckungen. Die vorher für die Seefahrt üblichen Portolane kannten die Technik des Koordinatensystems noch nicht. Warum sie trotzdem die Küstenverläufe des Mittelmeers und des Schwarzen Meers so genau darstellen konnten, bleibt allerdings ein Rätsel der Kartographiegeschichte [331: R. STOCKHAMMER, Kartierung, 16; 330: U. SCHNEIDER, Macht, 38]. Gänzlich ungeeignet für die Integration der neuen Kontinente in das alte Weltbild waren die mittelalterlichen Mappae Mundi, die eine geistige christliche Weltordnung visualisierten, die aber nur wenig Korrespondenz zu räumlichen Gegebenheiten aufwies. Die traditionelle Ostorientierung der *Mappa mundi* – im Osten lag Jerusalem als Zentrum der Welt, und dieses Zentrum wurde als „oben" gedacht – wurde im 16. Jahrhundert durch die Nordorientierung ersetzt (die schon Ptolemaios kannte, die aber z. B. auf Itineraren oder europäischen Pilgerkarten des 15. Jahrhunderts durch die Südorientierung auf Rom verdrängt worden war).

Entdeckungen

Die Seefahrernationen behandelten die Kartierung ihrer Entdeckungen als streng geheime Staatsangelegenheit. Die „Casa de Contratación de las Indias" in Sevilla sammelte die spanischen Erfahrungen als Staatsgeheimnisse [331: R. STOCKHAMMER, Kartierung, 41 f.]. Zuerst langsam, dann immer schneller sickerten die Informationen durch und wurden auf gedruckten Karten über ganz Europa verbreitet. Der Atlas von Ortelius (1570) und seine Nachfolger und Nachahmer markierten den Höhepunkt dieser Europa übergreifenden Sammlung, Verortung und Kartierung der neuen Welten, die dank dem Massenmedium Karte – als Holzschnitt, seit Mitte des 16. Jahrhunderts meist als Kupferstich auf Papier – öffentlich zugänglich wurde [321: J. BLACK, Landkarte, 59; 322: R. E. EHRENBERG, Mapping, 98–100].

Gedruckte Karten

Das Problem der Darstellung der dreidimensionalen Welt auf zweidimensionalen Karten wurde durch die Entwicklung des Globus angegangen. Der älteste überlieferte von Martin Behaim (Nürnberg 1492) vollzog die „Globalisierung" im Wortsinne. Das Druckgewerbe stellte nun auch Kartendrucke für Globen her, die so berechnet waren, dass sie in konischen Streifen auf die Kugel geklebt werden konnten [322: R. E. EHRENBERG, Mapping, 79, 86 f.].

Globus

Doch wichtiger blieben die Karten. Die Kartographen experimen-
Projektionen tierten mit verschiedenen Projektionen, welche die Erde möglichst flä-
chen-, winkel-, abstands- und linientreu darstellen sollten. Weil aus
geometrischen Gründen nicht alle Ziele gleichzeitig zu erfüllen waren,
nutzte man für die unterschiedlichen Zwecke verschiedene Projektionen [331: R. STOCKHAMMER, Kartierung, 19–29]. Wichtig wurde insbesondere die Mercator-Projektion (1569) für die Schifffahrt, da sie sowohl winkeltreu war, als auch gerade Linien geradlinig darstellen
konnte. Dazu bildete Mercator die Erdkrümmung insofern ab, als er einerseits die Längengrade nicht in Bogenbahn vom Nord- zum Südpol
verlaufen ließ, sondern als Parallelen darstellte. Die dadurch entste-
hende Verzerrung hob er dadurch auf, dass er die Breitengrade in zu-
nehmender Distanz vom Äquator mehr in die Länge zog. Die Mercator-
Projektion wird für die Hochseenavigation bis heute verwendet [Ebd.,
26]. Andere versuchten herzförmige Darstellungen zur Abbildung der
Kugelgestalt der Erde.

Perspektive Keine Probleme der Projektion, wohl aber der Perspektive mussten für die Topographien gelöst werden. Diese lokalen Ansichten meist
von Städten, aber auch von Burgen, Residenzen, Brücken oder Häfen
sollten nicht nur einen ästhetischen, sondern auch plangenauen Eindruck vermitteln, wie etwa die wohl berühmtesten der Gattung, die
Stadtansichten Merians [320: W. BEHRINGER, Städtebücher].

Kartentechnisch wurde der nächste Entwicklungsschub aber weder von neuen Perspektiven noch Projektionen angeschoben, sondern
vielmehr von der Landvermessung. Die im 16. Jahrhundert zunehmende Bedeutung von Grenzen [325: U. LINDGREN, Grenzen; 334: A.
WÜRGLER, Which Switzerland] machte deutlich, dass die auf den Karten
dargestellten Grenzverläufe oft sehr unpräzise wenn nicht imaginär wa-
Triangulation ren. Obwohl erste Verfahren der Triangulation, einer Methode zur präzisen Vermessung von Entfernungen auf der gekrümmten Erdoberflä-
che, schon seit dem 16. Jahrhundert entwickelt worden waren, wurde
vor 1800 nur Frankreich flächendeckend von den Cassini vermessen.
Solche Vermessungen hoben die Kartographie auf ein neues Niveau der
Präzision, wurden aber im deutschen Sprachraum erst im 19. Jahrhundert durchgeführt [330: U. SCHNEIDER, Macht, 76; 322: R. E. EHREN-
BERG, Mapping, 149; 329: K. SCHLÖGEL, Im Raume, 167–176; 331: R.
STOCKHAMMER, Kartierung, 46].

Typometrie Eigentlich ist es erstaunlich, dass die ersten überlieferten Versuche, Karten mit dem Gutenbergschen Druckverfahren herzustellen, erst
im späten 18. Jahrhundert unternommen wurden. Es handelte sich um
die Adaptation des Buchdrucks mit beweglichen Lettern zum Karten-

5. Text, Bild, Karte   121

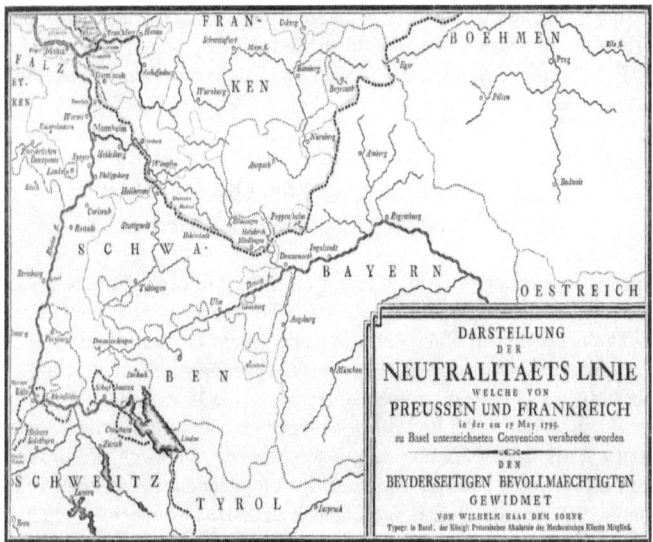

Abb. 4: Darstellung der Neutralitaets Linie welche von Preussen und Frankreich in der am 17. May 1795 zu Basel unterzeichneten Convention verabredet worden. Den beyderseitigen Bevollmaechtigten gewidmet von Wilhelm Haas dem Sohne Typogr. in Basel, der Königl. Preussischen Akademie der Mechanischen Künste Mitglied, Basel 1795, Typometrie, H 350 × B 430 mm. Bern: UB ZB Sammlung Ryhiner, ZB Ryh 4313:3 (Ausschnitt).
Diese Karte wurde mit dem Verfahren der Typometrie hergestellt, d. h. mit beweglichen kartographischen Symbolen, die analog zum Buchdruck mit beweglichen Lettern aus Blei gegossen waren. Die Schriftgießer Wilhelm Haas Vater (1741–1800) und Sohn (1766–1838) entwickelten diese kurzlebige Kartendrucktechnik seit 1776 in Basel und nutzten sie insbesondere für Kartendrucke mit mehrsprachigen Legenden oder – um 1800 besonders aktuell – mit schnell sich verändernden Grenzen, während etwa Reliefstrukturen für Gebirge kaum darstellbar waren. Die Typometrie wurde schon zu Beginn des 19. Jahrhunderts von der Lithographie verdrängt.

druck mit beweglichen Typen (Symbolen für Flüsse, Seen, Berge, Städte etc.). Der aus Nürnberg eingewanderte Basler Schriftgießer Wilhelm Haas (1741–1800) und sein gleichnamiger Sohn (1766–1838) produzierten von 1776 bis 1799 mit einem Typensatz von rund 140 Zeichen typometrische Landkarten, von denen 19 überliefert sind. Die Vorteile des Satzes lagen darin, dass es einfacher und billiger war, verschiedene Sprachausgaben herzustellen oder, zur Zeit der napoleonischen Kriege nicht unwichtig, die militärischen Stellungen oder neu gezogenen Grenzen schnell zu aktualisieren, was vor allem für den Abdruck der Karten in politischen Zeitschriften attraktiv war [333: P. F. TSCHUDIN, Typometrie, 27–35; 148: H.-J. WOLF, Geschichte, 245–255].

6. Zensur, Propaganda, Öffentlichkeit: Politische Geschichte der Medien

Zensur und Propaganda markierten zwei Pole in der politischen Nutzung der Druckmedien im Streit um die Vorherrschaft über die Öffentlichkeit. Dabei verteilten sich die Rollen nicht einfach in der Weise, dass Staaten und Kirchen für die Zensur, dagegen gesellschaftliche Bewegungen wie etwa die reformatorische für die Propaganda zuständig gewesen wären. Auch Protestbewegungen kannten Formen der Zensur, und natürlich verschrieben sich viele staatliche und kirchliche Instanzen offener oder subtiler Varianten der Propaganda. Beiden Begriffen haftet ein eher negativer Beigeschmack an. Doch haben beide auch ihre positiven Seiten. Dann wird aus Zensur etwa Jugendschutz oder Verhinderung von Volksverhetzung und aus Propaganda zum Beispiel Aufklärung und Information. Doch ambivalente und flüchtige Phänomene wie das Gerücht belegen, wie schwierig die Kontrolle der sozialen und politischen Kommunikation selbst im Zeitalter des sogenannten Absolutismus war, dessen Arkanpolitik letztlich an der politischen Öffentlichkeit scheiterte.

6.1 Kommunikationskontrolle und Zensur

Zensur Das Wort „Zensur" von lat. *censura* heißt zunächst „schätzen, beurteilen, prüfen". Hauptsächlich aber versteht man darunter die Kommunikations- und Meinungskontrolle oder die Unterdrückung von Meinungs- und Pressefreiheit. Systematisch gesehen besteht Zensur aus dem Versuch von meist staatlichen oder kirchlichen Instanzen, die nichtkonforme oder auch nur unkontrollierte öffentliche Meinungsbildung zu verhindern, indem die Medien überwacht und gesteuert werden. Im Zeitalter der Druckerpresse waren die Mittel dazu erstens die Vorzensur, d. h. die Kontrolle vor der Drucklegung; zweitens die Nachzensur, d. h. die Kontrolle – und gegebenenfalls Konfiskation und Vernichtung – von Presseerzeugnissen nach der Drucklegung; drittens das Publikationsverbot für bestimmte Autoren, Verlage oder Inhalte; viertens diverse Steuerungsmechanismen wie Stempelsteuer, Druckprivilegien, Konzessionen, Kautionen. Zensur bezog sich zwar auch auf die öffentliche Rede, die Predigt oder das Theater, aber in erster Linie auf Gedrucktes. Zum großen Thema wurde Zensur demnach erst nach der Erfindung des Buchdrucks mit beweglichen Lettern und wirklich virulent erstmals mit der Reformation und vor allem mit Martin Luther. Im Zeitalter der Handschriftenproduktion war das Problem rein quantitativ sehr viel geringer, auch wenn es schon bei den Römern (5. Jh. n. Chr.) eine Liste verbotener Schriften gegeben hatte. „Die Geschichte der Zensur ist als negative Mediengeschichte ... eine eigene Auskunftsquelle über die Veränderung der Kommunikationsverhältnisse" [126: H. SCHANZE, Handbuch, 411; 352: E. FISCHER, Zensur, 502; 358: Y.-G. MIX, Zensur; 130: P. STEIN, Schriftkultur, 201–206].

Zensur als „negative Mediengeschichte"

„Erfunden" wurde die Zensur, wie auch der Buchdruck, in Deutschland, wo seit den 1470er und 1480er Jahren Hinweise auf Präventivzensur in geistlichen Territorien (Köln, Würzburg, Mainz) vorliegen. Die wichtigsten öffentlichen Instanzen der Zensur waren staatliche und kirchliche auf verschiedenen Ebenen.

Als Reaktion auf die Reformation institutionalisierte die römisch-katholische Kirche die schon immer ausgeübte „Zensur" im Sinne einer Reinhaltung der Lehre vor ketzerischen Interpretationen 1542 in der „Sacra Congregatio Romanae et universalis Inquisitionis". Diese kurz „Sanctum Officium" genannte Einrichtung publizierte von 1559 bis 1948 den Index der verbotenen Bücher („Index librorum prohibitorum"). Das Archiv des 1966 in „Glaubenskongregation" umbenannten „Sanctum Officium", wurde 1991 auf Anregung des seit 1981 amtierenden Präfekten (Vorstehers) der Glaubenskongregation, des deutschen Kardinals J. RATZINGER, seit 2005 Papst Benedikt XVI., teilweise geöffnet [360: Archiv, 17; R. A. GLENN u. a., Art. Indexes, in: 356: 1150–1155].

Katholische Kirche

Der erste Index von 1559 verbot Werke von rund 550 Autoren (u. a. Boccaccio, Erasmus, Machiavelli, Rabelais). Doch viele Städte (Basel, Frankfurt am Main und Zürich) und Staaten (Mailand, Neapel, Venedig, Toskana) weigerten sich, ihn für ihre Gebiete in Kraft zu setzen. Der letzte gedruckte Index enthielt 4126 Bücher [R. A. GLENN u. a., Art. Indexes, in: in: 356: 1154–1155]. Neben dem Papst bzw. der Glaubenskongregation war auch jeder Bischof im Bereich seiner Diözese zur Vor- und Nachzensur befugt [349: D. BURKARD, Repression, 308–309].

Index

Kaum weniger aktiv waren in Zensurfragen die protestantischen Kirchen, nur erreichten sie entsprechend ihrer Organisation keine universale, sondern lediglich territorialstaatliche Dimensionen. Protestan-

Protestantische Kirchen

tische Theologen waren meist über die kirchlichen Kontrollinstanzen hinaus auch in weltlichen Zensurgremien gut vertreten. Protestantische Theologen, die oft Opfer der römisch-katholischen Zensur wurden, konnten auch ihrerseits zu Zensoren werden (Calvin gegen Servet in Genf 1553) [S. C. GOODLETT, Art. Switzerland, in: 356: 2358].

Territorialstaaten Das zweite Organ der Zensur war der Staat. Frühneuzeitliche Staaten delegierten die Zensur oft an die Universitäten, weil dort das nötige Fachwissen am ehesten vorhanden war. Oder sie setzten Kleriker als Zensoren ein. Staatliche Zensur konnte sowohl auf territorialer Ebene wie auch auf Reichsebene einsetzen. Die ersten Zensurerlasse im Heiligen Römischen Reich stammten vom Würzburger Bischof 1482 für sein weltliches Herrschaftsgebiet und vom Mainzer Erzbischof 1486. Der Reichstag zu Nürnberg 1524 erteilte allen Reichsständen (allen Territorien und Reichstädten) den Befehl, die Druckereien in ihrem Machtbereich zu beaufsichtigen, und der Reichstag zu Speyer 1529 stellte sogar den Druck ohne obrigkeitliche Approbation unter Strafe [349: D. BURKARD, Repression, 312–313].

Heiliges Römisches Reich   Auf der Ebene des Heiligen Römischen Reiches Deutscher Nation lassen sich die Zensuranstrengungen in der Folge des „Bücherregals" unterteilen in normative (seit 1512 Gesetze im Rahmen von Edikten, seit 1521 Reichtagsabschiede, seit 1530 Reichspoliceyordnungen, seit 1532 im Strafrecht [Carolina, im Rahmen der Ehrverletzung], seit 1653 auch Wahlkapitulationen) und institutionelle (Bücherkommission in Frankfurt zur Kontrolle der Buchmesse; Reichshofrat in Wien seit 1559/1594). Dem Kaiser kam die Oberaufsicht über die Zensuraktivitäten der Territorien zu. [255: R. STÖBER, Pressegeschichte, 96–102); 350: U. EISENHARDT, Aufsicht, 6–11].

Als Strafen für die Verletzung der Vor- oder Nachzensur waren Bücherverbrennung Geld- und Leibesstrafen für die Personen, Konfiskation und Verbrennung der Bücher vorgesehen. Solche „Buchhinrichtungen" [359: H. RAFETSEDER, Bücherverbrennungen] waren öffentliche Spektakel vor Publikum – ähnlich der Hinrichtung von Hexen und Rebellen –, bei denen einerseits magische Vorstellungen mitspielten (Feuerprobe; Feuer als Reinigungsritual analog zu den Hexenverbrennungen), andererseits die Abschreckungswirkung und die Vernichtung möglichst aller konfiszierten Exemplare im Vordergrund standen. Die öffentliche Verbrennung konnte auch kontraproduktiv wirken, indem sie dem zu Verbietenden extra Publizität verschaffte [393: A. WÜRGLER, Unruhen, 235].

Nicht von ungefähr betrafen die spektakulären Zensurfälle im 16. Jahrhundert Autoren religiöser oder theologischer Texte (neben

6. Zensur, Propaganda, Öffentlichkeit

Luther auch Calvin, Zwingli, Servet etc.), im 17. Jahrhundert die Verfechter neuer naturwissenschaftlicher Erkenntnisse, die sich nicht so einfach mit der Schöpfungsgeschichte der Bibel in Einklang bringen ließen (Galileo, auch Kopernikus und Kepler, Bacon und Descartes usw.) und politischer Philosophien (Hobbes, Locke, Spinoza) und im 18. Jahrhundert neben den Philosophen (Rousseau, Voltaire, Montesquieu, Diderot, Kant) zudem kritische Literaten und Journalisten (Schubart, Lessing, Goethe, Schiller und viele weitere). Dabei lässt sich beobachten, dass nicht selten Zensurmaßnahmen die Berühmtheit der betroffenen Autoren und Werke gesteigert haben. Das Wormser Edikt von 1521, das Luthers Schriften verbot, beschleunigte die Reformation, statt sie zu beenden. Galileo Galileis Berühmtheit gründet ebenso sehr auf seiner wissenschaftlichen Leistung wie auf seiner Rolle als Opfer der päpstlichen Zensur. Ein Schriftsteller und Publizist wie Christian Friedrich Daniel Schubart (1739–1791) verdankt seinen Platz in der Literaturgeschichte nicht zuletzt der zehnjährigen Haftstrafe, die er wegen Verstößen gegen die Zensur verbüßte. Die vielen Fälle zu systematisieren fällt nicht nur angesichts der Vielzahl von Zensurinstanzen geistlicher und weltlicher Art schwer, sondern auch angesichts der Inkonsequenz im Handeln jeder einzelnen dieser Instanzen.

Aufgrund dieser Inkonsequenzen und Disparitäten lässt sich die Wirkung der Zensur nicht leicht beurteilen. Denn trotz vieler spektakulärer Fälle von wirkungsvoller Zensur ließen sich auch zensierte Bücher relativ gut verkaufen. S. FITOS untersuchte die Verbreitung von 3841 Büchern von 740 Autoren, die in der zweiten Hälfte des 16. Jahrhunderts in Deutschland produziert und durch einen deutschen oder päpstlichen Index verboten worden waren, und bilanzierte: „Bei der Zensur im 16. Jahrhundert schien es sich um einen zum Scheitern verurteilten, hilflosen und über weite Strecken planlosen Kampf gegen Druckschriften gehandelt zu haben." [351: Zensur, 219].

Misserfolg?

Auch Index-Forscher wie U. BALDINI mögen zwar die Wirksamkeit der päpstlichen Zensur mit Zahlen herunterspielen, wenn sie sagen, von 1559 bis 1808 seien lediglich etwa 120 wissenschaftliche Werke verboten worden. Diese Liste der 120 kam aber dadurch zustande, dass BALDINI sehr enge Auswahlkriterien anlegte und damit eine ganze Reihe Autoren (z. B. Gesner und Ramus) und ganze Wissensbereiche (z. B. theoretische Zeitrechnung und Theorie des Kalenders) aus seiner Zählung ausschloss. Nur so erklärt sich diese Zahl, die sehr klein erscheinen muss nicht nur im Vergleich zur Gesamtzahl der in diesem Zeitraum erschienenen (wissenschaftlichen) Bücher, sondern auch im

Milde Zensur?

Vergleich zu der Menge der Bücher, die das „Sanctum Officium" konsequenterweise hätte verbieten müssen [348: Kongregationen, 230]. Der Index umfasste immerhin schon 4000 Titel.

Selbstzensur   Doch einer der wirkungsvollsten Effekte der Zensur dürfte die Selbstzensur gewesen sein, der sich Autoren und Autorinnen präventiv unterwarfen [86: DEMEL, Gebhardt 12, 155]. Der Mechanismus der Selbstzensur ist nur selten konkret nachzuweisen, wie etwa im Falle Friedrich Schillers. Als er 1787 den Text seines Stückes „Don Carlos" – an dessen dramatischen Höhepunkt der Marquis Posa zum spanischen König sagt: „Geben Sie Gedankenfreiheit, Sire!" – zur Theateraufführung nach Hamburg schickte, schrieb er dem dortigen Theaterdirektor: „Ich weiß nicht zu bestimmen, wie weit in Hamburg die Toleranz geht. Ob z. B. ein Auftritt des Königs mit dem Großinquisitor stattfinden kann. Wenn Sie ihn gelesen haben, werden sie finden, wie viel mit ihm für das Stück verloren sein würde. Weil ich es aber nicht aufs Ungewisse wagen wollte, so habe ich diesen Auftritt so angebracht, dass er ohne dem Zusammenhang Schaden zu tun, wegbleiben kann." [zit. in 361: H. J. SCHÜTZ, Verbotene Bücher, 83]. Indem Schiller versuchte, der Zensur zuvor zukommen, wurde er selbst zum Zensor, der sein Stück verstümmelte. Hier hatte also die Zensur als System ihre Wirkung entfaltet.

Zensurforschung
1. Dramatisierende Sicht

In der aktuellen Forschung zur Zensur lassen sich die folgenden Hauptströmungen erkennen: Einmal gibt es die „dramatisierende" Betrachtungsweise, für die Zensur eine Beleidigung des Geistes, eine Verletzung der Meinungsfreiheit, ein Zeichen des Despotismus darstellt, oder, wie P. GODMAN sagt, ein „Monument der Unterdrückung" [353: Weltliteratur, 21; 361: H. J. SCHÜTZ, Verbotene Bücher]. Inhaltlich und im Ton steht ihre Kritik in der Tradition der Liberalen, die im frühen 19. Jahrhundert die Abschaffung der Zensur und die Pressefreiheit forderten.

2. Einfühlsame Sicht   Dem steht die „einfühlsame" Betrachtungsweise gegenüber, die das laute Jammern über die Zensur als liberale Propaganda wertete und auf die Intentionen der Zensoren verwies oder Zensur als „Notwehr der Macht" taxierten [Jan Assmann, zit. in: 130: P. STEIN, Schriftkultur, 201]: Zensur war in ihren Augen kein Unterdrückungsinstrument, sondern ein Versuch, Ordnung zu schaffen, die Menschen zu schützen vor schädlichen und gefährlichen Ideen, vor beleidigenden schriftlichen Angriffen und damit schließlich vor sozialem Unfrieden. Diese Richtung findet sich vor allem in der neuen Forschung zur päpstlichen Zensur [348: U. BALDINI, Kongregationen; 360: J. RATZINGER, Archiv; 362: H. WOLF, Inquisition].

Eine dritte Gruppe von Forschern relativierte die liberale Kritik an der Zensur nicht aus einer Perspektive der Werte und Intentionen, sondern aus historisch-empirischer Sicht, indem sie unterstrich, dass die Zensur bei weitem nicht so viel bewirkt habe, wie sie habe bewirken wollen [351: S. Fitos, Zensur, 207: R. Wittmann, Geschichte; 357: G. Minois, Censure; 358: Y.-G. Mix, Zensur]. Demnach sei Zensur weitgehend ein Elitephänomen gewesen. Denn angesichts der bescheidenen Alphabetisierungsraten richtete sich Zensur weniger gegen populäre Vorstellungen als gegen die Verbreitung gefährlicher Ideen unter den Eliten. G. Minois brachte diese „relativierende" Position auf den Punkt mit der Überlegung: So tragisch die Zensur für einzelne ihrer Opfer war, sie konnte weder die Entwicklung neuer Ideen und der modernen Wissenschaft, noch die Säkularisierung, noch die Aushöhlung des weltlichen Absolutismus durch die Kritik der Aufklärung verhindern [357: Censure, Conclusion].

3. Relativierende Sicht

Aus „ironischer" Perspektive wurde gar ins Feld geführt, die Weltliteratur verdanke der Zensur sehr viel. Ohne es zu wollen habe sie die Literaten, weil keine direkte Kritik möglich war, dazu gezwungen, ästhetische Formen der Kritik zu entwickeln [Ebd., 281]. So sei auch Lessings „Nathan der Weise" nur entstanden, weil der Landesherr ihm verboten habe, sich weiterhin am schriftlich ausgetragenen Streit mit den Hamburger Theologen zu beteiligen. Der eigentliche politische Kampf gegen die Zensur spitzte sich dann im 19. Jahrhundert zu.

4. Ironische Sicht

6.2 Information und Propaganda

Unter Propaganda (lat. *propagare*: verbreiten) versteht man den systematischen Versuch, Sichtweisen und Verhalten anderer mit dem Einsatz von Wort und Bild auf dem Wege der (manipulativen) Information zu beeinflussen und zu steuern. Während die Bezeichnungen für diesen Vorgang im Bereich der Wirtschaft – Werbung – und im Bereich der Religion – Mission – relativ wertneutral sind, haftet dem Begriff Propaganda im politischen Kontext eine eher pejorative Note an. Natürlich gab es Propaganda längst vor der Frühen Neuzeit, doch der Einsatz der neuen Druckmedien ermöglichte es, wesentlich mehr Publikum auch über große zeitliche und räumliche Distanzen hinweg zu erreichen. Der Terminus bürgerte sich erst während des Dreißigjährigen Krieges in Deutschland ein. Er wurde von der von Papst Gregor XV. (1554–1623) 1622 geschaffenen „Sancta Congregatio de propaganda fide" zur Verteidigung des katholischen Glaubens gegen den Protestantismus auf Formen der politischen Beeinflussung übertragen.

Propaganda

Für die Propaganda als Form der öffentlichen Selbstdarstellung kamen die neuen Medien wie gerufen. Staatliche und kirchliche Institutionen, weltanschauliche und gesellschaftliche Gruppen, aber auch Individuen nutzten die Druckmedien in propagandistischer Absicht. Im politischen Bereich etwa in Form von Flugschriften. Schon Gutenberg druckte Propagandaschriften wider „die Türken". Maximilian I. nutzte als erster Kaiser die neuen Techniken für seine Herrschaftsausübung. Einmal ließ er Reichstagsausschreiben, Mandate und Patente drucken und öffentlich anschlagen bzw. von den Kanzeln verlesen. Für seine politischen Ziele lancierte er sodann Flugschriftenkampagnen wie etwa zum Kreuzzug gegen die „Türken", zur Aufwieglung der venezianischen Untertanen gegen ihre Herrschaft oder zur Diffamierung der „abtrünnigen" Eidgenossen im Umfeld des Schwaben- oder Schweizerkrieges 1499. Erfolge wurden in gedruckter Form reichsweit vermeldet. Schließlich sorgte der Kaiser auch für seinen Nachruhm, indem er eine Autobiographie (Weißkunig) und ein Versepos zu seiner Brautfahrt nach Burgund (Theuerdank) aufwändig gestalten und letztere auch drucken ließ. Natürlich beschränkte sich diese Selbststilisierung nicht auf Gedrucktes, auch Maler, Bildhauer und Architekten wirkten zum Ruhm des Herrschers. Aber die Rolle der Druckgraphik – zum Beispiel ließen sich repräsentative Akte, die gar nie stattgefunden hatten, als Holzschnitt bildlich verbreiten und „beglaubigen" – und der gedruckten Schriften wurde erstmals bedeutend und erschien in eigenartigen Mischformen mit mündlichen Formen der herrschaftlichen Kommunikation [371: J.-D. MÜLLER, Publizistik, 96–103, 110–113; 209: S. FÜSSEL, Gutenberg, 23f., 101–105; 124: W. REINHARD, Gebhardt 9, 236f.]. Sein Nachfolger Karl V. stand in keiner Weise zurück [366: P. BURKE, Präsentation, 392–475].

Propagandaschriften Kaiser Maximilians

Die immense Bedeutung der Flugschriften und Flugblätter für die Reformation als „erste mittels des neuen Mediums Buchdruck in Gang gesetzte Massenbewegung der Geschichte" [124: W. REINHARD, Gebhardt 9, 279] wurde schon diskutiert. Und der große deutsche Bauernkrieg wäre – nach Aussage des besten Kenners – nicht denkbar gewesen ohne die Zwölf Artikel, das „Manifest" der „Revolution von 1525", die in nur zwei Monaten in 25 Ausgaben mit einer Gesamtauflage von rund 25 000 Exemplaren erschienen [363: P. BLICKLE, Revolution, 23 f.]. Doch auch die politische Gegenreformation setzte Flugschriften ein. Der Dreißigjährige Krieg oder die Reunionskriege Ludwigs XIV. und alle weiteren militärischen Auseinandersetzungen wurden von „Federkriegen" begleitet, in denen die Kriegsparteien sich und ihre Handlungen mit Wort und seltener auch Bild in ein positives Licht zu

Reformation und Bauernkrieg 1525

Federkriege

stellen versuchten [370: C. KAMPMANN, Arbiter; 82: J. BURKHARDT, Gebhardt 11, 105–110; 37: W. CILLESSEN, Krieg der Bilder]. J. BURKHARDT formulierte die These, dass die habsburgischen Kaiser vor allem den Krieg gegen das Osmanische Reich ohne publizistische Unterstützung nie hätten führen und gewinnen können. Dabei ergänzten sich kaiserliche Propaganda und reichstreue bzw. christliche Publizistik [82: Gebhardt 11, 150 f.].

Diese Informationsoffensiven fungierten meist als Gegenstück zur Zensurpraxis. Denn das informative Vakuum, das von der Zensur erzeugt wurde, sollte mit den „richtigen" Nachrichten der eigenen Propaganda gefüllt werden, um eine optimale Wirkung zu erzielen. Diese Verbindung von Zensur und Propaganda lässt sich bei den meisten Herrschern bis hin zu Friedrich II., Joseph II. und Leopold II. [86: W. DEMEL, Gebhardt 12, 154.] verfolgen.

Zensur und Propaganda

Der Reichstag als Treffpunkt der politischen Elite und Kommunikationsforum des Reiches bildete ein Zentrum der Reichspublizistik mit unzähligen Flugschriften und Abhandlungen zu Fragen der Tagespolitik und der Reichsverfassung, aber auch mit bildlichen Symbolen [290: R. AULINGER, Bild]. Die Druckschriften, die seit dem Reichstag von 1486 das Reichstagsgeschehen abbildeten [385: M. LANZINNER, Kommunikationsraum, 230, 233], die Parteischriften, gedruckten Beschlüsse des Reichstages sowie die Presseberichterstattung in Zeitungen seit dem frühen und in Zeitschriften seit dem späten 17. Jahrhundert spiegelten die Rolle des Reichstags, insbesondere des Immerwährenden seit 1663, als „deutscher Nachrichtenagentur" [380: A. GESTRICH, Absolutismus, 96–100; 82: J. BURKHARDT, Gebhardt 11, 97; 449–454]. Das Reich habe in Abgrenzung zu den Territorien, die ihre repräsentative Machtentfaltung über prunkvolle Architektur (Schlossbauten) ausdrückte, eine „Kultur der Schriftlichkeit" als Medium der Selbstdarstellung entwickelt [82: J. BURKHARDT, Gebhardt 11, 445 f.], so dass „im öffentlichen Bewusstsein dem Diskurs über das Reich mindestens ebensolche Bedeutung zukam wie dem Reich selbst" [386: M. NORTH, Reich, 237]. Dieser Diskurs über das Reich sowie die Diskurse der Reichsstände untereinander waren, wie bei den räumlichen Dimensionen und der föderalistischen Gestalt der Reichsverfassung nicht anders möglich, vorwiegend schriftlich und daher undenkbar ohne Druckmedien und – für die schnelle Kommunikation ebenso unerlässlich – ohne funktionierendes Postsystem [74: W. BEHRINGER, Reichspost; 386: M. NORTH, Reich, 239 f.; 82: J. BURKHARDT, Gebhardt 11, 447]. Nichts macht diesen Zusammenhang so augenfällig wie die Tatsache, dass am Immerwährenden Reichstag der Dienstag und der

Reichstag

Donnerstag sitzungsfrei waren, weil an diesen Tagen die Post in Regensburg ankam: „Das Postsystem taktete so den Arbeitsrhythmus des Reichstages" [379: S. FRIEDRICH, Drehscheibe Regensburg, 66]. Allerdings blieb der Reichstag trotz der zunehmenden (gedruckten) Schriftlichkeit zugleich der zeremoniellen Mündlichkeit von Präsenzgesellschaften verhaftet [372: B. STOLLBERG-RILINGER, Verfassungsgeschichte, 26–38, 305–308].

Territorialfürsten standen den Kaisern in nichts nach. Das Spiel wiederholte sich zwischen den Territorien und innerhalb der Territorien. Wurden Konflikte vor den Reichsgerichten ausgetragen, so stellten die Konfliktparteien ihre Sicht der Dinge immer öfter in Form gedruckter, von Juristen verfassten Deduktionen dar, die einerseits beim Gericht als Entscheidungshilfe eingereicht, andererseits aber auch gezielt an einflussreiche Stellen oder einschlägige Medien verteilt wurden, um „die ganze Welt" auf den Fall aufmerksam zu machen. Solche Mechanismen nutzten etwa auch zahlreiche Protestbewegungen insbesondere im 17. und 18. Jahrhundert, um ihre ungünstige Position im ungleichen Kampf gegen ihre Herren zu verbessern. In diesen Konflikten wurden juristische Deduktionen, historische Legitimationsversuche und politische Forderungskataloge gedruckt. Sie sind in den Bibliotheken oft in unvollständig katalogisierten Sammelbänden versteckt oder lagern – als Druckzeugnisse unerkannt – in den Falldossiers der Archive. Immerhin geben einige Bibliographien des 18. Jahrhunderts einen vagen Eindruck über das Ausmaß dieser Schriftgattung [67: J. C. LÜNIG, Bibliotheca curiosa Deductionum; 68: J. C. LÜNIG/G. A. JENICHEN, Bibliotheca Deductionum; 69: J. J. MOSER, Staats-Archiv; 64: C. S. HOLZSCHUHER/J. C. SIEBENKEES, Deductions-Bibliothek; 63: G. VON HALLER, Bibliothek]. Außer diesen Bibliographien belegen auch die politischen Zeitschriften (und teilweise sogar Zeitungen), welche diese Deduktionen angekündigt, kommentiert und teilweise oder ganz abgedruckt haben, das große Interesse der Zeitgenossen an dieser heute eher vergessenen Textsorte [393: A. WÜRGLER, Unruhen, 133–156, 184–195].

Reichsgerichte

Französische Revolution

Die Französische Revolution war – neben vielem Anderen – auch ein gigantisches Medienereignis. Einen wesentlichen Anteil daran hatten die Flugschriften, Pamphlete und Flugblätter, die – oft mit Illustrationen versehen – zu diesem Anlass erschienen. Dabei konnte es sich um gezielt von der revolutionären Regierung veranlasste und in französischer oder deutscher Sprache verbreitete Schriften handeln oder um Beiträge individuell handelnder Autoren, die aber in ihrer Propagandaabsicht den offiziellen in Nichts nachstanden. Obwohl sich die Ereignisse in Frankreich abspielten, füllten die Berichte darüber auch die deutschsprachigen Periodika: Broschüren und Traktate überschwemmten den deutschen Markt. Die ideologische Auseinandersetzung fand im Medium des gedruckten Wortes statt. Eine neue mediale Komponente in diesen Kontroversen stellen die Karikaturen dar. Zwar waren (gezeichnete) Karikaturen (von ital. *caricare*: überladen, übertreiben) in Italien schon im 17. Jahrhundert als öffentliches Spottmittel bekannt, aber sie verbreiteten sich in gedruckter Form als publizistisches Mittel erst im 18. Jahrhundert in England und dann durch die Französische Revolution in ganz Europa. Diese Karikaturen, die komplexe Verhältnisse mit wenigen und klar erkennbaren Bildelementen visualisierten, vollbrachten eine große Symbolisierungsleistung. In der Reduktion der Formensprache, im Verzicht auf allzu gelehrte Allegorien unterschieden sie sich von vielen satirischen Blättern des 16. und 17. Jahrhunderts. C. DANELZIK-BRÜGGEMANN und R. REICHARDT vertreten gar die These, dass „die Französische Revolution eine neuartige, international verständliche Bildsprache geprägt und verbreitet" habe [367: Bildgedächtnis, 10]. Napoleon sollte zu der bisher am häufigsten karikierten historischen Person werden [369: P. KAENEL, Napoleon-Bild, 28, 42, 62, 64]. Ergänzt wurden die Bilder durch Liedtexte und Notendrucke, die ein weiteres populäres Medium gedruckt verbreiteten.

Karikaturen

Im Spannungsfeld von herrschaftlicher Zensur und Propaganda gediehen Gerüchte, verstanden als unbestätigte Nachrichten mit unbekanntem Ursprung und unsicherem Wahrheitsgehalt, besonders gut. Sie symbolisierten jenes permanent vorhandene, aber ungenügend befriedigte Bedürfnis nach Information, das einerseits als Folge von herrschaftlicher Zensur und Propaganda, andererseits als strukturelles Problem des frühneuzeitlichen Medien- und Kommunikationssystems interpretiert werden kann [346: A. WÜRGLER, Fama, 26f.]. Auch wenn Gerüchte als „Schwarzmarkt der Information" gelten [337: J.-N. KAPFERER, Gerüchte, 12], waren sie nicht einfach per se „oppositionell" [380: A. GESTRICH, Absolutismus, 140], sie konnten auch von der staatlichen oder kirchlichen Propaganda instrumentalisiert werden [339: H.-J. NEUBAUER, Fama, 108].

Gerüchte

6.3 Politische Öffentlichkeit

Die Öffentlichkeit des Politischen entwickelte sich aus den ereignisbezogenen Publikationsschüben wie etwa zur Reformation oder einzelnen Phasen des Dreißigjährigen Krieges, vor allem aber aus der Verstetigung des öffentlichen Diskurses in den Zeitungen seit dem frühen

17. Jahrhundert und in den Zeitschriften, die zeitgleich mit der Popularisierung der Frühaufklärung entstanden [117: W. MÜLLER, Aufklärung, 10], sowie aus der Erholung der Buch- und Broschürenproduktion seit dem Ende des 17. Jahrhunderts. Neben den in der Debatte über die Entstehung der politischen Öffentlichkeit vor allem thematisierten Aufklärergesellschaften [381: J. HABERMAS, Strukturwandel, 95–100, 140f.; 185: R. VAN DÜLMEN, Gesellschaft; 191: U. IM HOF, Aufklärung, 95–134; 382: P. U. HOHENDAHL, Öffentlichkeit, 12f.; 86: W. DEMEL, Gebhardt 12, 147–149] dürfte der Diskurs über das Reich, der ein „selbständiges mediales System der politischen Publizistik" [377: J. ARNDT, Mediensystem, 75] entwickelte und der „Bindekräfte einer politischen Streitkultur und Diskursgemeinschaft" generierte [82: J. BURKHARDT, Gebhardt 11, 452, 457], ebenso zu einer „Herrschaftskontrolle durch Öffentlichkeit" beigetragen haben, wie die zunehmend vom Medium der gedruckten Periodika ergänzte diplomatische Kommunikation zwischen den deutschen und europäischen Höfen [388: R. SCHLÖGL, Öffentlichkeit und Medien, 612]. Am radikalsten aber gingen wohl die städtischen und ländlichen Protestbewegungen mit ihren Forderungen nach Transparenz und Partizipation vor: mit Flugschriften, die in Zeitschriften reproduziert wurden, mit Leserbriefen und Zeitungsartikeln verlangten sie die Offenlegung der „Fundamentalgesetze" sowie die öffentliche Rechnungskontrolle. Sie machten mit ihren Forderungen nach Versammlungsfreiheit auch für politische Gruppierungen und nach mehr Partizipationsmöglichkeiten für die breite Bevölkerung den Schritt vom Diskurs zur Aktion, der auf der Ebene des Reiches ausblieb [393: A. WÜRGLER, Unruhen, 116–133, 309–314; 82: J. BURKHARDT, Gebhardt 11, 458]. Zudem wirkte die Medienöffentlichkeit durchaus [388: R. SCHLÖGL, Öffentlichkeit und Medien, 608f.] auf das Konfliktgeschehen zurück. Dies zeigen die Zensurmaßnahmen gegen die Presseberichte ebenso wie die gedruckten Leserbriefe und Gegendarstellungen der Protestbewegungen [393: A. WÜRGLER, Unruhen, 222–226]: Die Beobachteten pflegten ihre Beobachter zu beobachten. Alle diese Strömungen oder Teilöffentlichkeiten [380: A. GESTRICH, Absolutismus, 75–134; 393: A. WÜRGLER, Unruhen, 252–265] der europäischen Politik, des Reiches, der Territorien, der Gelehrten und Aufklärer, des wachsenden städtischen und auch ländlichen Publikums bezogen ihre Sprengkraft unter anderem aus ihrer gegenseitigen vielfachen Vernetzung durch Medien.

Politischen Öffentlichkeit

III. Quellen und Literatur

Es gelten die Siglen der Historischen Zeitschrift (HZ).

A. Quellen

Die Quellenhinweise verzeichnen im Text erwähnte oder zitierte Titel und haben darüber hinaus lediglich Beispielcharakter. Besonders im Abschnitt 2 ist auf die Gesamtverzeichnisse [51: GW, 52: VD16, 53: VD17 und 54: GV 1700–1910] zu verweisen.

1. Lexika, Mediendiskussion

1. E. BLÜHM/R. ENGELSING (Hrsg.), Die Zeitung. Deutsche Urteile und Dokumente von den Anfängen bis zur Gegenwart. Bremen 1967.
2. M. GIESECKE (Hrsg.), Dokumente zur frühneuzeitlichen Medienpolitik, in: 141: 889–914.
3. J. C. GOTTSCHED, Peter Baylens Historisches und Critisches Wörterbuch / ins Deutsche übersetzt. Leipzig 1741–1744.
4. G. HELMES/W. KÖSTER (Hrsg.), Texte zur Medientheorie. Stuttgart 2002.
5. J. HÜBNER, Reales Staats- und Zeitungs-Lexicon [...]. Leipzig 1704 [31. Aufl. 1828].
6. W. JÄGER, Geographisch-Historisch-Statistisches Zeitungs-Lexicon [...], 2 Theile. Nürnberg 1782–1784.
7. J. G. KRÜNITZ, Oeconomische Encyclopädie oder allgemeines System der Land-, Haus- und Staats-Wirthschaft: in alphabetischer Ordnung, 242 Bde. Berlin 1773–1858.
8. K. KURTH (Hrsg.), Die ältesten Schriften für und wider die Zeitung: die Urteile des Christophorus Besoldus (1629), Ahasver Fritsch (1676), Christian Weise (1676) und Tobias Peucer (1690) über den Gebrauch und Mißbrauch der Nachrichten. Brünn u. a. 1944.

9. C. Pias u. a. (Hrsg.), Kursbuch Medienkultur. Die maßgebenden Theorien von Brecht bis Baudrillard. 5. Aufl. Stuttgart 2004 [1999].
10. J. von Schwarzkopf, Über Zeitungen. Frankfurt am Main 1795 [ND München 1993].
11. K. Stieler, Zeitungs Lust und Nutz. Vollständiger Neudruck der Originalausgabe von 1695, hrsg. von G. Hagelweide. Bremen 1969.
12. C. Weise, Christian Weisens Curieuse Gedancken von den Nouvellen oder Zeitungen ... Frankfurt am Main 1703.
13. J. H. Zedler (Hrsg.), Großes vollständiges Universal-Lexicon aller Wissenschafften und Künste [...], 68 Bde. Leipzig 1732–1754.

2. Buch

14. J. P. Abelin/M. Merian, Theatrum Europaeum ..., 21 Bde. Frankfurt am Main 1646–1734 [Digitale Ausg. Augsburg 2005].
15. J. P. Abelin/J. L. Gottfried, Historischer Chroniken Sechster / vnd Roemischer Monarchey dritter Theil ... Frankfurt am Main 1632.
16. B. Fabian (Hrsg.), Katalog der Frankfurter und Leipziger Buchmessen 1594–1860. Microfiche-Edition. Hildesheim/New York 1977–1986.

3. Blatt und Flugschrift

17. P. Heitz (Hrsg.), Einblattdrucke des 15. Jahrhunderts, 100 Bde. Straßburg 1899–1942.
18. H.-J. Köhler (Hrsg.), Flugschriften des frühen 16. Jahrhunderts: 1501–1530. Microfiche. Zug 1978–1987.
19. H.-J. Köhler (Hrsg.), Flugschriften des späteren 16. Jahrhunderts: 1531–1600. Microfiche. Leiden 1990–1998.
20. A. Laube/H. Seiffert (Hrsg.), Flugschriften der Bauernkriegszeit. Berlin 1975.
21. A. Laube u. a. (Hrsg.), Flugschriften der frühen Reformationsbewegung 1518–1524, 2 Bde. Berlin 1983.
22. A. Laube (Hrsg.), Flugschriften vom Bauernkrieg zum Täuferreich 1525–1535, 2 Bde. Berlin 1992.
23. A. Laube u. a. (Hrsg.), Flugschriften gegen die Reformation 1518–1530, 3 Bde. Berlin 1997–2000.

4. Zeitung

Auswahl neu edierter oder online zugänglicher Titel:
24. Augspurgische Ordinari Postzeitung. Augsburg 1770–1795; http://www.bibliothek.uni-augsburg.de/dda/dr/ztg/ordpost/ (26.11.2008).
25. Relation Aller Fuernemmen und gedenckwuerdigen Historien [...]. Strassburg 1609; http://digi.ub.uni-heidelberg.de/diglit/relation1609.
26. W. SCHÖNE (Hrsg.), Der Aviso 1609 [Faksimile]. Leipzig 1939.
27. W. SCHÖNE (Hrsg.), Die Relation 1609 [Faksimile]. Leipzig 1940
28. W. SCHÖNE (Hrsg.), Die deutsche Zeitung des 17. Jahrhunderts in Abbildungen: 400 Faksimiledrucke. Leipzig 1940.
29. Staats- und gelehrte Zeitung des Hamburgischen unpartheyischen Correspondenten. Hamburg 1731–1868 [Mikrofilm. Hildesheim 1994].
30. Wienerisches Diarium. Wien 1703–1970 [Mikrofilm, 635 Rollen. Ann Arbor (Mich.) 1971–1972] [Existiert immer noch als „Wiener Zeitung"].

5. Zeitschrift

Auswahl von 160 online zugänglichen Titeln, vgl.: Universität Bielefeld: http://www.ub.uni-bielefeld.de/diglib/aufklaerung/index.htm.
31. Allgemeine deutsche Bibliothek, hrsg. von F. NICOLAI, Bd. 1–118. Berlin/Stettin 1765–1796 und 20 Bde Anhänge (1771–1791), http://www.ub.uni-bielefeld.de/diglib/aufkl/adb/index.htm (8.10.2008).
32. Berlinische Monatsschrift (einschließlich ihrer Nachfolger Berlinische Blätter und Neue Berlinische Monatsschrift), hrsg. von J. E. BIESTER/F. GEDIKE, Berlin 1783–1811, http://www.ub.uni-bielefeld.de/diglib/aufkl/berlmon/index.htm (8.10.2008).
33. Stats-Anzeigen, hrsg. von A. L. SCHLÖZER, Bd. 1–18 (= Heft 1–72). Göttingen 1782–1793, http://www.ub.uni-bielefeld.de/diglib/aufkl/statsanzeigen/index.htm (8.10.2008).

6. Druckgraphik

34. 5000 Meisterwerke der europäischen Druckgraphik. Holzschnitt, Kupferstich, Radierung, Lithographie, hrsg. von The Yorck Project. Berlin 2002 [DVD].
35. D. ALEXANDER, The German single-leaf woodcut 1600–1700: a pictorial catalogue, in collaboration with W. L. STRAUSS, 2 Bde. New York 1977.
36. [A. BARTSCH], The illustrated Bartsch, hrsg. von W. L. STRAUSS u. a., bisher über 100 Bde. New York 1978 ff.
37. W. CILLESSEN (Hrsg.), Krieg der Bilder. Druckgraphik als Medium politischer Auseinandersetzung im Europa des Absolutismus. Berlin 1997.
38. W. A. COUPE, German Political Satires from the Reformation to the Second World War. Part I: 1500–1848, 2 Bde. New York 1993.
39. Deutsche Einblattholzschnitte 1500 bis 1700, 2 CD-ROM. Berlin 2003.
40. M. GEISBERG, The German single-leaf woodcut 1500–1550, hrsg. von W. L. STRAUSS, 4 Bde. New York 1974.
41. W. HARMS (Hrsg.), Deutsche illustrierte Flugblätter des 16. und 17. Jahrhunderts, bisher 7 Bde. Tübingen 1985–2005.
42. K. HERDING/R. REICHARDT (Hrsg.), Die Bildpublizistik der Französischen Revolution. Frankfurt am Main 1989.
43. J. R. PAAS, The German Political Broadsheet 1600–1700, bisher 9 Bde. (1600–1661). Wiesbaden 1985–2007.
44. W. L. STRAUSS, The German single-leaf woodcut 1550–1600. A pictorial catalogue, 3 Bde. New York 1975.

7. Karten

Kartensammlungen online [Weitgehend digitalisierte und online konsultierbare Sammlungen von je rund 16 000 Karten vor 1850]:
45. UB Halle, http://www.bibliothek.uni-halle.de/elkarta (10.10.2008).
46. UB Bern, Ryhiner Sammlung: http://www.stub.unibe.ch/stub/ryhiner/ry-dt1.html (10.10.2008).
47. G. GROSJEAN (Hrsg.), 500 Jahre Schweizer Landkarten. Zürich 1971.

48. K. Ptolemaios, Handbuch der Geographie. Griechisch-Deutsch, hrsg. von A. Stückelberger/G. Grasshoff u. a., 2 Teilbde und 1 CD-ROM. Basel 2006.
49. A. Ortelius/J. Koler, Theatrum Orbis Terrarum. Gedruckt zu Nuermberg durch Johann Koler Anno MDLXXII, hrsg. von Ute Schneider. 2. Aufl. Darmstadt 2007 [2006].

B. Literatur

0. Bibliographien

50. VE 15: F. Eisermann, Verzeichnis der typographischen Einblattdrucke des 15. Jahrhunderts im Heiligen Römischen Reich Deutscher Nation. VE 15, 3 Bde. Wiesbaden 2004.
51. GW: Gesamtkatalog der Wiegendrucke, hrsg. von der Deutschen Staatsbibliothek zu Berlin. Stuttgart/Berlin [-Ost] 1925 ff. [bisher 11 Bde].
52. VD 16: Verzeichnis der im deutschen Sprachbereich erschienenen Drucke des 16. Jahrhunderts (VD 16), http://www.vd16.de (9.10.2008).
53. VD 17: Verzeichnis der im deutschen Sprachraum erschienenen Drucke des 17. Jahrhunderts (VD 17), http://www.vd17.de (9.10. 2008).
54. GV 1700-1910: Gesamtverzeichnis des deutschsprachigen Schrifttums (GV) 1700–1910. Bearb. von H. Schmuck u. a., 161 Bde. München 1979–1987.
55. K. Bender, Relationes Historicae. Ein Bestandsverzeichnis der deutschen Meßrelationen von 1583 bis 1648. Berlin/New York 1994.
56. F. Blaser, Bibliographie der Schweizer Presse mit Einschluß des Fürstentums Liechtenstein, 2 Halbbde. Basel 1956–1958.
57. H. Böning (Hrsg.), Deutsche Presse. Biobibliographische Handbücher zur Geschichte der deutschsprachigen periodischen Presse von den Anfängen bis 1815, bisher 3 Bde. Stuttgart-Bad Cannstatt 1996–2003.
58. H. Böning/E. Moepps, Hamburg. Kommentierte Bibliographie der Zeitungen, Zeitschriften, Intelligenzblätter, Kalender und Almanache sowie biographische Hinweise zu Herausgebern, Verlegern

und Druckern periodischer Schriften. Von den Anfängen bis 1765, in: 57: Bd. 1.1–1.3.
59. E. BOGEL, Schweizer Zeitungen des 17. Jahrhunderts. Beiträge zur frühen Pressegeschichte von Zürich, Basel, Bern, Schaffhausen, St. Gallen und Solothurn. Bremen 1973.
60. E. BOGEL/E. BLÜHM, Die deutschen Zeitungen des 17. Jahrhunderts. Ein Bestandsverzeichnis mit historischen und bibliographischen Angaben, 3 Bde. Bremen/München 1971–1985.
61. G. HAGELWEIDE, Deutsche Zeitungsbestände in Bibliotheken und Archiven. Düsseldorf 1974.
62. G. HAGELWEIDE, Literatur zur deutschsprachigen Presse. Eine Bibliographie von den Anfängen bis 1970, 20 Bde. München u. a. 1985–2007.
63. G. VON HALLER, Bibliothek der Schweizer Geschichte …, 7 Bde. Bern 1785–1788 [ND Vaduz 1981].
64. C. S. HOLZSCHUHER/J. C. SIEBENKEES, Deductions-Bibliothek von Teutschland, 4 Teile. Frankfurt/Leipzig/Nürnberg 1778–1783.
65. J. KIRCHNER, Bibliographie der deutschen Zeitschriften des deutschen Sprachgebietes bis 1900, Bd. 1. Stuttgart 1969.
66. H.-J. KÖHLER, Bibliographie der Flugschriften des 16. Jahrhunderts, Teil 1: Das frühe 16. Jahrhundert 1501–1530, bisher 3 Bde. Tübingen 1991–1996.
67. J. C. LÜNIG, Bibliotheca curiosa Deductionum … Leipzig 1717.
68. J. C. LÜNIG/G. A. JENICHEN, Bibliotheca Deductionum SRI, 4 Teile. Leipzig 1745.
69. J. J. MOSER (Hrsg.), Teutsches Staats-Archiv …, 13 Bde. Hanau/Frankfurt/Leipzig 1751–1757.
70. K. SCHOTTENLOHER, Flugblatt und Zeitung. Ein Wegweiser durch das gedruckte Tagesschrifttum. Neu hrsg. u. eingel. von J. BINKOWSKI. München 1985 [Berlin 1922].
71. M. SEIDLER/W. SEIDLER, Das Zeitschriftenwesen im Donauraum zwischen 1740 und 1809. Kommentierte Bibliographie der deutsch- und ungarisch-sprachigen Zeitschriften in Wien, Pressburg und Pest-Buda. Wien 1988.
72. J. WEBER, Neue Funde aus der Frühgeschichte des deutschen Zeitungswesens, in: Archiv für Geschichte des Buchwesens 39 (1993) 321–360.
73. ZDB: Zeitschriftendatenbank der Staatsbibliothek zu Berlin und der Deutschen Nationalbibliothek, &http://dispatch.opac.ddb.de (10.10.2008).

1. Allgemeine und übergreifende Darstellungen, Lexika, Theorien

74. W. Behringer, Im Zeichen des Merkur. Reichspost und Kommunikationsrevolution in der Frühen Neuzeit. Göttingen 2003.
75. W. Behringer, Art. Kommunikation, in: 101: VI, 995–1018.
76. J. J. Berns, „Partheylichkeit" und Zeitungswesen. Eine medienpolitische Diskussion an der Wende vom 17. zum 18. Jahrhundert, in: W. F. Haug (Hrsg.), Massen – Medien – Politik. Karlsruhe 1976, 202–233.
77. A. Böhn/A. Seidler, Mediengeschichte. Eine Einführung. Tübingen 2008.
78. H. Boockmann/H. Dormeier, Gebhardt 8, in: 97: 8.
79. F. Braudel, Sozialgeschichte des 15. bis 18. Jahrhunderts, 3 Bde. Zürich 1987 [Paris 1979].
80. P. Burke, Media, in: A. Briggs/P. Burke, A Social History of the Media: From Gutenberg to the Internet. Cambridge 2002, 1–105.
81. J. Burkhardt/C. Werkstetter (Hrsg.), Kommunikation und Medien in der Frühen Neuzeit. München 2005.
82. J. Burkhardt, Gebhardt 11, in: 97: 11.
83. F. Crivellari u. a., Einleitung, in: Dies. (Hrsg.), Die Medien der Geschichte. Historizität und Medialität in interdisziplinärer Perspektive. Konstanz 2004, 9–45.
84. R. Darnton, Introduction, in: R. Darnton / D. Roche (Hrsg.), Revolution in Print. The Press in France 1775–1800. Berkeley/Los Angeles/London 1989, XIII–XV.
85. W. Demel, Vom aufgeklärten Reformstaat zum bürokratischen Staatsabsolutismus. München 1993.
86. W. Demel, Gebhardt 12, in: 97: 12.
87. K. Ebeling, Das technische Apriori. in: Archiv für Mediengeschichte 6 (2006) 11–22.
88. E. L. Eisenstein, The Printing Press as an Agent of Change. Communications and Cultural Transformations in Early-Modern Europe, 2 Bde. Cambridge (Mass.) 1979.
89. E. L. Eisenstein, The Printing Revolution in Early Modern Europe. Cambridge 1983.
90. W. Faulstich, Medien zwischen Herrschaft und Revolte. Die Medienkultur der Frühen Neuzeit 1400–1700. Göttingen 1998.
91. W. Faulstich, Die bürgerliche Mediengesellschaft 1700–1830. Göttingen 2002.

92. W. FAULSTICH, Grundwissen Medien. 5. Aufl. München 2004 [1998].
93. W. FAULSTICH, Mediengeschichte von den Anfängen bis 1700. Göttingen 2006.
94. W. FAULSTICH, Mediengeschichte von 1700 bis ins 3. Jahrtausend. Göttingen 2006.
95. W. FAULSTICH/C. RÜCKERT, Mediengeschichte in tabellarischem Überblick von den Anfängen bis heute. Bardowick 1993.
96. E. FISCHER/W. HAEFS/Y.-G. MIX (Hrsg.), Von Almanach bis Zeitung. Ein Handbuch der Medien in Deutschland 1700–1800. München 1999.
97. B. GEBHARDT, Gebhardt – Handbuch der deutschen Geschichte. 10. Aufl. Bde. 8–12. Stuttgart 2001–2006.
98. S. GRAMPP, Erben der Gutenberg-Galaxis. Kulturgeschichte als Mediengeschichte im medientheoretischen Diskurs, in: Archiv für Mediengeschichte 6 (2006) 73–86.
99. H. H. HIEBEL u.a. (Hrsg.), Große Medienchronik. München 1999.
100. J. HÖRISCH, Der Sinn und die Sinne. Eine Geschichte der Medien. Frankfurt am Main 2001.
101. F. JÄGER (Hrsg.), Enzyklopädie der Neuzeit, bisher Bd. I–VIII. Stuttgart 2005–2008.
102. M. KEMP (Hrsg.), DuMont Geschichte der Kunst. Köln 2003 [Oxford 2000].
103. D. KERLEN, Einführung in die Medienkunde. Stuttgart 2003.
104. F. KITTLER, Die Nacht der Substanz (1989), in: 9: 507–524.
105. H. KLEIN, DuMont's kleines Sachwörterbuch der Drucktechnik und der grafischen Kunst. 8. Aufl. Köln 1991.
106. S. KRÄMER, Medium, Bote, Übertragung. Kleine Metaphysik der Medialität. Frankfurt am Main 2008.
107. I. KRETSCHMER/J. DÖRFLINGER/F. WAWRIK (Hrsg.), Lexikon zur Geschichte der Kartographie. Von den Anfängen bis zum Ersten Weltkrieg, 2 Bde. Wien 1986.
108. A. KÜMMEL/L. SCHOLZ/E. SCHUMACHER (Hrsg.), Einführung in die Geschichte der Medien. München 2004.
109. M. LANZINNER/G. SCHORMANN, Gebhardt 10, in: 97: 10.
110. J.-F. LEONHARD u.a. (Hrsg.), Medienwissenschaft. Ein Handbuch zur Entwicklung der Medien und Kommunikationsformen. Berlin/New York 1999.
111. R. LESCHKE, Einführung in die Medientheorie. München 2003.

112. M. McLuhan, Die Gutenberg-Galaxis: das Ende des Buchzeitalters. Bonn u. a. 1995 [Toronto 1962].
113. M. McLuhan, Die magischen Kanäle. „Understanding Media". Düsseldorf/Wien 1968 [New York 1964].
114. M. Maurer, Kirche, Staat und Gesellschaft im 17. und 18. Jahrhundert. München 1999.
115. D. Mersch, Medientheorien zur Einführung. Hamburg 2006.
116. O. Mörke, Die Reformation. Voraussetzungen und Durchsetzung. München 2005.
117. W. Müller, Die Aufklärung. München 2002.
118. R. Münch, Art. Druckmedien, in: 101: II, 1151–1160.
119. M. North, Kommunikation, Handel, Geld und Banken in der Frühen Neuzeit. München 2000.
120. A. Pettegree /M. Hall, The Reformation and the Book: A Reconsideration, in: HJ 47 (2004) 785–808.
121. H. Pompe, Die Neuheit der Neuheit: Der Zeitungsdiskurs im späten 17. Jahrhundert, in: 108: 35–63.
122. H. Pompe, Zeitung/Kommunikation. Zur Rekonfiguration von Wissen, in: 160: 157–321.
123. U. Rautenberg (Hrsg.), Reclams Sachlexikon des Buches. Stuttgart 2003.
124. W. Reinhard, Gebhardt 9, in: 97: 9.
125. A. Roesler/B. Stiegler (Hrsg.), Grundbegriffe der Medientheorie. Paderborn 2005.
126. H. Schanze (Hrsg.), Handbuch der Mediengeschichte. Stuttgart 2001.
127. H. Schanze (Hrsg.), Metzler Lexikon Medientheorie Medienwissenschaft. Ansätze – Personen – Grundbegriffe. Stuttgart/Weimar 2002.
128. R. Schlögl, Kommunikation und Vergesellschaftung unter Anwesenden. Formen des Sozialen und ihre Transformation in der Frühen Neuzeit, in: GG 34 (2008) 155–224.
129. L. Scholz/A. Schütte, „Heiliger Sokrates, bitte für uns?" Simulation und Buchdruck, in: 160: 21–128.
130. P. Stein, Schriftkultur. Eine Geschichte des Schreibens und Lesens. Darmstadt 2006.
131. R. Stöber, Mediengeschichte. Die Evolution „neuer Medien" von Gutenberg bis Gates. Eine Einführung, Bd. 1: Presse – Telekommunikation. Wiesbaden 2003.
132. G. C. Tholen, Medium/Medien, in: 125: 150–172.
133. P. Watzlawick/J. H. Beavin/D. D. Jackson, Menschliche Kom-

munikation. Formen, Störungen, Paradoxe. 10. Aufl. Bern u. a. 2000 [1969].
134. H. WENZEL, Mediengeschichte vor und nach Gutenberg. Darmstadt 2007.
135. J. WILKE, Grundzüge einer Medien- und Kommunikationsgeschichte. Von den Anfängen bis ins 20. Jahrhundert. Köln/Weimar/Wien 2000 [2. Aufl. 2008].
136. A. WÜRGLER, Art. Eidgenossenschaft, in: Historisches Lexikon der Schweiz, Bd. 4. Basel 2005, 114–121 [www.hls.ch (30.12. 2008)].
137. C. ZIMMERMANN, Art. Medien, in: 101: VIII, 223–243.

2. Technikgeschichte der Medien

138. B. AGÜERA Y ARCAS/A. FAIRHALL, Archeology of type. Printing technology co-evolved with the written representation of language, in: Nature 411 (2001) 997.
139. G. BRINKHUS, Die Technikgeschichte des Buches und der Broschüre vom 16. bis zum 20. Jahrhundert, in: 110: 450–457.
140. S. CORSTEN, Die Technikgeschichte der Inkunabeln, in: 110: 444–450.
141. M. GIESECKE, Der Buchdruck in der frühen Neuzeit. Eine historische Fallstudie über die Durchsetzung neuer Informations- und Kommunikationstechnologien. Frankfurt am Main 1991.
142. E.-M. HANEBUTT-BENZ, Technik des Buches, in: 110: 390–421.
143. E.-M. HANEBUTT-BENZ, Gutenbergs Erfindungen. Die technischen Aspekte des Druckens mit vielfachen Lettern auf der Buchdruckerpresse, in: STADT MAINZ (Hrsg.), Gutenberg aventur und kunst. Vom Geheimunternehmen zur ersten Medienrevolution. Mainz 2000, 158–189.
144. F. VAN DER LINDEN, Du Mont's Handbuch der grafischen Techniken. 3. Aufl. Köln 1990.
145. V. SCHMIDTCHEN, Druck und Papier, in: K.-H. LUDWIG/V. SCHMIDTCHEN, Metalle und Macht: 1000–1600. 2. Aufl. Berlin 1997 [1992], 573–587.
146. C. SIEGERT, Art. Musikdruck, in: 101: VIII, 903–906.
147. M. WELKE, Die Entwicklung der frühen Zeitungsdrucktechnik (17. und 18. Jahrhundert), in: DERS./B. FUCHS, Zeitungsdruck. Die Entwicklung der Technik vom 17. bis 20. Jahrhundert. München 2000, 9–28.

148. H.-J. WOLF, Geschichte der graphischen Verfahren. Papier – Satz – Druck – Farbe – Photographie – Soziales. Dornstadt 1990.
149. H.-J. WOLF, Geschichte der Typographie. Hand- und Maschinensatz im Lauf der Jahrhunderte. Ulm-Wiblingen 1999.

3. Kulturgeschichte der Medien

150. M. BAXANDALL, Die Wirklichkeit der Bilder. Malerei und Erfahrung im Italien des 15. Jahrhunderts. Frankfurt am Main 1977 [Oxford 1972].
151. H. BELTING, Bild und Kult. Eine Geschichte des Bildes vor dem Zeitalter der Kunst. München 1990.
152. P. BLICKLE/A. HOLENSTEIN /H. R. SCHMIDT (Hrsg.), Macht und Ohnmacht der Bilder. Reformatorischer Bildersturm im Kontext der europäischen Geschichte. München 2002.
153. H. BÖNING (Hrsg.), Französische Revolution und deutsche Öffentlichkeit: Wandlungen in Presse und Alltagskultur am Ende des 18. Jahrhunderts. München u. a. 1992.
154. H. BREDEKAMP, Schlussvortrag: Bild – Akt – Geschichte, in: C. WISCHERMANN u. a. (Hrsg.), 46. Deutscher Historikertag in Konstanz. Berichtsband. Konstanz 2007, 289–309.
155. H. BREDEKAMP, Galilei der Künstler. Der Mond. Die Sonne. Die Hand. Berlin 2007.
156. S. BURGHARTZ, Die inszenierten Welten der Verleger de Bry, in: DIES. (Hrsg.), Inszenierte Welten. Die west- und ostindischen Reisen der Verleger de Bry, 1590–1630. Basel 2004, 7–12.
157. P. BURKE, Augenzeugenschaft. Bilder als historische Quellen. Berlin 2003 [London 2001].
158. P. BURKE, Wörter machen Leute. Gesellschaft und Sprachen im Europa der frühen Neuzeit. Berlin 2006 [Cambridge 2004].
159. R. CHARTIER, Les chemins de l'écrit, ou le retour à Monte Verità, in: A. MESSERLI/R. CHARTIER (Hrsg.), Scripta volant, verba manent. Schriftkulturen in Europa zwischen 1500 und 1900. Basel 2007, 483–493.
160. J. FOHRMANN (Hrsg.), Gelehrte Kommunikation. Wissenschaft und Medium zwischen dem 16. und 20. Jahrhundert. Wien/Köln/Weimar 2005.
161. C. FRIEDRICHS, Politics or Pogrom? The Fettmilch Uprising in German and Jewish History, in: CEH 19 (1986) 186–228.

162. P. Hersche, Muße und Verschwendung. Europäische Gesellschaft und Kultur im Barockzeitalter, 2 Bde. Freiburg/Basel/Wien 2006.
163. U. Jochum, Kleine Bibliotheksgeschichte, 3. Aufl. Stuttgart 2007.
164. P. Kaenel/R. Reichardt (Hrsg.), Interkulturelle Kommunikation in der europäischen Druckgraphik im 18. und 19. Jahrhundert. Hildesheim 2007.
165. O. Keel, Das biblische Kultbildverbot und seine Auslegung im rabbinisch-orthodoxen Judentum und im Christentum, in: 152: 65–96.
166. J.-F. Leonhard, Geschichte der Bibliotheken, in: 110: 473–500.
167. A. Landwehr/S. Stockhorst, Einführung in die europäische Kulturgeschichte. Paderborn u. a. 2004.
168. H.-J. Lüsebrink/R. Reichardt, Die Bastille. Zur Symbolgeschichte von Herrschaft und Freiheit. Frankfurt am Main 1990.
169. M. Maurer, Kulturgeschichte. Eine Einführung. Köln/Weimar/Wien 2008.
170. P. Münch, Lebensformen in der frühen Neuzeit. Frankfurt am Main/Berlin 1992.
171. W. Raible, Medien-Kulturgeschichte. Mediatisierung als Grundlage unserer kulturellen Entwicklung. Heidelberg 2006.
172. G. Ruppelt, Bibliotheken, in: B. Franzmann u. a. (Hrsg.), Handbuch Lesen. München 1999, 394–431.
173. C. Schnyder, Reformation. Stuttgart 2008.
174. S. S. Tschopp, Heilsgeschichtliche Deutungsmuster in der Publizistik des Dreißigjährigen Krieges. Pro- und antischwedische Propaganda in Deutschland 1628 bis 1635. Frankfurt am Main u. a. 1991.
175. S. S. Tschopp, Das Unsichtbare begreifen. Die Rekonstruktion historischer Wahrnehmungsmodi als methodische Herausforderung der Kulturgeschichte, in: HZ 280 (2005) 39–81.
176. S. S. Tschopp, Forschungskontroversen, in: Dies./W. E. J. Weber, Grundfragen der Kulturgeschichte. Darmstadt 2007, 24–122.
177. S. Wehde, Typographische Kultur. Eine zeichentheoretische und kulturgeschichtliche Studie zur Typographie und ihrer Entwicklung. Tübingen 2000.

4. Wirtschafts- und Sozialgeschichte der Medien

178. P. ALBRECHT/H. BÖNING (Hrsg.), Historische Presse und ihre Leser. Studien zu Zeitungen und Zeitschriften, Intelligenzblättern und Kalendern in Norddeutschland. Bremen 2005.
179. S. BENDEL, Werbeanzeigen von 1622–1798. Entstehung und Entwicklung einer Textsorte. Tübingen 1998.
180. J. BENZING, Die Buchdrucker des 16. und 17. Jahrhunderts im deutschen Sprachgebiet. 2. Aufl. Wiesbaden 1982.
181. H. BÖNING, Zeitungen für das „Volk", in: 153: 467–526.
182. G. CAVALLO/R. CHARTIER (Hrsg.), Die Welt des Lesens. Von der Schriftrolle zum Bildschirm. Frankfurt am Main/New York/Paris 1999, 9–57 [Rom 1995].
183. M. U. CHRISMAN, Lay culture, learned culture: books and social change in Strasbourg 1480–1599. New Haven/London 1982.
184. O. DANN (Hrsg.), Lesegesellschaften und bürgerliche Emanzipation. München 1981.
185. R. VAN DÜLMEN, Die Gesellschaft der Aufklärer. Zur bürgerlichen Emanzipation und aufklärerischen Kultur in Deutschland. Frankfurt am Main 1986.
186. R. ELKAR, Art. Buchbinder, in: 101: II, 488–490.
187. R. ENGELSING, Analphabetentum und Lektüre. Zur Sozialgeschichte des Lesens in Deutschland zwischen feudaler und industrieller Gesellschaft. Stuttgart 1973.
188. E. ERNE, Die schweizerischen Sozietäten. Lexikalische Darstellung der Reformgesellschaften des 18. Jahrhunderts in der Schweiz. Zürich 1988.
189. J. L. FLOOD, ‚Omnium totius orbis emporiorum compendium': the Frankfurt fair in the early modern period, in: R. MYERS/M. HARRIS/G. MANDELBROTE (Hrsg.), Fairs, Markets and the itinerant Book Trade. New Castle (DE)/London 2007, 1–42.
190. E. FRANÇOIS, Alphabetisierung und Lesefähigkeit in Frankreich und Deutschland um 1800, in: H. BERDING/E. FRANÇOIS/H.-P. ULLMANN (Hrsg.), Deutschland und Frankreich im Zeitalter der Französischen Revolution. Frankfurt am Main 1989, 407–425.
191. U. IM HOF, Das Europa der Aufklärung. München 1993.
192. H.-J. KÜNAST, „Getruckt zu Augspurg". Buchdruck und Buchhandel in Augsburg zwischen 1468 und 1555. Tübingen 1997.
193. A. MESSERLI, War das illustrierte Flugblatt ein Massenlesestoff? Überlegungen zu einem Paradigmawechsel in der Erforschung seiner Rezeption, in: 220: 23–32.

194. A. MESSERLI, Lesen und Schreiben 1700 bis 1900. Untersuchung zur Durchsetzung der Literalität in der Schweiz. Tübingen 2002.
195. A. MESSERLI/R. CHARTIER (Hrsg.), Lesen und Schreiben in Europa 1500–1900. Vergleichende Perspektiven. Basel 2000.
196. Y.-G. MIX, Medien für Frauen, in: 96: 45–61.
197. S. NIEMEIER, Funktionen der Frankfurter Buchmesse im Wandel. Von den Anfängen bis heute. Wiesbaden 2001.
198. C. RESKE, Die Buchdrucker des 16. und 17. Jahrhunderts im deutschen Sprachgebiet: auf der Grundlage des gleichnamigen Werkes von Josef Benzing. Wiesbaden 2007.
199. R. SCHENDA, Volk ohne Buch. Studien zur Sozialgeschichte populärer Lesestoffe 1770–1910. 2. Aufl. München 1977 [1. Aufl. Frankfurt am Main 1970; 3. Aufl. Frankfurt am Main 1988].
200. R. SCHENDA, Bilder vom Lesen – Lesen von Bildern, in: IASL 12 (1987) 82–106.
201. E. SCHÖN, Geschichte des Lesens, in: B. FRANZMANN u. a. (Hrsg.), Handbuch Lesen. München 1999, 1–85.
202. U. SCHNEIDER, Art. Buchhandel, in: 101: II, 499–501.
203. M. STÜTZEL-PRÜSENER, Die deutschen Lesegesellschaften im Zeitalter der Aufklärung, in: 184: 71–86.
204. P. UKENA, Buchanzeigen in den deutschen Zeitungen des 17. Jahrhunderts, in: A. SCHÖNE (Hrsg.), Stadt – Schule – Universität – Buchwesen und die deutsche Literatur im 17. Jahrhundert. München 1976, 506–522.
205. M.-L. VON WARTBURG-AMBÜHL, Alphabetisierung und Lektüre. Eine Untersuchung am Beispiel einer ländlichen Region [Zürich] im 17. und 18. Jahrhundert. Bern/Frankfurt am Main/New York 1981.
206. M. WELKE, Gemeinsame Lektüre und frühe Formen von Gruppenbildungen im 17. und 18. Jahrhundert: Zeitungslesen in Deutschland, in: 184: 29–53.
207. R. WITTMANN, Geschichte des deutschen Buchhandels. 2. Aufl. München 1999 [1991].

5. „Mediumgeschichten": Einzelne Druckmedien

5.1 Buch

208. S. FÜSSEL, Johannes Gutenberg. Reinbek 1999.
209. S. FÜSSEL, Gutenberg und seine Wirkung. 2. Aufl. Darmstadt 2004 [Frankfurt am Main/Leipzig 1999].

210. M. JANZIN/J. GÜNTNER, Das Buch vom Buch. 5000 Jahre Buchgeschichte. 3. Aufl. Hannover 2007.
211. U. NEDDERMEYER, Von der Handschrift zum gedruckten Buch. Schriftlichkeit und Leseinteresse im Mittelalter und in der frühen Neuzeit. Quantitative und qualitative Aspekte, 2 Bde. Wiesbaden 1998.
212. E. WEYRAUCH, Das Buch als Träger der frühneuzeitlichen Kommunikationsrevolution, in: M. NORTH (Hrsg.), Kommunikationsrevolutionen. Die neuen Medien des 16. und 19. Jahrhunderts. Köln/Weimar/Wien 1995, 1–13.
213. E. WEYRAUCH, Art. Buch, in: 101: II, 473–478.
214. E. WEYRAUCH, Art. Buchdruck, in: 101: II, 490–493.

5.2 Neue Zeitung, Flugblatt und Flugschrift

215. G. BERGHAUS, Die Aufnahme der englischen Revolution in Deutschland 1640–1649. Studien zur politischen Literatur und Publizistik im 17. Jahrhundert mit einer Bibliographie der Flugschriften. Wiesbaden 1989.
216. F. EISERMANN, Auflagenhöhen von Einblattdrucken im 15. und frühen 16. Jahrhundert, in: V. HONEMANN u. a. (Hrsg.), Einblattdrucke des 15. und frühen 16. Jahrhunderts. Probleme, Perspektiven, Fallstudien. Tübingen 2000, 143–177.
217. D. GUGGISBERG, Das Bild der „Alten Eidgenossen" in Flugschriften des 16. bis Anfang 18. Jahrhunderts (1531–1712). Tendenzen und Funktionen eines Geschichtsbildes. Bern u. a. 2000.
218. W. HARMS, Das illustrierte Flugblatt in Verständigungsprozessen innerhalb der frühneuzeitlichen Kultur, in: 220: 11–21.
219. W. HARMS/M. SCHILLING (Hrsg.), Das illustrierte Flugblatt in der Kultur der Neuzeit. Frankfurt am Main u. a. 1998.
220. W. HARMS/A. MESSERLI (Hrsg.), Wahrnehmungsgeschichte und Wissensdiskurs im illustrierten Flugblatt der Frühen Neuzeit 1450–1700. Basel 2002.
221. H.-J. KÖHLER (Hrsg.), Flugschriften als Massenmedium der Reformationszeit. Stuttgart 1981.
222. H.-J. KÖHLER, Erste Schritte zu einem Meinungsprofil der frühen Reformationszeit, in: V. PRESS/D. STIEVERMANN (Hrsg.), Martin Luther. Probleme seiner Zeit. Stuttgart 1986, 244–281.
223. B. MOELLER, Stadt und Buch. Bemerkungen zur Struktur der reformatorischen Bewegung in Deutschland, in: W. J. MOMMSEN (Hrsg.), Stadtbürgertum und Adel in der Reformation. Studien zur

Sozialgeschichte der Reformation in England und Deutschland. Stuttgart 1979, 25–39.
224. K. Pfarr, Die Neue Zeitung. Empirische Untersuchung eines Informationsmediums der frühen Neuzeit unter besonderer Berücksichtigung von Gewaltdarstellungen. Diss. Mainz 1994.
225. U. Rautenberg, Art. Einblattdrucke, in: 101: II, 118–120.

5.3 Zeitung, Intelligenzblatt und Presse

226. K. Angelike, Louis-François Mettra. Ein französischer Zeitungsverleger in Köln (1770–1800). Köln 2002.
227. M. Beermann, Zeitung zwischen Profit und Politik: Der „Courier du Bas-Rhin" (1767–1810): eine Fallstudie zur politischen Tagespublizistik im Europa des späten 18. Jahrhunderts. Leipzig 1996.
228. A. Blome (Hrsg.), Zeitung, Zeitschrift, Intelligenzblatt und Kalender. Beiträge zur historischen Presseforschung. Bremen 2001.
229. R. Bódy-Markus, Deutschsprachige Periodika in Pest und Ofen vor 1815, in: 228: 125–136.
230. H. Böning, Das Intelligenzblatt, in: 96: 89–104.
231. H. Böning, Welteroberung durch ein neues Publikum. Die deutsche Presse und der Weg zur Aufklärung. Hamburg und Altona als Beispiel. Bremen 2002.
232. H. Böning, Periodische Presse. Kommunikation und Aufklärung: Hamburg und Altona als Beispiel. Bremen 2002.
233. H. Böning/E. Moepps, Hinweise für den Benutzer, in: 58: I–XXXII.
234. H. Bohrmann, Theorien der Zeitung und Zeitschrift, in: 110: 143–148.
235. E. Bollinger, Pressegeschichte I. 1500–1800: Das Zeitalter der allmächtigen Zensur. Freiburg (Schweiz) 1995 [2. Aufl. 1999].
236. K. Czibula, Die Eigenart des Zeitschriftenwesens in Preßburg in der zweiten Hälfte des 18. Jahrhunderts, in: 228: 115–124.
237. S. Doering-Manteuffel/J. Mančal/W. Wüst (Hrsg.), Pressewesen der Aufklärung. Periodische Schriften im Alten Reich. Berlin 2001.
238. H.-D. Fischer (Hrsg.), Deutsche Zeitungen des 17. bis 20. Jahrhunderts. Pullach bei München 1972.
239. G. Fritz/E. Strassner (Hrsg.), Die Sprache der ersten deutschen Wochenzeitungen im 17. Jahrhundert, Tübingen 1996.

240. J. GIESELER/T. SCHRÖDER, Bestandesaufnahme zum Untersuchungsbereich „Textstruktur, Darstellungsformen und Nachrichtenauswahl", in: 239: 29–69.
241. F. HUNEKE, Die „Lippischen Intelligenzblätter" (Lemgo 1767–1799). Lektüre und gesellschaftliche Erfahrung. Bielefeld 1989.
242. T. KEMPF, Aufklärung als Disziplinierung. Studien zum Diskurs des Wissens in Intelligenzblättern und gelehrten Beilagen der 2. Hälfte des 18. Jahrhunderts. München 1991.
243. K. KOSZYK, Allgemeine Geschichte der Zeitung, in: 110: 896–913.
244. K. H. KREMER, Johann von den Birghden (1582–1645), kaiserlicher und königlich-schwedischer Postmeister zu Frankfurt am Main. Bremen 2005.
245. A. KUTSCH/J. WEBER (Hrsg.), 350 Jahre Tageszeitung. Forschungen und Dokumente. Bremen 2002.
246. M. LINDEMANN, Deutsche Presse bis 1815. Berlin 1969 [ND 1988].
247. S. MARTEN-FINNIS/M. WINKLER (Hrsg.), Die jüdische Presse im europäischen Kontext 1686–1990. Bremen 2006.
248. F. MOUREAU, La Presse allemande de langue française (1686–1790). Etude statistique et thématique, in: G. SAUDER/J. SCHLOBACH (Hrsg.), Frankreich und Deutschland im 18. Jahrhundert. Heidelberg 1985, 243–252.
249. M. NAGEL, Deutsch-jüdische Presse und jüdische Geschichte, in: 264: 379–394.
250. M. NAGEL, Zur Journalistik der frühen Haskala, in: 247: 27–42.
251. H. PACH, Die Amsterdamer Dinstaghishe un Fraitagishe Kurantn (1686–1687). Wie jüdisch war die erste jiddische Zeitung?, in: 247: 17–25.
252. T. SCHRÖDER, Die ersten Zeitungen. Textgestaltung und Nachrichtenauswahl. Tübingen 1995.
253. S. SCHULTHEISS-HEINZ, Politik in der europäischen Publizistik. Eine historische Inhaltsanalyse von Zeitungen des 17. Jahrhunderts. Stuttgart 2004.
254. J. SGARD (HRSG.), Dictionnaire des Journaux 1600–1789, 2 Bde. Paris 1991.
255. R. STÖBER, Deutsche Pressegeschichte. Einführung, Systematik, Glossar. Konstanz 2000 [2. Aufl. 2005].
256. E. STRASSNER, Zeitung. 2. Aufl. Tübingen 1999.
257. B. TOLKEMITT, Der Hamburgische Correspondent. Zur öffentlichen Verbreitung der Aufklärung in Deutschland. Tübingen 1995.

258. N. WAIBEL, Nationale und patriotische Publizistik in der Freien Reichsstadt Augsburg: Studien zur periodischen Presse im Zeitalter der Aufklärung (1748–1770). Bremen 2008.
259. J. WEBER, „Unterthenige Supplication Johann Caroli / Buchtruckers". Der Beginn gedruckter politischer Wochenzeitungen im Jahre 1605, in: Archiv für Geschichte des Buchwesens 38 (1992) 257–265.
260. J. WEBER, Daniel Hartnack – ein gelehrter Streithahn und Avisenschreiber am Ende des 17. Jahrhunderts. Zum Beginn der politisch kommentierenden Zeitungspresse, in: Gutenberg-Jahrbuch 68 (1993) 140–158.
261. J. WEBER, Avisen, Relationen, Gazetten. Der Beginn des europäischen Zeitungswesens. Oldenburg 1997.
262. J. WEBER, Straßburg 1605: Die Geburt der Zeitung, in: Jahrbuch für Kommunikationsgeschichte 7 (2005) 3–26.
263. M. WELKE, Johann Carolus und der Beginn der periodischen Tagespresse. Versuch, einen Irrweg der Forschung zu korrigieren, in: 264: 9–116.
264. M. WELKE/J. WILKE (Hrsg.), 400 Jahre Zeitung. Die Entwicklung der Tagespresse im internationalen Kontext. Bremen 2008.
265. J. WILKE, Die Zeitung, in: 96: 388–402.

5.4 Zeitschrift, Messrelation, Kalender, Almanach

266. W. F. BENDER/S. BUSHUVEN/M. HUESMANN (Hrsg.), Theaterperiodika des 18. Jahrhunderts. Bibliographie und inhaltliche Erschließung deutschsprachiger Theaterzeitschriften, Theaterkalender und Theatertaschenbücher, 1750–1800, 8 Bde. München u. a. 1994–2005.
267. H. BRANDES, Moralische Wochenschriften, in: 96: 225–232.
268. W. BUNZEL, Almanache und Taschenbücher, in: 96: 24–35.
269. U. EGENHOFF, Berufsschriftstellertum und Journalismus in der Frühen Neuzeit: Eberhard Werner Happels „Relationes Curiosae" im Medienverbund des 17. Jahrhunderts. Bremen 2008.
270. H.-D. FISCHER (Hrsg.), Deutsche Zeitschriften des 17.–20. Jahrhunderts. München 1973.
271. J. GLÜER, Messrelationen um 1600 – ein neues Medium zwischen aktueller Presse und Geschichtsschreibung. Eine textsortengeschichtliche Untersuchung. Göppingen 2000.
272. W. HAACKE, Die politische Zeitschrift 1665–1965, Bd. 1. Stuttgart 1968.

273. T. HABEL, Gelehrte Journale und Zeitungen der Aufklärung: zur Entstehung, Entwicklung und Erschließung deutschsprachiger Rezensionszeitschriften des 18. Jahrhunderts. Bremen 2007.
274. P. HOCKS/P. SCHMIDT, Index zu deutschen Zeitschriften der Jahre 1773–1830, 3 Bde. Nendeln 1979.
275. Index deutschsprachiger Zeitschriften 1750–1815, hrsg. von der Akademie der Wissenschaften, Leitung K. SCHMIDT. Hildesheim 1989–1990 [Mikrofiches].
276. J. KNOPF, Kalender, in: 96: 121–136.
277. W. MARTENS, Die Botschaft der Tugend. Die Aufklärung im Spiegel der deutschen Moralischen Wochenschriften. Stuttgart 1968.
278. H. MARTI/E. ERNE (Hrsg.), Index der deutsch- und lateinsprachigen Schweizer Zeitschriften von den Anfängen bis 1750. Basel 1998.
279. A. MESSERLI, Art. Kalender, in: 101: VI, 279–282.
280. G. PETRAT, Einem besseren Dasein zu Diensten. Die Spur der Aufklärung im Medium Kalender zwischen 1700 und 1919. München u. a. 1991.
281. B. ROECK, Eine Stadt in Krieg und Frieden. Studien zur Geschichte der Reichsstadt Augsburg zwischen Kalenderstreit und Parität, 2 Bde. Göttingen 1989.
282. U. ROSSEAUX, Die Entstehung der Messrelationen. Zur Entwicklung eines frühneuzeitlichen Nachrichtenmediums aus der Zeitgeschichtsschreibung des 16. Jahrhunderts, in: HJb 124 (2004) 97–123.
283. U. SCHNEIDER, Friedrich Nicolais Allgemeine Deutsche Bibliothek als Integrationsmedium der Gelehrtenrepublik. Wiesbaden 1995.
284. U. SCHNEIDER, Literaturkritische Zeitschriften, in: 96: 191–206.
285. M. STUBER, Journal and Letter: the interaction between two communications media in the correspondence of Albrecht von Haller, in: H.-J. LÜSEBRINK/J. D. POPKIN (Hrsg.), Enlightenment, Revolution and the Periodical Press. Oxford 2004, 114–141.
286. J. WEBER, Götter-Both Mercurius. Die Urgeschichte der politischen Zeitschrift in Deutschland. Bremen 1994.
287. U. WECKEL, Zwischen Häuslichkeit und Öffentlichkeit. Die ersten deutschen Frauenzeitschriften im späten 18. Jahrhundert und ihr Publikum. Tübingen 1998.
288. J. WILKE, Literarische Zeitschriften des 18. Jahrhunderts (1688–1789), 2 Teile. Stuttgart 1979.

5.5 Bilder und Druckgraphik

289. S. Appuhn-Radtke, Art. Druckgraphik, in: 101: II, 1138–1150.
290. R. Aulinger, Das Bild des Reichstages im 16. Jahrhundert. Beiträge zu einer typologischen Analyse schriftlicher und bildlicher Quellen. Göttingen 1980.
291. H. Belting (Hrsg.), Bilderfragen. Die Bildwissenschaften im Aufbruch. München 2007.
292. W. Benjamin, Das Kunstwerk im Zeitalter seiner technischen Reproduzierbarkeit. Frankfurt am Main 2003 [frz. 1936].
293. G. Boehm, Iconic turn. Ein Brief, in: 291: 27–36.
294. R. W. Brednich, Bildforschung, in: Ders., Grundriss der Volkskunde. Berlin 1994.
295. W. Brückner, Populäre Druckgraphik Europas: Deutschland, vom 15. bis zum 20. Jahrhundert. München 1975.
296. A.-F. Eichler, Druckgrafik. Köln 2006.
297. B. Emich, Bildlichkeit und Intermedialität in der Frühen Neuzeit. Eine interdisziplinäre Spurensuche, in: ZHF 35 (2008) 31–56.
298. R. S. Field, Der frühe Holzschnitt. Was man weiß und was man nicht weiß, in: 309: 19–35.
299. A. Griffiths, Kunst und Kunsthandwerk, in: 305: 133–185.
300. F. Haskell, Die Geschichte und ihre Bilder. München 1995 [New Haven 1993].
301. A. Henkel/A. Schöne, Emblemata. Handbuch zur Sinnbildkunst des XVI. und XVII. Jahrhunderts. Taschenausgabe. Stuttgart 1996 [1967–1976].
302. A. Holenstein/H. R. Schmidt, Bilder als Objekte – Bilder in Relationen. Auf dem Weg zu einer wahrnehmungs- und handlungsgeschichtlichen Deutung von Bilderverehrung und Bilderzerstörung, in: 152: 511–527.
303. L. C. Hults, Die Druckgraphik, in: 102: 254–261, 358–365.
304. C. Kassung, „Diese mit Recht und Unrecht etwas stiefmütterlich behandelte Technik" – Anmerkungen zu einer Mediengeschichte der Lithographie, in: 108: 65–93.
305. M. Melot u. a. (Hrsg.), Die Graphik. Entwicklungen, Stilformen, Funktion. Genf/Stuttgart 1981.
306. M. Melot, Wesen und Bedeutung der Druckgraphik, in: 305: 7–131.
307. W. J. T. Mitchell, Pictorial turn. Eine Antwort, in: 291: 37–46.
308. J. R. Paas (Hrsg.), Augsburg, Bilderfabrik Europas. Essays zur Augsburger Druckgraphik der frühen Neuzeit. Augsburg 2001.

309. P. PARSHALL/R. SCHOCH (Hrsg.), Die Anfänge der europäischen Druckgraphik. Holzschnitte des 15. Jahrhunderts und ihr Gebrauch. Nürnberg 2005.
310. R. REICHARDT, Bild- und Mediengeschichte, in: J. EIBACH/G. LOTTES (Hrsg.), Kompass der Geschichtswissenschaft: ein Handbuch. Göttingen 2002, 219–230, 255–257.
311. B. ROECK, Visual turn? Kulturgeschichte und die Bilder, in: GG 29 (2003) 204–315.
312. B. ROECK, Das historische Auge. Bilder als Quellen. Göttingen 2004.
313. M. SCHILLING, Bildpublizistik der frühen Neuzeit. Aufgaben und Leistungen des illustrierten Flugblatts in Deutschland bis um 1700. Tübingen 1990.
314. P. SCHMIDT, Das vielfältige Bild. Die Anfänge der Druckgraphik zwischen alten Thesen und neuen Zugängen, in: 309: 36–56.
315. H. TALKENBERGER, Historische Erkenntnis durch Bilder. Zur Methode und Praxis der Historischen Bildkunde, in: H.-J. GOERTZ (Hrsg.), Geschichte. Ein Grundkurs. Reinbek bei Hamburg 1998, 83–98.
316. B. TOLKEMITT/R. WOHLFEIL (Hrsg.), Historische Bildkunde. Probleme – Wege – Beispiele. Berlin 1991.
317. C.-P. WARNCKE, Symbol, Emblem, Allegorie: die zweite Sprache der Bilder. Köln 2005.
318. L. H. WÜTHRICH, Das Œuvre des Kupferstechers Christian von Mechel. Vollständiges Verzeichnis der von ihm geschaffenen und verlegten graphischen Arbeiten. Mit 96 Abbildungen. Basel/Stuttgart 1959.

5.6 Karten

319. W. BEHRINGER/B. ROECK (Hrsg.), Das Bild der Stadt in der Neuzeit 1400–1800. München 1991.
320. W. BEHRINGER, Die großen Städtebücher und ihre Voraussetzungen, in: 319: 81–93.
321. J. BLACK, Geschichte der Landkarte. Von der Antike bis zur Gegenwart. Leipzig 2005 [London 2001].
322. R. E. EHRENBERG, Mapping the World. An Illustrated History of Cartography. Washington (D.C.) 2006.
323. J. GLAUSER/C. KIENING (Hrsg.), Text, Bild, Karte. Kartographien der Vormoderne. Freiburg i. Br./Berlin/Wien 2007.

324. C. JACOB, L'empire des cartes. Approche théorique de la cartographie à travers l'histoire. Paris 1992.
325. U. LINDGREN, Die Grenzen des Alten Reiches auf gedruckten Landkarten, in: 372: 31–42.
326. U. LINDGREN, Art. Kartographie, in: 101: VI, 407–421.
327. W. NÖTH, Die Karte und ihre Territorien in der Geschichte der Kartographie, in: 323: 39–68.
328. M. RITTER, Die Augsburger Landkartenverlage Seutter, Lotter und Probst, in: Cartographica Helvetica Heft 25 (2002) 2–10.
329. K. SCHLÖGEL, Im Raume lesen wir die Zeit. Über Zivilisationsgeschichte und Geopolitik. München 2003.
330. U. SCHNEIDER, Die Macht der Karten. Eine Geschichte der Kartographie vom Mittelalter bis heute. Darmstadt 2004.
331. R. STOCKHAMMER, Kartierung der Erde. Macht und Lust in Karten und Literatur. München 2007.
332. A. STÜCKELBERGER, Einleitung, in: 48: I, 9–38.
333. P. F. TSCHUDIN, Typometrie: eine erfolgreiche Technik zur Herstellung aktueller Karten, in: Cartographica Helvetica 36 (2007) 27–35.
334. A. WÜRGLER, Which Switzerland? Contrasting Conceptions of the Early Modern Swiss Confederation in Minds and Maps, in: B. KÜMIN (Hrsg.), Political Space in Pre-Industrial Europe. Farnham/Burlington 2009, 197–213.

5.7 Andere Medien

335. G. E. EHRSTINE, Theater, Culture, and Community in Reformation Bern, 1523–1555. Leiden 2002.
336. M. JUCKER, Körper und Plurimedialität. Überlegungen zur spätmittelalterlichen Kommunikationspraxis im eidgenössischen Gesandtschaftswesen, in: K. KELLERMANN (Hrsg.), Der Körper – Realpräsenz und symbolische Ordnung. Berlin 2003, 68–83.
337. J.-N. KAPFERER, Gerüchte. Das älteste Massenmedium der Welt. Leipzig 1996 [Paris 1987/1995].
338. M. MITTERAUER, Predigt und Buchdruck. Frühformen der Massenkommunikation, in: DERS., Warum Europa? Mittelalterliche Grundlagen eines Sonderwegs. München 2003, 235–273.
339. H.-J. NEUBAUER, Fama. Eine Geschichte des Gerüchts. Berlin 1998.
340. W. J. ONG, Orality and Literacy. The Technologizing of the Word. London/New York 1982.

341. R. SCHENDA, Alphabetisierung und Literarisierungsprozesse in Westeuropa im 18. und 19. Jahrhundert, in: E. HINRICHS/G. WIEGELMANN (Hrsg.), Sozialer und kultureller Wandel in der ländlichen Welt des 18. Jahrhunderts. Wolfenbüttel 1982, 1–20.
342. R. SCHENDA, Vom Mund zum Ohr. Bausteine einer Kulturgeschichte volkstümlichen Erzählens in Europa. Göttingen 1993.
343. R. SCHLÖGL, Körper als Medium, in: 81: 429–431.
344. R. SCHLÖGL, Resümee: Typen und Grenzen der Körperkommunikation in der Frühen Neuzeit, in: 81: 547–560.
345. R. W. SCRIBNER, For the sake of simple folk: popular propaganda for the German Reformation. Cambridge 1981.
346. A. WÜRGLER, Fama und Rumor. Gerücht, Aufruhr und Presse im Ancien Régime, in: WerkstattGeschichte 5 (1996), Heft 15, 20–32.
347. A. WÜRGLER, Veröffentliche Meinungen – öffentliche Meinung. Lokal-internationale Kommunikationsnetze im 18. Jahrhundert, in: P.-E. KNABE (Hrsg.), Opinion. Berlin 2000, 101–135.

6. Politische Geschichte der Medien

6.1 Zensur

348. U. BALDINI, Die römischen Kongregationen der Inquisition und des Index und der wissenschaftliche Fortschritt im 16. bis 18. Jahrhundert, in: 362: 229–278.
349. D. BURKARD, Repression und Prävention. Die kirchliche Bücherzensur in Deutschland (16.–20. Jahrhundert), in: 362: 305–327.
350. U. EISENHARDT, Die kaiserliche Aufsicht über Buchdruck, Buchhandel und Presse im Heiligen Römischen Reich Deutscher Nation 1496–1806. Karlsruhe 1970.
351. S. FITOS, Zensur als Misserfolg. Die Verbreitung indizierter deutscher Druckschriften in der zweiten Hälfte des 16. Jahrhunderts. Frankfurt am Main u. a. 2000.
352. E. FISCHER, „Immer schon die vollständigste Pressfreiheit?" Beobachtungen zum Verhältnis von Zensur und Buchhandel im 18. Jahrhundert, in: 354: 61–78.
353. P. GODMAN, Weltliteratur auf dem Index. Die geheimen Gutachten des Vatikans. Unter Mitwirkung von Jens Brandt. Berlin/München 2001.
354. W. HAEFS/Y.-G. MIX (Hrsg.), Zensur im Jahrhundert der Aufklärung. Geschichte – Theorie – Praxis. Göttingen 2007.

355. W. HAEFS, Zensur im Alten Reich des 18. Jahrhunderts – Konzepte, Perspektiven und Desiderata der Forschung, in: 354: 389–424.
356. D. JONES (Hrsg.), Censorship. A World Encyclopedia, 4 Bde. London/Chicago 2002.
357. G. MINOIS, Censure et culture sous l'Ancien Régime. Paris 1995.
358. Y.-G. MIX, Zensur im 18. Jahrhundert. Prämissen und Probleme der Forschung, in: 354: 11–23.
359. H. RAFETSEDER, Bücherverbrennungen. Die öffentliche Hinrichtung von Schriften im historischen Wandel. Wien/Köln/Graz 1988.
360. J. (KARDINAL) RATZINGER, Das Archiv der Glaubenskongregation. Überlegungen anlässlich seiner Öffnung 1998, in: 362: 17–22.
361. H. J. SCHÜTZ, Verbotene Bücher. Eine Geschichte der Zensur von Homer bis Henry Miller. München 1990.
362. H. WOLF (Hrsg.), Inquisition, Index, Zensur. Wissenskulturen der Neuzeit im Widerstreit. 2. Aufl. Paderborn u. a. 2003 [2001].

6.2 Propaganda

363. P. BLICKLE, Die Revolution von 1525. 2. Aufl. Studienausgabe. München 1983 [1. Aufl. 1975; 4. Aufl. 2004].
364. P. BLICKLE, Die Reformation im Reich. 3. Aufl. Stuttgart 2000 [1982].
365. P. BLICKLE, Gemeindereformation. Die Menschen des 16. Jahrhunderts auf dem Weg zum Heil. Studienausgabe. München 1987 [1985].
366. P. BURKE, Präsentation und Re-Präsentation. Die Inszenierung des Kaisers, in: H. SOLY (Hrsg.), Karl V. und seine Zeit. Köln 2000, 392–475.
367. C. DANELZIK-BRÜGGEMANN/R. REICHARDT (Hrsg.), Bildgedächtnis eines welthistorischen Ereignisses. Die Tableaux historiques de la Révolution française. Göttingen 2001.
368. M. U. EDWARDS, Printing, Propaganda and Martin Luther. Berkeley 1994.
369. P. KAENEL, Das Napoleon-Bild: Gleichförmigkeit und Ungleichförmigkeit, in: H.-P. MATHIS (Hrsg.), Napoleon I. im Spiegel der Karikatur. Sammlungskatalog des Napoleon-Museums Arenenberg. Zürich 1998, 28–73.
370. C. KAMPMANN, Arbiter und Friedensstiftung. Die Auseinandersetzung um den politischen Schiedsrichter im Europa der Frühen Neuzeit. Paderborn u. a. 2001.

371. J.-D. MÜLLER, Publizistik unter Maximilian I. Zwischen Buchdruck und mündlicher Verkündigung, in: U. FREVERT/W. BRAUNGART (Hrsg.), Sprachen des Politischen. Medien und Medialität in der Geschichte. Göttingen 2004, 95–122.
372. B. STOLLBERG-RILINGER, Des Kaisers alte Kleider. Verfassungsgeschichte und Symbolsprache des Alten Reiches. München 2008.
373. C. VOGEL (Hrsg.), Bilder des Schreckens. Die mediale Inszenierung von Massakern seit dem 16. Jahrhundert. Frankfurt am Main 2006.
374. C. VOGEL/H. SCHNEIDER/H. CARL (Hrsg.), Medienereignisse im 18. und 19. Jahrhundert. München 2008.
375. B. H. WANGER, Kaiserwahl und Krönung im Frankfurt des 17. Jahrhunderts: Darstellung anhand der zeitgenössischen Bild- und Schriftquellen unter besonderer Berücksichtigung der Erhebung des Jahres 1612. Frankfurt am Main 1994.

6.3 Öffentlichkeit

376. F. ADRIANS, Journalismus im 30jährigen Krieg. Kommentierung und „Parteylichkeit" in Zeitungen des 17. Jahrhunderts. Konstanz 1999.
377. J. ARNDT, Gab es im frühmodernen Heiligen Römischen Reich ein „Mediensystem der politischen Publizistik"? Einige systemtheoretische Überlegungen, in: Jahrbuch für Kommunikationsgeschichte 6 (2004) 74–102.
378. J. BURKHARDT, Das Reformationsjahrhundert. Deutsche Geschichte zwischen Medienrevolution und Institutionenbildung 1517–1617. Stuttgart 2002.
379. S. FRIEDRICH, Drehscheibe Regensburg: das Informations- und Kommunikationssystem des immerwährenden Reichstags um 1700. Berlin 2007.
380. A. GESTRICH, Absolutismus und Öffentlichkeit. Politische Kommunikation in Deutschland zu Beginn des 18. Jahrhunderts. Göttingen 1994.
381. J. HABERMAS, Strukturwandel der Öffentlichkeit. Untersuchungen zu einer Kategorie der bürgerlichen Gesellschaft. Frankfurt am Main 1990 [Darmstadt 1962].
382. P. U. HOHENDAHL u. a., Öffentlichkeit – Geschichte eines kritischen Begriffs. Stuttgart/Weimar 2000.
383. H.-W. JÄGER (Hrsg.), „Öffentlichkeit" im 18. Jahrhundert. Göttingen 1997.

384. I. Kant, Beantwortung der Frage: Was ist Aufklärung, in: Berlinische Monatsschrift 4 (1784) 481–494.
385. M. Lanzinner, Kommunikationsraum Region und Reich, in: 81: 227–235.
386. M. North, Das Reich als kommunikative Einheit, in: 81: 237–247.
387. U. Rosseaux, Die Kipper und Wipper als publizistisches Ereignis 1620–1626. Eine Studie zu den Strukturen öffentlicher Kommunikation im Zeitalter des Dreißigjährigen Krieges. Berlin 2001.
388. R. Schlögl, Politik beobachten. Öffentlichkeit und Medien in der Frühen Neuzeit, in: ZHF 35 (2008) 581–616.
389. T. Weissbrich/H. Carl, Präsenz und Information: Frühneuzeitliche Konzeptionen von Medienereignissen, in: H. Carl/J. Eibach (Hrsg.), Europäische Wahrnehmungen 1650–1850. Interkulturelle Kommunikation und Medienereignisse. Hannover 2008, 75–98.
390. M. Welke, Zeitung und Öffentlichkeit im 18. Jahrhundert. Betrachtungen zur Reichweite und Funktion der periodischen deutschen Tagespublizistik, in: E. Blühm/M. Welke (Hrsg.), Presse und Geschichte. Beiträge zur historischen Kommunikationsforschung. München 1977, 71–99.
391. J. Wilke, Nachrichtenauswahl und Medienrealität in vier Jahrhunderten: eine Modellstudie zur Verbindung von historischer und empirischer Publizistikwissenschaft. Berlin/New York 1984.
392. R. Wohlfeil, Reformatorische Öffentlichkeit, Literatur und Laienbildung im Spätmittelalter und in der Reformationszeit, in: L. Grenzmann/K. Stackmann (Hrsg.), Literatur und Laienbildung im Spätmittelalter und in der Reformation. Stuttgart 1984, 41–54.
393. A. Würgler, Unruhen und Öffentlichkeit. Städtische und ländliche Protestbewegungen im 18. Jahrhundert. Tübingen 1995.
394. A. Würgler, Revolts in Print: Media and Communication in Early Modern Urban Conflicts, in: R. Schlögl (Hrsg.), Elections and Decision-Making in Early Modern Cities in Comparative Perspective. Newcastle [im Druck].

Register

Personen- und Autorenregister

ABELIN, J. P. 74, 105
Addison, Joseph 46
ADRIANS, F. 106
AGÜERA Y ARCAS, B. 77
Aitzinger, Michael 103
ALBRECHT, P. 108
Alciatus, Andreas 31
Alembert, Jean Le Ronde de 56
ALEXANDER, D. 113
Ammann, Jost 30
ANGELIKE, K. 107
APPUHN-RADTKE, S. 111
ARNDT, J. 132
Assmann, Jan 126
August d. J., Herzog von Braunschweig-Lüneburg 41
AULINGER, R. 129

Bacon, Francis 69, 125
BALDINI, U. 125, 126
Baskerville, John 79
Baxandall, Michael 6
Bayle, Pierre 56
BEERMANN, M. 107
Behaim, Martin 119
Beham, Bartel 30
BEHRINGER, W. 38, 67f., 69, 81, 93, 103f., 105, 106, 107, 117, 118, 129
BELTING, H. 18, 81, 83, 110, 111
BENDEL, S. 90, 108
BENDER, K. 103
BENDER, W. F. 109
Benedikt XVI. (Papst) 123
BENJAMIN, W. 114
BENZING, J. 88
BERNS, J. J. 73
Birghden, Johannes von den 107
BLACK, J. 119
BLASER, F. 106, 109
BLICKLE, P. 18, 128

BLÜHM, E. 105
Boccaccio, Giovanni 123
Bodoni, Giambattista 78
BOEHM, G. 112,
BOGEL, E. 105
BÖHN, A. 71, 117
BOHRMANN, H. 108
BÖNING, H. 66, 98, 106, 107, 108, 109, 110
BOOCKMANN, H. 71, 101
Bors, Johann Jacob de 59
Bosse, Abraham 79
BRANDES, H. 110
BRAUDEL, F. 69, 74, 82
Braun, Georg 29
BREDEKAMP, H. 68, 86
BREDNICH, W. 111
BREKLE, H. E. 77
BRINKHUS, G. 77, 87
BRÜCKNER, W. 102, 111
Bry, Theodor de 41
Bücher, Karl 105
Burgkmair, Hans 30
BURKARD, D. 123, 124
BURKE, P. 46, 71, 81, 83, 84, 111, 113, 115, 117, 128
BURKHARDT, J. 21, 72, 83, 84, 85, 86, 129, 132
BUSHUVEN, S. 109

Callot, Jacques 42
Calvin, Jean 16, 18, 25, 80, 81, 124, 125
CARL, H. 114
Carolus, Johannes 35f., 107
Cassini (Familie) 120
CAVALLO, G. 94, 95, 96f.
Cham 13
CHARTIER, R. 66, 93, 94, 95, 96f., 99

Chodowiecki, Daniel Nikolaus 60, 117
CHRISMAN, M. U. 89
Christophorus (Heiliger) 7f.
CILLESSEN, W. 114, 129
COUPE, W. A. 113, 115
Cranach, Lucas d. Ä. 20, 30
Cranach, Lucas d. J. 19
CRIVELLARI, F. 6, 68, 72, 86, 112

DANELZIK-BRÜGGEMANN, C. 114, 131
DARNTON, R. 6, 68
DEMEL, W. 71, 126, 129, 132
Descartes, René 125
Diderot, Denis 56, 125
Dilbaum, Samuel 34, 104
DOERING-MANTEUFFEL, S. 107, 108
Donatus, Aelius 11
Donneau de Visé, Jean 46
DORMEIER, H. 71, 101
Dovifat, Emil 2, 105
DÜLMEN, R. van 132
Dürer, Albrecht 8, 12, 30, 31, 116

EBELING, K. 68, 72
EGENHOFF, U. 98, 108, 110
Egenolff, Christian 92
EHRENBERG, R. E. 119, 120
Ehrmann, Marianne 47
EHRSTINE, G. E. 66
EICHLER, F. 111
EISENHARDT, U. 124
EISENSTEIN, E. L. 27, 69, 83, 85, 118
EISERMANN, F. 92
ELKAR, R. 88
EMICH, B. 72, 110, 113
EMISON, P. E. 110
ENGELSING, R. 93, 97
Erasmus von Rotterdam 15, 17, 80, 123
Erlinger, Georg 84
ERNE, E. 110
Etzlaub, Erhard 26, 28
Euklid 22

FAIRHALL, A. 77
FAULSTICH, W. 2, 4, 49, 67, 69 f., 91, 92, 100, 101, 102, 111, 117
Felsecker, Wolff Eberhard 107
Feyerabend, Sigmund 92
FISCHER, E. 109, 111, 117, 123
FISCHER, H.-D. 107, 109
FITOS, S. 125, 127

FOHRMANN, J. 85
FRANÇOIS, E. 93, 95
Fréart de Chambray, Roland 116
Friedrich II., König in Preußen 129
FRIEDRICH, S. 101, 130
FRIEDRICHS, C. 86
FRITZ, G. 107
Froben, Johann 15
Froschauer, Christoph 88
Fugger (Familie) 34 f.
FÜSSEL, S. 9, 69, 73, 74, 75, 77, 78, 81, 82, 87, 128
Füssli, Johann Caspar 60
Füssli, Johann Melchior 60
Fust, Johannes 11, 77

Galilei, Galileo 81, 86, 125
Garamond, Claude 78
Georgi, Theophil 57
Gesner (Gessner), Konrad 22, 125
GESTRICH, A. 39, 129, 131, 132
GIESECKE, M. 5, 68, 73, 75, 76, 77, 83, 84, 85, 89, 90
GIESELER, J. 106
GLAUSER, J. 118
GLENN, R. A. 123
Glockendon, Albrecht 26
GLÜER, J. 103
GODMAN, P. 126
Goethe, Johann Wolfgang 60, 110, 125
Goltzius, Hendrik 31
GOODLETT, S. C. 124
GOTTFRIED, J. L. 74, 105
Gottsched, Johann Christian 56
Gottsched, Louise Adelgunde Victoria 56
Graf, Urs 30
GRAMPP, S. 68, 72, 86
Gregor I. der Große (Papst) 81
Gregor XV. (Papst) 127
Groth, Otto 35, 105
GUGGISBERG, D. 101
GÜNTNER, J. 77, 80, 88, 90
Gustav II. Adolf, König von Schweden 32, 41
Gutenberg, Johannes 9–12, 69, 70, 75–77, 81, 82, 85 f., 88, 102, 128

HAACKE, W. 110
Haas, Wilhelm (Sohn) 59, 121 f.
Haas, Wilhelm (Vater) 59, 121 f.
HABEL, T. 110

HABERMAS, J. 21, 64, 132
HAEFS, W. 109, 111, 117
HAGELWEIDE, G. 106
HALL, M. 21, 117
Haller, Albrecht von 62
HALLER, G. VON 130
HANEBUTT-BENZ, E.-M. 75, 76, 77, 82, 87f.
HARMS, W. 111, 113, 114
Hartnack, Daniel 107
HASKELL, F. 112
Hebel, Johann Peter 102
Hegel, Georg Wilhelm Friedrich 86
Heger, Franz Joseph 59
Heinecken, Karl Heinrich von 60
HERDING, K. 114
HERSCHE, P. 98, 116, 117
HIEBEL, H. H. 67, 70
Hobbes, Thomas 125
HOCKS, P. 109
Hoffmann, E. T. A. 49
Hogenberg, Frans 29
HOHENDAHL, P. U. 132
Holbein, Ambrosius 30
Holbein, Hans d.J. 30, 60
HOLENSTEIN, A. 117
Homann, Johann Baptist 58f.
Hopfer, Daniel 30
HÖRISCH, J. 70, 80, 82, 111, 117
Huber, Michael 61
Hübner, Johann 55, 59
HUESMANN, M. 109
HULTS, L. C. 115
HUNEKE, F. 108

IM HOF, U. 132

Jablonski, Johann Theodor 56
JACOB, C. 83
JÄGER, F. 72
JANZIN, M. 80, 88, 90
Japhet 13
JENICHEN, G. A. 130
Jenson, Nicolas 78
Joseph II. von Habsburg-Lothringen, Römischer Kaiser 129
JUCKER, M. 66

KAENEL, P. 114, 131
KAMPMANN, C. 101, 129
KANT, I. 64
Kant, Immanuel 109, 125
KAPFERER, J.-N. 131

Karl V. von Habsburg, Römischer Kaiser 128
Karlstadt, Andreas 20
KEEL, O. 20
KEMPF, T. 54, 108
Kepler, Johannes 125
KERLEN, D. 67, 68, 104, 115, 116, 117
KIENING, C. 118
KIRCHMANN, K. 6, 68
Kirchner, Joachim 109
KITTLER, D. 68, 86
KLEIN, H. 78
KNOPF, J. 102, 103
Koberger, Antonius 12f.
KÖHLER, H.-J. 18
Koler, Johann 27
Kolumbus, Christoph 69, 81
Kopernikus, Nikolaus 125
KOSZYK, K. 107
KRÄMER, S. 68, 118
KREMER, K. H. 107
KÜNAST, H.-J. 88f., 89f., 102
KURTH, K. 73, 105
KUTSCH, A. 107

La Roche, Sophie de 47
LANDWEHR, A. 72, 86
LANZINNER, M. 72, 104, 129
Lauber, Diebold 14
Lavater, Johann Caspar 60
Leibniz, Gottfried Wilhelm 41
LEONHARD, J.-F. 69, 71
Leopold II. von Habsburg-Lothringen, Römischer Kaiser 129
Lessing, Gotthold Ephraim 48, 60, 125, 127
Leyden, Lucas van 31
Lichtenberg, Georg Christoph 69
LINDEMANN, M. 110
LINDEN, F. van der 78
LINDGREN, U. 118, 120
Locke, John 125
Ludwig XIV., König von Frankreich 32, 45, 46, 128
Lufft, Hans 19
LÜNIG, J. C. 130
LÜSEBRINK, H.-J. 114
Luther, Martin 16–19, 20, 21, 23, 30, 69, 80, 81, 84f., 123, 125

Machiavelli, Niccolo 123
MANČAL, J. 107, 108
Manutius, Aldus 78

MARTEN-FINNIS, S. 53
MARTENS, W. 47, 110
MARTI, H. 110
MAURER, M. 72, 86
Maximilian I. von Habsburg, Römischer Kaiser 78, 89, 128
Maximilian I., Herzog von Bayern 41
MCLUHAN, M. 2, 6, 68, 70, 81, 84
McLuhan, Marshall 6
Mechel, Christian von 60
Melanchthon, Philipp 20
MELOT, M. 7, 78, 115, 116, 117
Mencke, Otto 45
Mendelssohn, Moses 48
Mercator, Gerhard 28, 120
MERIAN, M. 105
Merian, Matthäus 42, 120
MESSERLI, A. 98, 102, 103, 114, 115
Mettra, Louis François 107
MINOIS, G. 127
MITCHELL, W. J. T. 112
MITTERAUER, M. 66, 67, 75, 80, 82, 83
MIX, Y.-G. 109, 111, 117, 123, 127
MOELLER, B. 64, 83
MOEPPS, E. 66, 106, 109
Montesquieu, Charles de Secondat Baron de 125
Morhof, Daniel Georg 55
MÖRKE, O. 71, 81
MOSER, J. J. 130
MÜLLER, J.-D. 107, 128
MÜLLER, W. 71, 132
MÜNCH, P. 84
MÜNCH, R. 88, 118
Münster, Sebastian 29
Murner, Thomas 20

Napoleon 131
Nassau, Adolf von 12
NEDDERMEYER, U. 82, 83
NEUBAUER, H.-J. 131
Nicolai, Friedrich 48, 57, 110
Noah 13
NORTH, M. 81, 129
NÖTH, W. 118

ONG, W. J. 65
Opel, Julius Otto 105, 106
Ortelius, Abraham 26, 27, 29, 119

PAAS, J. R. 89, 114
Panofsky, Erwin 112
Paul, Jean 49

PETRAT, G. 102
Petri, Johannes 88
PETTEGREE, A. 21, 117
Pfotenhauer, Paul Günther 55
PLATON 72
POMPE, H. 73
Prutz, Robert E. 106
PTOLEMAIOS, K. 119
Ptolemaios, Klaudios 13, 26, 118 f.

Rabelais, François 123
RAFETSEDER, H. 124
Raffael (da Urbino) 31, 116
RAIBLE, W. 69, 70 f., 72, 77
Ramus, Petrus 125
Ranke, Leopold von 105
Ratdolt, Erhard 30
RATZINGER, J. 123, 126
RAUTENBERG, U. 77
Reich, Philipp Erasmus 57
REICHARDT, R. 112, 114, 131
REINHARD, W. 71, 84, 128
Rembrandt (van Rijn) 42
RESKE, C. 88
Reuchlin, Johannes 24
ROECK, B. 72, 102, 113, 114, 117
ROESLER, A. 67
Rolevinck, Werner 28
RORTY, R. 112
Rousseau, Jean-Jacques 60, 125
Rubens, Peter Paul 31
RÜCKERT, C. 70

Sachs, Hans 20, 23, 30
SANDL, M. 6, 68
SCHANZE, H. 2, 66, 67, 69, 70, 77, 117, 123
Schedel, Hartmann 13, 29
SCHENDA, R. 97, 98, 102, 115
Scheuchzer, Johann Jacob 60
Schiller, Friedrich 60, 110, 125, 126
SCHILLING, M. 92, 114, 115
SCHLÖGEL, K. 27, 120
SCHLÖGL, R. 2, 6, 66, 67, 68, 106, 132
Schlözer, August Ludwig 48
SCHMIDT, H. R. 117
SCHMIDT, P. 74, 109
SCHMIDTCHEN, V. 75, 77
SCHNEIDER, H. 114
SCHNEIDER, U. 90, 110, 119, 120
SCHNYDER, C. 84, 115
Schöffer, Peter 11, 77
SCHOLZ, L. 73

SCHÖN, E. 83, 93, 94, 95, 97 f., 99
SCHÖNE, W. 105
Schongauer, Martin 9
SCHORMANN, G. 72, 104
SCHOTTENLOHER, K. 105
SCHRÖDER, T. 103, 106, 107
Schubart, Christian Daniel Friedrich 125
SCHULTHEISS-HEINZ, S. 107
SCHÜTTE, A. 73
SCHÜTZ, H. J. 126
SCRIBNER, R. W. 65, 97, 100, 115
Sebald, Hans 30
SEIDLER, A. 71, 117
SEIDLER, M. 109
SEIDLER, W. 109
Sem 13
Senefelder, Alois 61
Servet, Michel 25, 124, 125
Seutter, Matthäus 59
Shakespeare, William 60, 81
SIEGERT, C. 80
Spinoza, Baruch 125
Stabius, Johannes 26
Steele, Richard 46
STEIN, P. 5, 66, 69, 73, 77, 79, 82, 83, 84, 117, 123, 126
STIEGLER, B. 67
Stieler, Caspar 44
STÖBER, R. 39, 49, 70, 103, 104, 111, 117, 124
STOCKHAMMER, R. 13, 118, 119, 120
STOCKHORST, S. 72, 86
STOLLBERG-RILINGER, B. 130
STRASSNER, E. 104, 107
Straub, Leonhard 34
STRAUSS, W. L. 113
Stromer, Ulman 8, 74
STUBER, M. 85
STÜCKELBERGER, A. 118
Stumpf, Johannes 29

TALKENBERGER, H. 112, 115
Tieck, Ludwig 49
Tizian (Tiziano Vecellio) 31
TOLKEMITT, B. 107, 112
Trattner, Thomas (von) 58

TSCHOPP, S. S. 67, 68, 72, 86, 114
TSCHUDIN, P. F. 122

UKENA, P. 108

Vadian, Joachim 69
Vandenhoeck, Abraham 62
Vasari, Giorgio 116
Vespucci, Amerigo 26
VOGEL, C. 114
Voltaire (François Marie Arouet) 60, 125

WAIBEL, N. 107
Waldseemüller, Martin 26, 28
WANGER, B. H. 114
WARNCKE, C.-P. 9
WATZLAWICK, P. XI
WEBER, J. 34, 105, 107, 110
WECKEL, U. 98, 110
WEHDE, S. 80
Weise Christian 55
WEISSBRICH, T. 114
WELKE, M. 98, 105, 106, 108
WENZEL, H. 4, 70, 73, 77
WEYRAUCH, E. 75, 77, 82, 102
Wieland, Christoph Martin 110
WILKE, J. 39, 46, 68, 70, 83, 103, 105, 106, 107, 110, 111, 115, 117
Wille, Johann Georg 60
Willer, Georg 23
Winckelmann, Johann Joachim 116
WINKLER, M. 53
WITTMANN, R. 12, 71, 90–92, 97, 101, 111, 127
WOHLFEIL, R. 21, 112
WOLF, H. 126
WOLF, H.-J. 71, 74, 78, 87, 115, 122
Wolff, Jeremias 60
WÜRGLER, A. 64, 66, 85, 106, 107, 120, 124, 130, 131, 132
WÜST, W. 107, 108

Zedler, Johann Heinrich 56
ZIMMERMANN, C. 66
Zwingli, Huldrych 16, 18, 20, 80, 81, 125

Orts- und Länderregister

Admont 62
Alexandria 118
Antwerpen 13, 26, 27, 35, 38
Afrika 13, 118
Altona 39, 51, 107
Amerika 26, 27
Amsterdam 38, 53, 56
Asien 7, 8, 13, 75, 76, 80, 82, 118
Augsburg 8, 12, 18, 23, 24, 30, 34, 37, 39, 41, 46, 51, 52, 57, 58, 59, 84, 88 f., 89 f., 91, 92, 107, 111
Avignon 82

Bagdad 74
Bamberg 12
Basel 12, 13, 15, 17, 24, 29, 30, 38, 49, 57, 58, 59, 84, 87, 88, 89, 106, 117, 121, 123
Bayern 63
Bayreuth 52
Belgien 5
Berlin 38, 46, 48, 49, 51, 52, 54, 56, 57, 58, 59, 60, 62, 63, 105, 106
Bern 17, 38, 49, 52, 60, 62, 106
Böhmen 21
Bologna 13
Bratislava 52
Braunschweig 52, 63
Bremen 63, 105
Breslau 52, 57
Brüssel 34, 45
Budapest 12, 13, 52

China 7, 27, 74, 81, 82
Colmar 49

Damaskus 74
Dänemark 5, 12, 22
Danzig 12, 39, 52, 60
Den Haag 45
Dessau 52
Deutschland 2, 6, 7, 12, 14, 21, 38, 40, 41, 45, 46, 47, 52, 57, 74, 78, 79, 84, 93, 106, 113, 116, 117, 123, 125, 127
– Definition 5
Dillenburg 54
Dortmund 106
Dresden 52, 57, 60, 61
Düsseldorf 52
Duisburg 28, 54

Dyhenfurt bei Breslau 53

Eidgenossenschaft s. Schweiz
Einsiedeln 62
Eltville bei Mainz 12
England 6, 12, 21, 38, 40, 45, 84, 117, 118, 131
Erfurt 10, 104
Esslingen 51
Europa 1, 9, 10, 12, 13, 29, 34, 44, 45, 69, 74, 75, 76, 78, 80, 81, 95, 96, 111, 116, 117, 118, 119, 131

Frankenhausen 54
Frankfurt am Main 18, 22, 23, 24, 33, 38, 39, 40, 41, 49, 51, 52, 53, 54, 55, 56, 57, 58, 63, 84, 87, 90 f., 92, 103, 104, 106, 107, 111, 117, 123, 124
Frankreich 5, 6, 20, 21, 25, 29, 38, 44, 45, 52, 61, 64, 84, 93, 103, 117, 131
Freiburg i. Br. 26

Genf 25, 45
Göttingen 48, 57, 62, 63, 88
Gotha 52

Haarlem 82
Hagenau (Elsass) 14
Halle 41, 56, 57, 58
Hamburg 38, 39, 41, 46, 48, 51, 52, 54, 57, 58, 104, 107, 109, 126
Hanau 58, 104
Hannover 51, 52, 63
Heidelberg 41
Hildburghausen 54
Holland 51

Innsbruck 89
Irland 22
Italien 6, 12, 21, 29, 34, 38, 45, 52, 74, 116

Japan 27, 74, 80
Jena 57, 58
Jerusalem 13, 119

Karlsruhe 51, 58, 63
Kassel 51

Orts- und Länderregister

Kempten 57
Kleve 52
Koblenz 95
Köln 12, 15, 24, 28, 29, 33, 36, 38, 39, 46, 51, 52, 54, 58, 103, 104, 107, 117, 123
Königsberg 54, 56, 63
Kopenhagen 12, 39, 57
Korea 7, 10, 74, 75, 81, 82
Krakau 12, 13

Landsberg 54
Langensalza 54
Leiden 55
Leipzig 23, 33, 38, 39, 41, 45, 46, 52, 55, 56, 57, 58, 60, 61, 63, 84, 87, 90f., 103, 104, 105
Lemgo 52
Lich 104
Lissabon 12
London 34, 38, 45, 46, 62, 84
Lübeck 41, 55
Lüttich 41, 45
Luxemburg 5
Luzern 20
Lyon 13, 15, 31, 52, 84

Madrid 46
Magdeburg 29, 33, 104
Mainz 10, 11, 12, 15, 51, 82, 113, 123
Mailand 12, 13, 123
Mannheim 52
Mecheln 29
Merseburg 52
Messina 12
Minden 54
München 39, 51, 52, 54, 62, 63, 88, 111, 113
Münster 17

Neapel 12, 34, 123
Neuchâtel 46, 56
Neuwied 52
Neu-Strelitz 54
Niederlande 5, 6, 12, 21, 38, 45, 104, 116, 117
Nürnberg 6, 8, 12, 13, 15, 18, 23, 24, 26, 27, 30, 38, 42, 45, 49, 51, 54, 57, 58, 59, 60, 74, 87, 107, 111, 119, 121, 124

Oberursel 104
Österreich 5, 58, 63, 91

Osmanisches Reich 11, 72, 85, 103, 129
Ottobeuren 62
Oxford 12

Palermo 12
Paris 12, 13, 29, 34, 38, 41, 44, 46, 56, 60, 84, 118
Pesaro 46
Polen 5, 21
Portugal 12, 22
Prag 34, 35, 39, 52, 57, 63

Regensburg 54, 101, 129f.
Reutlingen 58
Reval 52
Rheinhausen bei Speyer 36
Riga 52
Rom 11, 12, 13, 15, 26, 34, 36, 41, 45, 119
Rorschach am Bodensee 34, 104
Rostock 23

Saarbrücken 52
St. Gallen 34, 62, 104
St. Petersburg 52
Schaffhausen 38, 52
Schottland 22
Schussenried 62
Schwäbisch Hall 54, 104
Schweden 12, 22, 117
Schweiz 5, 21, 58, 85, 128
Sevilla 119
Spanien 12, 21, 74
Speyer 124
Stettin 39, 48
Stockholm 12, 46, 52
Straßburg 6, 10, 12, 13, 18, 23, 24, 26, 30, 33, 35f., 37, 38, 39, 41, 52, 82, 89, 104, 107
Stuttgart 51, 54, 88, 111
Subiaco bei Rom 12
Süddeutschland 8, 9, 18, 40, 58, 74, 90

Thorn 52
Tirol 89
Toskana 123
Toulouse 13
Trier 63
Tschechien 5

Ulm 8, 12, 13, 111

Ungarn 12, 22
Uppsala 41
USA 2

Venedig 12, 13, 15, 26, 31, 34, 35, 36, 37, 46, 60, 123

Wien 13, 34, 35, 36, 38, 50, 51, 52, 57, 58, 60, 61, 62, 63, 87, 124

Wittenberg 19, 41, 84
Wolfenbüttel 38, 41, 61, 104
Würzburg 15, 63, 123

Zürich 17, 22, 29, 39, 46, 50, 54, 60, 63, 88, 95, 123
Zweibrücken 52

Sachregister

Ablass 10, 11, 16, 92
Almanach 49
Alphabetisierung 56, 63, 84, 93–96, 115, 127
Antiqua s. Schrift
Aquatinta s. Drucktechnik
Anzeigen 53 f., 90, 100, 108
Anzeigenblatt s. Intelligenzblatt
Atlas 26 f., 59, 119
Aufklärung 43, 49, 51, 54, 56, 58, 64, 71, 102, 110, 122, 132
Avisi (geschriebene Zeitung) 34 f., 36

Bauernkrieg von 1525 128
Bibel 10 f., 12, 17, 22, 25, 66, 84 f., 125
– Gutenberg-Bibel 7, 10 f., 75, 77
– Luther-Bibel 16, 17, 20, 30, 81, 85, 97, 100
– Vulgata 10, 17
– Wulfila-Bibel 41
Bibliographie 22, 23, 47, 48, 53, 57, 101, 105, 106, 109, 130
Bibliothek 23, 41, 61–63, 98, 101, 105, 108, 113, 130
Bild 80 f., 110–117
– Bilddruck 1, 3, 7, 9, 83, 110 f.
– Bilderfrage 18 f.
– Bildersturm 18, 80, 116
– Bildverbot 81
Bildkunde, Historische 112
Blatt s. Einblattdruck
Blockbuch 8 f.
Brief 2, 34, 35, 43, 46, 47, 68, 99, 100, 132
Buch 14 f., 27, 94, 99 f., 101 f.
Buchbinder 58, 88, 91, 102, 107

Buchdruck (mit beweglichen Lettern) 1, 3, 9 f., 14, 68 f., 73, 74–77, 83–86, 99, 123
Buchdrucker 62, 88, 91
Buchhandel 58, 71, 89, 90 f.
Buchmaler 10, 58, 88, 115
Buchmesse s. Messe
Buddhismus 80

Calvinismus s. Konfessionen
Chorographie 28
Christentum 80

Deduktion 101, 130
digital 1, 5, 65, 105, 109, 114
Dreißigjähriger Krieg 24, 32, 40 f., 94, 101, 127, 131
Druckerei 12 f., 15, 21, 24, 38, 84, 85, 89 f.
Druckerpresse 4, 10, 87
Druckerschwärze 10, 76, 87
Druckgraphik 20, 29–31, 42, 59 f., 111, 114–116
Druckort 15, 18, 24, 40, 41, 42, 92
Druckprivileg 36, 44, 122 f.
Drucktechnik 3, 71, 74–80
– Aquatinta 61, 78
– Hochdruck 7, 58, 76
– Holzschnitt 1, 7–9, 28, 29, 42, 115, 119
– Kupferstich 1, 9, 28, 29, 78, 119
– Lithographie (Flachdruck) 1, 5, 43, 61, 78
– Mezzotinto 42, 78
– Radierung 29 f., 42, 115
– Reibedruck 9, 10, 74, 76
– Rotationsdruck 1, 5, 77

Sachregister

- Tiefdruck 9, 58, 78 f.
- Typographie 1, 5, 7, 9 f., 49, 83, 85
- Typometrie 59, 111, 120–122

Einblattdruck 18, 23, 32, 49, 100, 103
Emblem, Emblematik 31
Enzyklopädie 43, 55 f.

„feed-back" System 27
Flugblatt, illustriertes 17 f., 20, 32, 33, 113 f., 117, 128 f.
Flugschrift 17 f., 20 f., 32, 33, 65, 90, 100 f., 128 f.
Format s. Folio-, Oktav-, Quartformat
Folioformat 10, 17
Fraktur s. Schrift

Gerücht 39, 122, 131
Geschichtsschreibung s. Historiographie
Gießzettel 76
Globus 26, 119
Gutenberg-Galaxis 81

Handgießinstrument 75, 76
Heilige 7 f.
Historiographie 6, 33, 73, 86, 103 f., 105, 116
Holzschnitt s. Drucktechnik
Humanismus 43, 79, 82, 96

Ikone 3, 80, 81
Ikonographie 112
Ikonoklasmus s. Bild(ersturm)
Illustriertes Flugblatt, s. Flugblatt
Index librorum prohibitorum 25, 123
Inkunabel (Wiegendruck) 12, 14 f., 77, 101, 115
Intelligenzblatt 43, 53–55, 108
Interdisziplinarität 2, 3 f., 65
Internet 1, 49
Inventar 23, 94
Islam 74, 80

Juden, Judentum 53, 54, 80

Kaiser 15, 24, 85, 124
Kalender 11, 44, 49, 91, 102 f.
Karikatur 61, 131
Karten 3, 6, 13 f., 16, 25–29, 58–60, 117–122
Kartographie 25 f., 58, 118–120

Katalog 23, 41, 62
Katholizismus s. Konfessionen
Klang, Ton 67, 73, 83
Kodex 101
Körpermedium s. Medien
Kolophon 14 f.
Kolportage (Wanderhandel) 49, 58, 90, 91, 92, 102
Kommunikation XI, 2, 6, 14, 18, 31, 43 f., 50, 64, 72, 85, 109, 122, 123, 128, 131
- Kommunikationskontrolle s. Zensur
- semiliterarische, semiorale 97, 98
Konfessionen 80 f., 89 f., 95, 116 f.
- Calvinismus 18, 20, 81, 95
- Katholizismus 16, 58, 81, 82, 89 f., 95, 98, 116, 123
- Luthertum 17, 81, 95
- Protestantismus 16, 18, 57, 89 f., 98, 116, 123 f.
- (Wider)Täufer 16 f.
- Zwinglianismus 17, 18, 81
Kupferstich s. Drucktechnik

Lesegesellschaft 63
Lesen 63 f., 96–99
Leserbrief 46, 132
Lexikon 43, 55
Lithographie s. Drucktechnik
Luthertum s. Konfessionen

Medialität 6, 71, 86, 113
Medien, Medium
- Definition 1 f.
- Funktionen 67 f.
- hybride Medien 3, 118
- interaktive Medien 49
- Massenmedien 3, 4, 18
- Medienverbund 50, 66
- Medienwechsel 1, 70, 72, 83, 96 f.
- Menschmedien (Körpermedien) 2, 4, 66 f.
- Multimedia 21, 66
- orale (mündliche) Medien 2, 5, 65 f., 97 f., 128 f.
- skriptographische (handschriftliche) Medien 2, 5, 7, 14, 65, 66, 80, 82, 83, 99, 128 f.
Mediendiskussion 72–74, 106 f.
Medienereignis 5, 16, 106, 114, 130
Mediengeschichte 5 f., 43, 64, 65, 67, 69–72, 80, 111, 117, 123
Medienkontrolle s. Zensur

Medienrevolution 1, 7, 38, 68 f., 81 f.
Medientheorie 4, 65, 67 f., 73
Messe (Markt) 1, 23, 24, 33, 40, 57, 90, 103
Messkatalog 23, 40, 56, 57, 90, 92
Messrelation 33 f., 103 f.
Mezzotinto s. Drucktechnik
Monatsschrift 34 f., 104
Mündlichkeit s. Medien, orale
Multimedia s. Medium
Musiknotendruck 61, 80

Nachdruck 40, 55, 58
Nachrichtenagentur 34 f., 37
Neue Zeitung 32 f.

Öffentliche Meinung 66
Öffentlichkeit 122
– literarische 64
– politische 43, 63 f., 131 f.
– reformatorische 21
Oktavformat 17
Oralität s. Medien, orale
Orthodoxie s. Ostkirche
Ostkirche (Orthodoxie) 80

Papier 3, 14, 22, 73, 74, 76, 82
Papiergeld 117
Papst 15, 24 f., 123
Pergament 3, 14, 74
Portolan (Seekarte) 13 f., 26, 119
Post 33, 34 f., 36, 37, 44, 59, 67, 69, 85, 93, 104, 129 f.
Postroutenkarte 59, 60
Pressefreiheit 5, 122, 126
Predigt 2, 11, 65 f., 97, 100, 123
Privileg s. Druckprivileg
Projektion 13, 26, 28, 42, 118–120
Propaganda 18, 21, 81, 113 f., 122, 127–129
– Definition 127
Protestantismus s. Konfessionen
Protestbewegungen 122, 130, 132
Publikum 3, 4, 15, 21, 61 f., 64, 73, 82, 93, 108, 127, 132

Quartformat 17, 33, 37

Radierung s. Drucktechnik
Reformation 16–21, 64, 69, 71, 79 f., 83 f., 92, 97, 100, 113 f., 123, 128, 131

Reich (Heiliges Römisches) 72, 85, 101, 124, 129, 132
Reichstag 24, 101, 124, 129 f.
Renaissance 13, 31, 69, 79, 116
Reproduktion (Vervielfältigung) 3, 4, 9, 15, 26, 33, 59, 67 f., 80, 115, 116
Rezension 44 f., 57, 62, 110
Revolution 68
– Englische 32
– Französische 5, 64, 68, 101, 114, 130 f.
– Medienrevolution s. dort
– Revolution von 1525 s. Bauernkrieg
– wissenschaftliche 64, 68, 83

Sanctum officium 25, 123
Schreibstube 14
Schrift 4, 10, 11, 53, 67, 72 f., 78 f.
Schriftgießerei 87 f.
Skriptorium s. Schreibstube
Speicher(n) 1–5, 67 f., 86
Spielkarten 8, 15, 30, 58, 75
Sprachen 24, 109
– Deutsch 12, 17, 22, 24, 27, 29, 40, 45, 51, 53, 57, 71, 83 f.
– Englisch 12, 22, 24, 27, 29, 51
– Französisch 12, 22, 24, 27, 29, 46, 51
– Griechisch 12, 15, 17, 22, 84
– Hebräisch 12, 15, 22, 46, 48, 53, 84
– Italienisch 12, 22, 24, 27, 29, 46
– Jiddisch 53
– Kirchenslawisch 12, 84
– Latein 12, 15, 22, 24, 27, 29, 40, 57, 84, 101, 103
– Niederländisch 12, 22, 24, 27, 46, 55
– Slawisch 53
– Spanisch 12, 22, 27, 46
– Tschechisch 29
Städtebücher 28 f.
Supplikation (Bittschrift) 36

Täufer s. Widertäufer
Telegraphie 5, 50, 65
Topographie 28 f., 42, 117, 120
turn 72, 112, 118
Triangulation 120
Typographie s. Drucktechnik
Typometrie s. Drucktechnik

Universität 13, 14, 82, 85, 124

Sachregister

Verlag 12f., 15, 18, 30, 57, 58f., 62, 84, 88, 90f., 112, 122
Vervielfältigung s. Reproduktion
Visualisierung 67, 83, 115

Walzenpresse 78
Werbung 23, 127
Widertäufer (Täufer) s. Konfessionen
Wiegendruck s. Inkunabel

Xylographie s. Holzschnitt

Zeitschrift 43–49, 108–110, 130

Zeitung 35–39, 50–53, 92, 103–108, 130
– geschriebene s. Avisi
– Intelligenzblatt s. dort
– Neue Zeitung s. dort
– Serienzeitung 103
– Zeitungsbuch s. Messrelation
– Zeitungsextrakt 108
– Zeitungsstädte 39, 50, 51, 54, 107, 108
Zensur 15f., 18, 24f., 34, 38, 40, 46, 51, 73, 104, 122–125, 126
Zensurforschung 125–127
Zunft 42, 54, 88, 89, 91, 116
Zwinglianismus s. Konfessionen

Enzyklopädie deutscher Geschichte
Themen und Autoren

Mittelalter

Agrarwirtschaft, Agrarverfassung und ländliche Gesellschaft im Mittelalter (Werner Rösener) 1992. EdG 13 **Adel, Rittertum und Ministerialität im Mittelalter** (Werner Hechberger) 2. Aufl. 2010. EdG 72 **Die Stadt im Mittelalter** (Frank Hirschmann) 2009. EdG 84 Die Armen im Mittelalter (Otto Gerhard Oexle) Frauen- und Geschlechtergeschichte des Mittelalters (N. N.) **Die Juden im mittelalterlichen Reich** (Michael Toch) 2. Aufl. 2003. EdG 44	Gesellschaft
Wirtschaftlicher Wandel und Wirtschaftspolitik im Mittelalter (Michael Rothmann)	Wirtschaft
Wissen als soziales System im Frühen und Hochmittelalter (Johannes Fried) Die geistige Kultur im späteren Mittelalter (Johannes Helmrath) **Die ritterlich-höfische Kultur des Mittelalters** (Werner Paravicini) 3., um einen Nachtrag erw. Auflage 2011. EdG 32	Kultur, Alltag, Mentalitäten
Die mittelalterliche Kirche (Michael Borgolte) 2. Aufl. 2004. EdG 17 **Grundformen der Frömmigkeit im Mittelalter** (Arnold Angenendt) 2. Aufl. 2004. EdG 68	Religion und Kirche
Die Germanen (Walter Pohl) 2. Aufl. 2004. EdG 57 Das römische Erbe und das Merowingerreich (Reinhold Kaiser) 3., überarb. u. erw. Aufl. 2004. EdG 26 **Die Herrschaften der Karolinger 714–911** (Jörg W. Busch) 2011 EdG 88 **Die Entstehung des Deutschen Reiches** (Joachim Ehlers) 5. Aufl. 2013. EdG 31 **Königtum und Königsherrschaft im 10. und 11. Jahrhundert** (Egon Boshof) 3., aktual. und um einen Nachtrag erw. Aufl. 2010. EdG 27 **Der Investiturstreit** (Wilfried Hartmann) 3., überarb. u. erw. Aufl. 2007. EdG 21 **König und Fürsten, Kaiser und Papst nach dem Wormser Konkordat** (Bernhard Schimmelpfennig) 2. Aufl. 2010. EdG 37 **Deutschland und seine Nachbarn 1200–1500** (Dieter Berg) 1996. EdG 40 **Die kirchliche Krise des Spätmittelalters** (Heribert Müller) 2012. EdG 90 **König, Reich und Reichsreform im Spätmittelalter** (Karl-Friedrich Krieger) 2., durchges. Aufl. 2005. EdG 14 **Fürstliche Herrschaft und Territorien im späten Mittelalter** (Ernst Schubert) 2. Aufl. 2006. EdG 35	Politik, Staat, Verfassung

Frühe Neuzeit

Bevölkerungsgeschichte und historische Demographie 1500–1800 (Christian Pfister) 2. Aufl. 2007. EdG 28 Migration in der Frühen Neuzeit (Matthias Asche) **Umweltgeschichte der Frühen Neuzeit** (Reinhold Reith) 2011 EdG 89	Gesellschaft

Bauern zwischen Bauernkrieg und Dreißigjährigem Krieg (André Holenstein) 1996. EdG 38
Bauern 1648–1806 (Werner Troßbach) 1992. EdG 19
Adel in der Frühen Neuzeit (Rudolf Endres) 1993. EdG 18
Der Fürstenhof in der Frühen Neuzeit (Rainer A. Müller) 2. Aufl. 2004. EdG 33
Die Stadt in der Frühen Neuzeit (Heinz Schilling) 2. Aufl. 2004. EdG 24
Armut, Unterschichten, Randgruppen in der Frühen Neuzeit (Wolfgang von Hippel) 1995. EdG 34
Unruhen in der ständischen Gesellschaft 1300–1800 (Peter Blickle) 3., aktual. und erw. Aufl. 2012. EdG 1
Frauen- und Geschlechtergeschichte 1500–1800 (Andreas Rutz)
Die deutschen Juden vom 16. bis zum Ende des 18. Jahrhunderts (J. Friedrich Battenberg) 2001. EdG 60

Wirtschaft Die deutsche Wirtschaft im 16. Jahrhundert (Franz Mathis) 1992. EdG 11
Die Entwicklung der Wirtschaft im Zeitalter des Merkantilismus 1620–1800 (Rainer Gömmel) 1998. EdG 46
Landwirtschaft in der Frühen Neuzeit (Walter Achilles) 1991. EdG 10
Gewerbe in der Frühen Neuzeit (Wilfried Reininghaus) 1990. EdG 3
Kommunikation, Handel, Geld und Banken in der Frühen Neuzeit (Michael North) 2000. EdG 59

Kultur, Alltag, Renaissance und Humanismus (Ulrich Muhlack)
Mentalitäten Medien in der Frühen Neuzeit (Andreas Würgler) 2., durchgesehene Aufl. 2013. EdG 85
Bildung und Wissenschaft vom 15. bis zum 17. Jahrhundert (Notker Hammerstein) 2003. EdG 64
Bildung und Wissenschaft in der Frühen Neuzeit 1650–1800 (Anton Schindling) 2. Aufl. 1999. EdG 30
Die Aufklärung (Winfried Müller) 2002. EdG 61
Lebenswelt und Kultur des Bürgertums in der Frühen Neuzeit (Bernd Roeck) 2., um einen Nachtrag erw. Aufl. 2011. EdG 9
Lebenswelt und Kultur der unterständischen Schichten in der Frühen Neuzeit (Robert von Friedeburg) 2002. EdG 62

Religion und Die Reformation. Voraussetzungen und Durchsetzung (Olaf Mörke)
Kirche 2., aktualisierte Aufl. 2011. EdG 74
Konfessionalisierung im 16. Jahrhundert (Heinrich Richard Schmidt) 1992. EdG 12
Kirche, Staat und Gesellschaft im 17. und 18. Jahrhundert (Michael Maurer) 1999. EdG 51
Religiöse Bewegungen in der Frühen Neuzeit (Hans-Jürgen Goertz) 1993. EdG 20

Politik, Staat, Das Reich in der Frühen Neuzeit (Helmut Neuhaus) 2. Aufl. 2003. EdG 42
Verfassung Landesherrschaft, Territorien und Staat in der Frühen Neuzeit (Joachim Bahlcke). 2012. EDG 91
Die Landständische Verfassung (Kersten Krüger) 2003. EdG 67
Vom aufgeklärten Reformstaat zum bürokratischen Staatsabsolutismus (Walter Demel) 1993. EdG 23
Militärgeschichte des späten Mittelalters und der Frühen Neuzeit (Bernhard R. Kroener)

Das Reich im Kampf um die Hegemonie in Europa 1521–1648 (Alfred Kohler) 1990. EdG 6 — Staatensystem, internationale Beziehungen
Altes Reich und europäische Staatenwelt 1648–1806 (Heinz Duchhardt) 1990. EdG 4

19. und 20. Jahrhundert

Bevölkerungsgeschichte und Historische Demographie 1800–2000 (Josef Ehmer) 2004. EdG 71 — Gesellschaft
Migrationen im 19. und 20. Jahrhundert (Jochen Oltmer) 2. Aufl. 2013. EdG 86
Umweltgeschichte im 19. und 20. Jahrhundert (Frank Uekötter) 2007. EdG 81
Adel im 19. und 20. Jahrhundert (Heinz Reif) 2., um einen Nachtrag erw. Aufl. 2012. EdG 55
Geschichte der Familie im 19. und 20. Jahrhundert (Andreas Gestrich) 2. Aufl. 2010. EdG 50
Urbanisierung im 19. und 20. Jahrhundert (Christoph Bernhardt)
Von der ständischen zur bürgerlichen Gesellschaft (Lothar Gall) 2., aktual. Aufl. 2012. EdG 25
Die Angestellten seit dem 19. Jahrhundert (Günter Schulz) 2000. EdG 54
Die Arbeiterschaft im 19. und 20. Jahrhundert (Gerhard Schildt) 1996. EdG 36
Frauen- und Geschlechtergeschichte im 19. und 20. Jahrhundert (Gisela Mettele)
Die Juden in Deutschland 1780–1918 (Shulamit Volkov) 2. Aufl. 2000. EdG 16
Die deutschen Juden 1914–1945 (Moshe Zimmermann) 1997. EdG 43
Pazifismus im 19. und 20. Jahrhundert (Benjamin Ziemann)

Die Industrielle Revolution in Deutschland (Hans-Werner Hahn) 3., um einen Nachtrag erw. Aufl. 2011. EdG 49 — Wirtschaft
Die deutsche Wirtschaft im 20. Jahrhundert (Wilfried Feldenkirchen) 1998. EdG 47
Ländliche Gesellschaft und Agrarwirtschaft im 19. Jahrhundert (Clemens Zimmermann)
Agrarwirtschaft und ländliche Gesellschaft im 20. Jahrhundert (Ulrich Kluge) 2005. EdG 73
Gewerbe und Industrie im 19. und 20. Jahrhundert (Toni Pierenkemper) 2., um einen Nachtrag erw. Auflage 2007. EdG 29
Handel und Verkehr im 19. Jahrhundert (Karl Heinrich Kaufhold)
Handel und Verkehr im 20. Jahrhundert (Christopher Kopper) 2002. EdG 63
Banken und Versicherungen im 19. und 20. Jahrhundert (Eckhard Wandel) 1998. EdG 45
Technik und Wirtschaft im 19. und 20. Jahrhundert (Christian Kleinschmidt) 2007. EdG 79
Unternehmensgeschichte im 19. und 20. Jahrhundert (Werner Plumpe)
Staat und Wirtschaft im 19. Jahrhundert (Rudolf Boch) 2004. EdG 70
Staat und Wirtschaft im 20. Jahrhundert (Gerold Ambrosius) 1990. EdG 7

Kultur, Alltag und Mentalitäten	**Kultur, Bildung und Wissenschaft im 19. Jahrhundert (Hans-Christof Kraus) 2008. EdG 82** Kultur, Bildung und Wissenschaft im 20. Jahrhundert (Frank-Lothar Kroll) 2003. EdG 65 **Lebenswelt und Kultur des Bürgertums im 19. und 20. Jahrhundert (Andreas Schulz) 2005. EdG 75** **Lebenswelt und Kultur der unterbürgerlichen Schichten im 19. und 20. Jahrhundert (Wolfgang Kaschuba) 1990. EdG 5**
Religion und Kirche	**Kirche, Politik und Gesellschaft im 19. Jahrhundert (Gerhard Besier) 1998. EdG 48** **Kirche, Politik und Gesellschaft im 20. Jahrhundert (Gerhard Besier) 2000. EdG 56**
Politik, Staat, Verfassung	**Der Deutsche Bund 1815–1866 (Jürgen Müller) 2006. EdG 78** **Verfassungsstaat und Nationsbildung 1815–1871 (Elisabeth Fehrenbach) 2., um einen Nachtrag erw. Aufl. 2007. EdG 22** **Politik im deutschen Kaiserreich (Hans-Peter Ullmann) 2., durchges. Aufl. 2005. EdG 52** **Die Weimarer Republik. Politik und Gesellschaft (Andreas Wirsching) 2., um einen Nachtrag erw. Aufl. 2008. EdG 58** **Nationalsozialistische Herrschaft (Ulrich von Hehl) 2. Aufl. 2001. EdG 39** **Die Bundesrepublik Deutschland. Verfassung, Parlament und Parteien (Adolf M. Birke) 2. Aufl. mit Ergänzungen von Udo Wengst 2010. EdG 41** **Militär, Staat und Gesellschaft im 19. Jahrhundert (Ralf Pröve) 2006. EdG 77** **Militär, Staat und Gesellschaft im 20. Jahrhundert (Bernhard R. Kroener) 2011. EdG 87** **Die Sozialgeschichte der Bundesrepublik Deutschland bis 1989/90 (Axel Schildt) 2007. EdG 80** **Die Sozialgeschichte der DDR (Arnd Bauerkämper) 2005. EdG 76** **Die Innenpolitik der DDR (Günther Heydemann) 2003. EdG 66**
Staatensystem, internationale Beziehungen	**Die deutsche Frage und das europäische Staatensystem 1815–1871 (Anselm Doering-Manteuffel) 3., um einen Nachtrag erw. Aufl. 2010. EdG 15** **Deutsche Außenpolitik 1871–1918 (Klaus Hildebrand) 2. Aufl. 1994. EdG 2** **Die Außenpolitik der Weimarer Republik (Gottfried Niedhart) 3., aktualisierte und um einen Nachtrag erw. Aufl. 2013. EdG 53** **Die Außenpolitik des Dritten Reiches (Marie-Luise Recker) 1990. EdG 8** **Die Außenpolitik der Bundesrepublik Deutschland 1949 bis 1990 (Ulrich Lappenküper) 2008. EdG 83** **Die Außenpolitik der DDR (Joachim Scholtyseck) 2003. EDG 69**

Hervorgehobene Titel sind bereits erschienen.

Stand: (Mai 2013)

www.ingramcontent.com/pod-product-compliance
Lightning Source LLC
Chambersburg PA
CBHW020340240426
43662CB00048B/858